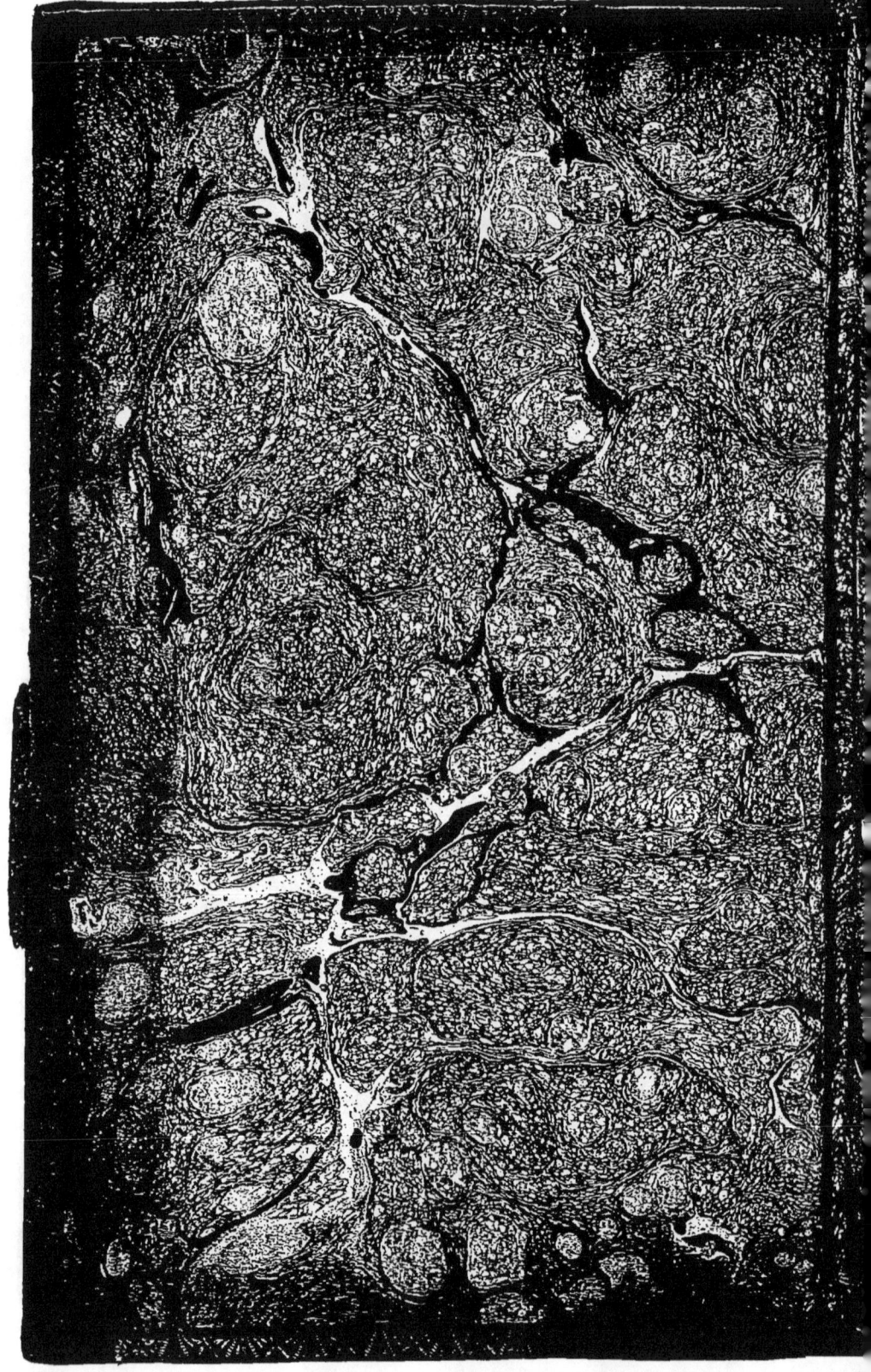

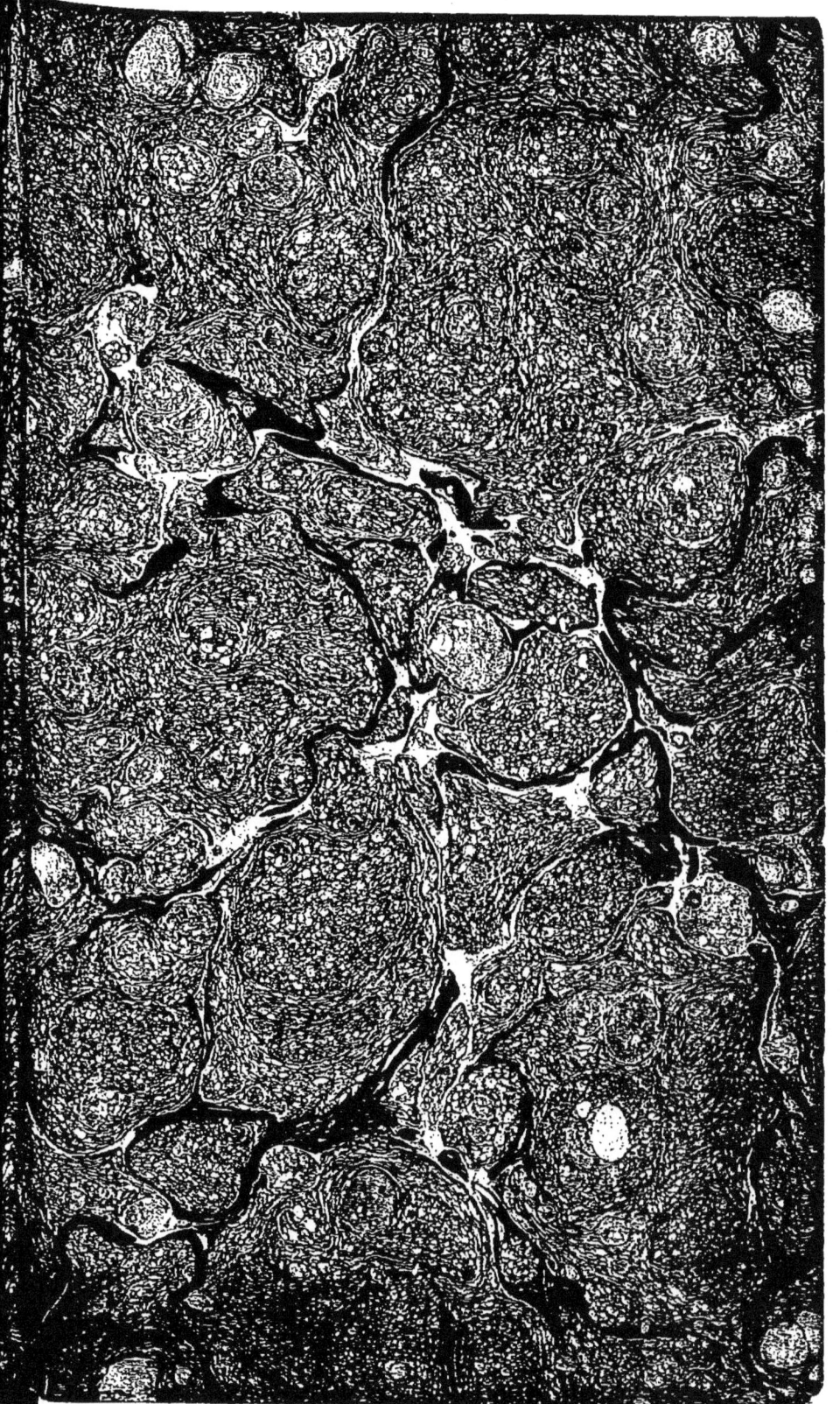

R. 2998.
B. b. 14.

Ⓒ

à conserver

ANNALES
DE L'ÉDUCATION,

RÉDIGÉES PAR F. GUIZOT,

PROFESSEUR D'HISTOIRE A L'ACADÉMIE DE PARIS.

TOME SIXIÈME.

PARIS,
LE NORMANT, IMPRIMEUR-LIBRAIRE,
RUE DE SEINE, N°. 8, PRÈS LE PONT DES ARTS.
1813.

ANNALES DE L'ÉDUCATION.

DE L'ENSEIGNEMENT DE LA PHILOSOPHIE,

Et d'un ouvrage nouveau intitulé : *Leçons élémentaires de Philosophie, destinées aux Elèves de l'Université impériale qui aspirent au grade de Bachelier-ès-lettres*; par *J. S. Flotte*, ancien agrégé-professeur de l'Université de Paris, etc. Deux vol. in-12. Prix : 7 fr., et 9 fr. 50 c. par la poste. — A Paris, chez *Brunot-Labbe*, libraire de l'Université impériale, quai des Augustins, n°. 33; et chez *le Normant*. 1812.

(I.er Article.)

Si l'homme marchoit droit à la vérité, il y seroit arrivé depuis long-temps; elle n'est pas si loin de lui qu'on le pense : mais la nature des choses et la sienne propre, ne lui permettent pas de prendre le chemin le plus court : la route qu'il a déjà parcourue est la seule qui soit éclairée; le flambeau de la raison lui fait à peine voir quelques pas devant lui; plus loin tout est ténèbres. De là tant d'incertitudes, de déviations, de retours en arrière. Si l'on pouvoit tracer une ligne qui suivît tous ces mouvemens, comme on trace des lignes qui suivent les variations du baromètre, que de sinuosités elle auroit à faire! C'est ce qui rend, aux yeux de tant de gens, les progrès de l'esprit humain si problématiques; ils s'embarrassent, se fatiguent dans les détours du labyrinthe que forme sa marche; et, incapables d'aller jusqu'au bout ou d'en saisir l'ensemble, ils n'y voient qu'un labyrinthe. Mais on peut avancer sans suivre la droite ligne, et le labyrinthe peut avoir une issue. C'est, à mon avis, ce qui arrive à l'homme : à travers tant d'écarts, tant d'essais infructueux, tant de travaux perdus, il avance, et ceux qui le lui contestent en conviendroient eux-mêmes si, au lieu de le poursuivre dans la multitude des sentiers tortueux où il s'est égaré, ils savoient voir d'où il est parti et où il est. Aussi seroit-il de la plus haute importance, pour les intérêts du genre humain et de la vérité, que, d'époque en époque, on traçât une ligne droite qui indiquât nettement le chemin qui s'est fait, sans tenir compte des aberrations, des oscillations dont a été rempli l'intervalle. On s'épargneroit ainsi beaucoup de discussions inutiles; et, en montrant que le progrès est non-seulement possible, mais réel, on relèveroit peut-être le courage de ceux qui se laissent abattre par l'idée de la vanité de leurs efforts.

Ce n'est pas pour la philosophie que cette précaution auroit le moins d'avantages; nulle part, en effet, l'esprit humain n'a eu et n'a dû avoir une marche plus embarrassée et plus incertaine : attirés par l'importance de son objet, une foule d'hommes se sont précipités dans cette étude où la raison n'a qu'elle-même pour soutien, et où, quand elle s'égare, rien, hors d'elle-même, ne vient l'avertir de son erreur. Concevez un être inconnu qui cherche à se connoître lui-même pour pénétrer d'autres inconnus avec lesquels il se sait en rapport; tel est l'esprit humain dans les méditations philosophiques; soit qu'il veuille sonder sa propre nature, soit qu'il examine comment naissent et s'établissent les relations qui le lient aux objets dont il est entouré, soit qu'il s'élance hors de ce monde pour remonter aux causes premières et percer jusqu'aux dernières fins, partout il est à lui-même et son seul point d'appui et son unique instrument. Tout ce qu'il sait, c'est qu'il agit sur des matériaux que lui fournissent des objets qui agissent sur lui, et c'est de ce seul fait donné qu'il part pour deviner ce qu'il est, ce qu'est le monde, son origine et sa destination.

Il est aisé de comprendre, quand les faits ne seroient pas là pour nous en instruire, quelles difficultés sont attachées à cette étude, et dans quels écarts peut jeter la moindre déviation. Toute la sagacité de l'observateur le plus clairvoyant, et toute la rigueur du mathématicien le plus exact, y sont nécessaires : entre l'homme et les choses il n'y a que l'esprit de l'homme, et c'est constamment sur lui-même que cet esprit retourne ses forces pour pénétrer une nature qu'il ignore, en étudiant des opérations qu'il est contraint de faire avant de les connoître et sans interruption, au moment même où il les étudie.

Cependant on ne sauroit nier que cette puissance ne lui soit donnée; que cet esprit, qui, dans les recherches philosophiques, est à lui-même et son instrument et son objet, n'ait, dans la certitude de son existence et de son activité, un point de départ et d'appui aussi bien déterminé, aussi ferme que celui de toute autre science. Les difficultés sont immenses, innombrables; mais elles ne détruisent point la possibilité; et, si rien de ce qui est possible à l'homme ne doit lui être interdit, que sera-ce lorsqu'il s'agira de l'intérêt le plus grand qu'il puisse avoir hors du cercle de sa vie terrestre, de savoir ce qu'il est, comment il opère, et à quoi il est destiné ?

Aussi conçoit-on sans peine, indépendamment même de l'utilité pratique qu'ont nécessairement pour tout ce qui peut entrer dans la sphère des connoissances et des actions de l'homme, les méditations philosophiques, la puissance avec laquelle elles s'emparent de ceux qui s'y livrent. Mais, comme je l'ai déjà dit, il importe beaucoup, à chaque époque, de déterminer nettement le point où l'on en est, le chemin qu'on a fait; d'indiquer les vérités qui paroissent définitivement admises dans le domaine de la raison humaine, les questions encore douteuses, et d'épargner ainsi, par cet inventaire, à ceux qui doivent nous suivre la peine de recommencer tous les débats.

Un tel travail est, sans doute, au-dessus des forces d'un homme; peut-être même y a-t-il encore, en philosophie, trop de grands problèmes indécis pour que son ensemble soit possible : cependant je vais essayer, autant que me le permettront mes lumières et l'étroit espace dans lequel je suis resserré, d'en donner une foible idée. Cette esquisse ne sera peut-être pas sans intérêt pour ceux qui s'occupent, soit de l'étude, soit de l'enseignement de la philosophie.

L'homme est un être *unique*, c'est-à-dire, doué d'un principe d'existence, indécomposable et individuel, dont il ignore absolument la nature, mais dont le sentiment est le premier sentiment qu'il éprouve, et dont la certitude ne peut être attaquée par les idéalistes même les plus déterminés; car ceux qui ont dit que tout, hors de nous, n'étoit qu'apparence, n'ont pas été et n'ont pu aller jusqu'à se ravir à eux-mêmes le *moi* individuel.

Par cela seul qu'il existe, l'homme a une nature qui lui est propre; car tout être vivant a la sienne, et cette nature n'est autre chose que le mode particulier de son existence, c'est-à-dire, l'ensemble des lois qui règlent son mode d'existence.

Exister (je veux dire *vivre*) suppose des facultés capables de développer l'existence: l'homme a donc des facultés innées ou naturelles, appropriées à sa nature, comme les plantes ont la faculté de végéter, de fleurir, etc.; car *faculté* ne veut dire ici que *principe actif*. Exister d'une certaine manière, suppose que ces facultés sont soumises aux lois qui règlent le mode d'existence qu'elles ne font que manifester et développer.

L'homme apporte donc, en naissant, des facultés innées, soumises à des lois également innées; lois dont l'influence s'exercera sur tout le développement de toutes ces facultés; quelles qu'en soient la direction et la force.

Ici se présente une grande question qui ne paroît pas encore complétement résolue : l'homme vit; cela est hors de doute; l'homme pense, cela l'est également : le principe pensant, quel qu'il soit, n'est-il autre chose dans l'homme que le principe vital, ou doit-on le considérer comme un principe différent ?

Quand le principe pensant seroit le même que le principe vital, il n'en résulteroit aucune conséquence qu'on pût craindre d'avouer; car le principe vital est, quant à sa nature, aussi inconnu et aussi différent de la matière qu'il fait vivre que peut l'être le principe pensant. Cependant je crois que ces deux principes sont différens : une de mes raisons, c'est que leur développement n'est point le même, que leur marche n'est ni identique ni simultanée, et que, par exemple, le principe vital existe et agit d'une manière complète, long-temps avant que le principe pensant se soit manifesté. Ces deux principes sont, du reste, étroitement unis, et l'un n'agit dans ce monde que par la voie de l'autre, qui agit à son tour par les organes matériels dont se compose notre corps.

En admettant l'existence des deux principes, le principe pensant doit, comme le principe vital, avoir sa nature propre, et, par conséquent, être soumis à des lois qui constituent cette nature.

Ainsi l'homme, à mon avis, apporte en naissant un principe vital doué de la faculté de sentir et d'agir selon certaines lois ; un principe pensant doué de toutes les facultés nécessaires aux opérations de la pensée, encore sous la condition de certaines lois, et un corps destiné à subir l'influence de ces deux principes, en les mettant en communication avec les objets extérieurs.

Ces mots *objets extérieurs*, nous conduisent tout à coup à un nouvel ordre de recherches philosophiques, à celles qui ont pour objet, non la nature et les lois de l'esprit humain, mais ses rapports avec ce qui est hors de lui, et la manière dont il en acquiert la connoissance. La première question qui se présente est celle de l'existence des corps. M. Turgot disoit souvent que celui qui n'auroit jamais regardé cette question comme difficile et digne d'occuper notre curiosité, ne feroit pas de grands progrès en métaphysique. Considéré, en effet, sous un certain point de vue, le raisonnement des idéalistes paroît inattaquable. L'homme, disent-ils, ne connoît point les corps; il ne connoît que les modifications qu'apportent, dans le sentiment de son existence, les sensations qu'il éprouve; rien ne l'autorise à étendre ses affirmations et ses conclusions au-delà de ses sensations; donc il ne peut dire qu'il y ait des corps.

C'est au philosophe qui a étudié les lois constitutives de l'esprit humain à répondre à ce raisonnement, et c'est de là seulement, si je ne me trompe, qu'on peut tirer une réponse satisfaisante: l'homme a le sentiment du *moi* intérieur et des modifications que ce *moi* éprouve ; ce *moi* n'étant par lui-même que le simple sentiment de l'existence, n'a pas en lui-même la puissance de se modifier et de se faire passer par une série d'états différens. Cependant il éprouve ces modifications, il change d'état; or l'homme, ne pouvant trouver dans son *moi* la cause de ces modifications, de ces changemens, les attribue nécessairement, et par une loi de sa nature, à quelque chose hors de lui, et ce sont ces causes des modifications de son *moi* qu'il appelle *objets extérieurs* ou *corps*.

Cette dualité est donc, ce me semble, un fait primitif qui résulte nécessairement de la nature sentante et pensante de l'homme (1).

J'ai dit que, par une loi de sa nature, l'homme ne pouvoit éprouver aucune modification dans son *moi*, sans l'attribuer à une cause. Je regarde, en effet, cette nécessité où nous sommes de ne rien sentir, de ne rien concevoir sans en admettre une cause, comme une des lois primitives de l'esprit humain. Hume a très bien prouvé que l'expérience et l'observation ne pouvoient nous fournir la notion de *cause*, puisqu'elles ne nous présentoient jamais entre les faits d'autres rapports que des rapports

---

(1) Quelques philosophes, pensant que cette induction mène bien à la *notion* de cause efficiente, mais non à une démonstration de l'existence des corps, regardent cette existence comme un fait primitif, du genre de ceux qu'on ne sauroit prouver : je ne discuterai pas ici cette opinion, qui, du reste, a en sa faveur des raisons qui m'empêchent encore d'avoir une parfaite conviction de celle que j'ai énoncée.

de succession. Il faut donc que l'esprit humain tire de lui-même cette notion de *cause* qui ne peut lui venir du dehors; c'est-à-dire que, par la constitution de sa nature, il soit nécessairement amené à établir, entre les objets extérieurs et entre ces objets et lui-même, ce rapport de dérivation et de causalité.

Une analyse approfondie montrera que cette notion de *cause*, et la loi qui la produit, se rattachent immédiatement au sentiment de l'existence et à la faculté dont l'homme est doué d'agir lui-même comme cause.

En attendant, qu'on ne se méprenne pas sur le sens de ce que je viens de dire : je suis loin de croire que la notion de *cause* soit innée dans l'homme; je n'admets ni notions ni idées innées; je ne reconnois d'inné que des facultés et des lois suivant lesquelles ces facultés devront agir quand elles auront été mises en action. Je pense donc seulement que ce rapport de causalité que nous sommes contraints d'établir en nous et hors de nous, est la manifestation d'une loi primitive de notre nature, loi destinée à rapprocher, à lier ce qui, sans elle, seroit éternellement isolé, et qui devient ainsi la source de la notion raisonnée de *cause*.

Ceci me conduit à une idée trop négligée, ce me semble, dans les discussions philosophiques. Les philosophes qui ont prétendu que tout, dans l'homme, jusqu'à ses facultés, étoit le résultat de la seule sensation, ont cherché à montrer comment les sensations faisoient graduellement naître en lui toutes les idées dont se remplit son entendement; c'est là le but de l'hypothèse de la statue de Condillac; mais tout ce qu'ils ont montré, quand ils ont réussi, c'est comment l'homme, par l'exercice de ses facultés mises en jeu par la sensation, arrivoit à la connoissance distincte et raisonnée de certaines notions et de certains principes. Or, la connoissance d'un principe peut être et est souvent en effet fort postérieure à son existence; il peut jouer long-temps son rôle dans les opérations de l'esprit de l'homme avant que l'homme en ait ce qu'on appelle la *notion*, et cela peut se prouver, à mon avis, de plusieurs principes qu'on a présentés comme produits par la sensation, et qu'on ne sait plus d'où faire naître quand les sceptiques, comme Hume, démontrent que la sensation ne sauroit les produire. Sans doute ce n'est que lorsque les facultés de notre esprit ont été éveillées par la sensation que nous parvenons à la connoissance de ces principes et de ces facultés mêmes; mais il seroit aussi absurde de soutenir que la sensation nous les donne, que de dire qu'elle nous donne la faculté de sentir.

Nous sommes déjà entrés par là dans une troisième question, sinon plus délicate, du moins plus compliquée que les précédentes, celle de l'origine des idées. Je voudrois d'abord qu'on attachât au mot *idée* un sens bien déterminé, et c'est ici que le langage philosophique me paroît avoir encore de grands progrès à faire. Si j'étois en droit de proposer quelque chose, je désirerois qu'on n'appelât *idées* que les perceptions de l'esprit qui ont leur correspondant dans la réalité; je bannirois ainsi ces expressions, *idées générales*, *idées abstraites*, etc. auxquelles je substituerois constamment le mot de *notion* ou tel autre du même genre; de sorte qu'il n'y auroit plus que des *idées particulières*, *individuelles* : lorsqu'on diroit alors que toutes les idées nous viennent des sens, on auroit raison; mais, par le sens qu'on prête communément à cette phrase, on tombe, à mon avis, dans une grande erreur : on semble confondre dans le nom vague d'*idées*, tout ce qui occupe et constitue l'entendement humain; et, sans distinguer ce qui peut tenir aux lois de sa nature, de ce qui lui vient effectivement du dehors, on prononce que ce qu'on appelle les idées de *l'étendue*, de *la durée*, de *la cause*, du *juste* et de *l'injuste*, etc., lui viennent des sens, tandis que tout ce qu'on peut montrer, c'est que s'il n'avoit jamais eu de sensations, il n'auroit jamais eu ces notions; ce qui prouve, non que la sensation les lui donne, mais qu'elle les développe en lui.

Au lieu donc de dire que toutes les idées viennent des sens, et que la sensation produit tout ce qui est dans l'esprit de l'homme, il faut dire, ce me semble, qu'il existe dans l'homme certaines facultés actives, soumises à certaines lois; facultés qui demeureroient plongées dans le sommeil si les objets extérieurs ne leur fournissoient, par l'intermédiaire de la sensibilité, des matériaux sur lesquels elles s'exercent, et qu'elles assujétissent, dans la connoissance qu'elles en acquièrent et dans les combinaisons qu'elles en forment, à ces lois qui les régissent elles-mêmes.

Il faudroit donc, en examinant la manière dont l'esprit humain acquiert ses connoissances, étudier et distinguer soigneusement ce que lui apportent les objets extérieurs, et ce qu'il y met du sien : ce travail une fois fait, on reconnoîtroit ce qui appartient à l'esprit, c'est-à-dire, quelles sont les facultés et les lois qu'il apporte en naissant, et ce qui appartient à la sensation, c'est-à-dire, quels matériaux elle fournit à l'entendement, et comment ces matériaux sont reçus, moulés et combinés par lui, conformément à sa nature.

Quelques philosophes ont déjà tenté cette entreprise ; mais elle est encore bien loin d'être complétement exécutée, et ceux qui, en s'y livrant, ont suivi la direction que je viens d'indiquer, ont, je crois, trop multiplié le nombre de ces faits primitifs, de ces lois innées qui constituent la nature de notre intelligence. On n'a pas encore bien déterminé à quels caractères on pouvoit les reconnoître, et il est arrivé de là, d'une part, qu'on a regardé comme des lois innées des notions qui n'étoient que le résultat de la combinaison des sensations ; de l'autre, qu'on a souvent considéré les lois innées même comme des faits primitifs isolés, tandis qu'en pénétrant plus avant, on auroit pu peut-être les ramener à des lois plus générales, moins nombreuses et plus simples.

Tel est, si je ne me trompe, l'état actuel des

bases de la philosophie, quant aux grandes questions de la nature de l'esprit humain, de l'origine de ses connoissances. On a coutume de passer des considérations qui ont pour objet l'intelligence de l'homme, c'est-à-dire l'être connoissant, à celles qui se rapportent à sa volonté, c'est-à-dire à l'être actif : il faudroit peut-être veiller plus attentivement qu'on ne le fait, à ne pas transporter dans la réalité ces classifications, ces distinctions indispensables pour le philosophe qui raisonne ou écrit, mais qui ne sont que son ouvrage. Tout se tient dans l'homme, tout s'enchâsse, se combine ; et, si nous n'avons pas découvert le point unique duquel tout part et auquel tout se rapporte, rien ne nous autorise non plus à supposer l'existence réelle et séparée des distinctions que nous avons établies entre les diverses manifestations de ses facultés. C'est ainsi que la plupart de ceux qui ne croient pas que tout vienne de la sensation, ont admis, outre le principe pensant, un principe moral inné dans l'homme, qui l'oblige à voir, dans toutes les actions morales, quelque chose de juste ou d'injuste, et lui commande intérieurement de suivre l'un et d'éviter l'autre. Je ne sais pas, je l'avoue, si cette supposition est fondée, et si cette loi naturelle, à laquelle je crois fermement, n'est pas, sous une forme et dans une application différente, la même que celle qui l'oblige à reconnoître nécessairement la vérité d'une conclusion rigoureusement déduite de prémisses certaines. Je serois tenté de ne considérer la loi morale, c'est-à-dire, la distinction entre un juste et un injuste, quelles que soient les actions auxquelles ces notions sont attachées, que comme un développement spécial, une application particulière de cette faculté de la raison, en vertu de laquelle l'homme distingue le vrai du faux : du reste c'est là une question fort indécise, et les méditations des philosophes ne leur ont pas encore appris comment la nature morale de l'homme étoit unie à sa nature pensante, et quel étoit le genre de cette union : quoi qu'il en soit, on ne sauroit nier, à mon avis, que cette loi morale qui produit dans l'homme la notion de *devoir*, qu'elle soit ou non indépendante des lois de sa raison, ne forme une partie essentielle de sa nature primitive ; elle est, à mes yeux, absolument distincte et des idées fournies par l'expérience et des considérations d'intérêt personnel ou général. A travers les applications les plus contraires, elle se retrouve dans tout pays, dans tout temps et dans tout homme : elle se manifeste dès que les connoissances et les rapports de l'homme lui fournissent les matériaux sur lesquels elle doit s'exercer ; elle est aussi absolue, aussi inhérente à la nature humaine que les lois de la raison, et, si la justesse de son application dépend absolument des progrès de cette raison, son essence est toujours la même.

Ce n'est donc point une mauvaise définition de l'homme que de l'appeler *un être moral* ; c'est peut-être celle qui renferme la différence spécifique la plus certaine, et, dans les progrès que la philosophie a encore à faire pour la théorie de la morale, il importe, je crois, également, 1º. d'établir d'une manière irréfragable l'existence primitive de cette loi morale qui, si elle n'enchaîne pas la volonté de l'homme, oblige sa raison et est destinée par là à régler sa volonté; 2º. de montrer que la justesse des applications de cette loi, c'est-à-dire la connoissance du véritable juste et du véritable injuste, dépend nécessairement des lumières de sa raison, et qu'ainsi c'est pour la morale que l'ignorance et l'erreur sont le plus à craindre.

Je ne parle pas ici de ces sentimens moraux qui naissent avec l'homme, c'est-à-dire, dont il apporte la capacité en naissant, comme la pitié, les sentimens d'affection et de reconnoissance, etc.; ils se développent dès qu'ils s'appliquent, dès que naissent les rapports pour lesquels ils sont faits, dès que se présentent les occasions auxquelles ils sont destinés: ils s'étendent et se fortifient à mesure que s'étend et se fortifie l'ensemble harmonieux de nos facultés. Mais cette sensibilité morale est également, à mon avis, une faculté innée dans l'homme; elle a pour but de lui faire connoître d'abord comme sentimens ce qu'en y appliquant la loi morale il convertira ensuite en devoirs. C'est ici une branche séparée de la philosophie, étude d'un haut intérêt, surtout lorsqu'on la rattache à l'homme tout entier, considéré comme être raisonnable et moral.

Après avoir ainsi cherché à découvrir ce qu'est l'homme, comment il sait et comment il agit, une philosophie éclairée ne tarde pas à s'apercevoir que ce qu'il sait et ce qu'il fait ne suffit pas à ce qu'il est : quand sa science auroit embrassé tout ce qui existe dans la sphère où peuvent s'étendre ses sens; quand son activité seroit entièrement libre, sa nature ne seroit pas satisfaite; il se verroit toujours ce qu'il est réellement, un être borné et fugitif, dont l'existence foible et passagère renferme dans d'étroites limites et l'activité et le savoir et le bonheur : son ame s'élanceroit encore après cet infini dont elle a besoin, et qui lui est refusé; plus son esprit se seroit éclairé, plus sa puissance se seroit accrue, plus il sentiroit que ce n'est point encore assez pour lui : l'étendue de sa science lui feroit désirer une science plus vaste encore; le perfectionnement de son caractère lui révéleroit une perfection encore plus haute; la force et la pureté de ses affections lui en feroient douloureusement sentir l'effrayante brièveté; plus son bonheur seroit grand, plus il se désespéreroit de le savoir éphémère; et cet être si éclairé, si vertueux, si tendre, si heureux, se diroit encore, avec une amère douleur, que sa science, sa vertu, ses affections, son bonheur ne suffisent point à son ame, qu'il y a en lui de l'incomplet, du vide, un besoin non satisfait. Qu'est-ce donc que ce vide que rien ne peut combler, ce besoin que rien ne peut assouvir, cette soif de perfection et de durée qui se développe avec tant de force, et qui ne sauroit trouver à s'étancher ici-bas? Que veut donc cette nature qui a atteint tout le développement dont elle est susceptible? De quoi se plaint-elle, et que lui manque-t-il?

Il lui manque son père et sa patrie : rendez-leslui, montrez-lui Dieu et l'immortalité; le vide est comblé, le besoin est satisfait : cette nature, désormais relevée de l'abattement où la jetoit une telle disproportion entre ce qu'elle désire et ce qu'elle possède, ne vous demande plus rien : vous avez expliqué l'homme en le complétant.

Le développement des caractères et du but de cette partie religieuse de la nature humaine appartient tout entier à la philosophie ; s'il en étoit retranché, elle demeureroit incomplète, car elle n'auroit pas envisagé tout l'homme ; quand elle l'aura considéré sous ce sublime point de vue, quand elle aura rapproché les faits psychologiques qui s'y rapportent, des lois primitives de sa raison, quand elle aura vu que, loin de contredire ces lois, ces faits en forment l'explication et le complément, elle pourra dire qu'elle a rempli sa tâche, et livrer sans crainte à la discussion ces objections et ces difficultés que l'homme croit puiser dans la véritable nature des choses, mais qui n'ont leur source que dans les bornes de son entendement : *Et mundum tradidit disputationi eorum.*

Ce sont ces bornes, enfin, qu'il importe à la philosophie de reconnoître ; qu'elle n'y croie point avant d'y être arrivée elle-même : il faut qu'elle s'y soit heurtée pour avoir le droit de dire : *je ne puis aller plus loin.* C'est un beau champ ouvert à l'éloquence que cette foiblesse de l'esprit humain, et les hommes s'humilient volontiers devant celui qui la remet sous leurs yeux : mais la philosophie ne doit pas se contenter de ces grandes images morales, il faut qu'elle remonte à leurs fondemens, et qu'elle indique où elles cessent d'être vraies. C'est là, si je ne me trompe, ce qu'elle n'a pas fait encore d'une manière complète et satisfaisante : elle a encore à distinguer le point jusqu'où peut s'étendre la *connoissance* de l'homme, du point où peut aller sa *croyance;* elle a à tracer nettement l'enceinte dans laquelle est compris tout ce qu'il peut *connoître*, et celle qui renferme tout ce qu'il peut *croire*. Elle commencera nécessairement par traiter l'importante question de savoir si l'homme doit croire quelque chose au-delà de ce qu'il peut connoître, question débattue depuis des siècles, et qui ne me paroît pas épuisée. Si, comme j'en suis convaincu, elle se décide pour l'affirmative, elle aura à chercher les moyens de préserver l'homme de la dangereuse manie de prétendre *connoître* ce qu'il ne peut que *croire;* elle signalera les innombrables erreurs et les maux également innombrables dont cette manie a été la source; et après avoir prouvé que les bornes de la connoissance humaine ne sont pas les bornes de l'homme, elle l'éclairera sur la manière dont il doit employer ses facultés dans le champ livré à son activité et à sa science, en ne laissant l'autre ouvert qu'à ses désirs, à ses espérances et à sa foi.

Je ne sais si cette ligne de démarcation une fois tracée, beaucoup de gens ne s'affligeroient pas, les uns de ce qu'elle leur ôteroit l'espoir de connoître, les autres de ce qu'elle ne leur permettroit pas de croire : leur affliction ne prouveroit autre chose que ce besoin de connoître et ce besoin de croire, également inhérens à notre nature. Quoi qu'il en soit, je regarde cette entreprise comme la plus digne d'occuper les méditations des philosophes, et la plus propre à placer la philosophie dans une direction saine où elle puisse faire de véritables progrès.

Telle est l'idée que je me suis formée de l'ensemble de la philosophie et de son état actuel : on sent que je n'ai pu qu'indiquer des bases très-générales ; quelques-unes des opinions que j'ai énoncées sur ces grandes questions, sont encore fort combattues ; je ne prétends point les décider ; elles se décideront d'elles-mêmes. Mais que l'on compare ce foible résumé des lumières de notre siècle avec ce qu'on pensoit il y a cent, deux cents, cinq cents, deux mille ans, et qu'on voie si la vérité n'a pas fait un pas.

F. G.

JOURNAL
ADRESSÉ PAR UNE FEMME À SON MARI, SUR L'ÉDUCATION DE SES DEUX FILLES.

Numéro XXX.

LOUISE et SOPHIE ont eu l'autre jour une grande querelle. Sophie avoit confié à Louise qu'elle me faisoit une bourse pour le jour de ma fête ; Louise avec la meilleure envie du monde de garder le secret de sa sœur, comme elle avoit aussi envie d'en parler, a tant tourné autour qu'il a bien fallu que je le devinasse: j'ai fait tout ce que j'ai pu pour ne pas avoir l'air de le savoir; mais Louise ne parloit que pour qu'on l'entendît, et elle n'a pas été contente, qu'elle ne se soit exprimée si clairement devant sa sœur, que par le soin même que j'ai pris de la faire taire, Sophie n'ait compris que je savois tout. Son chagrin a été excessif ainsi que sa colère, et au milieu de ses pleurs, elle m'a appris, pour se venger, que Louise, la veille, en grimpant sur une chaise pour prendre sur mon secrétaire une chose à laquelle elle savoit bien que je ne voulois pas qu'elle touchât, avoit renversé et un peu ébréché par derrière un vase de porcelaine qui se trouvoit sur une table à côté. C'est alors du côté de Louise qu'ont été les pleurs et la colère, et Sophie peut-être un peu honteuse de s'être laissée emporter si loin, n'a plus rien dit, si ce n'est que cela étoit bien juste de dire le secret de Louise, puisque Louise avoit dit le sien. Il y avoit là dedans complication de faits; les deux cas les plus graves étoient la désobéissance de Louise et la vengeance de Sophie; mais je ne pouvois punir la faute de Louise qui m'avoit été apprise par sa sœur, et Sophie qui savoit bien que son rapport ne pouvoit emporter punition pour sa sœur, mais simplement une légère réprimande, n'étoit coupable que de l'intention de l'affliger au moment où elle venoit de recevoir d'elle un grand chagrin. J'ai donc à peu près borné mon intervention à occuper chacune d'elles de ses torts envers l'autre pour qu'elle oubliât ceux de son adverse partie; il a été très peu question du pot cassé; et quant à la désobéissance de Louise qui présentoit d'ailleurs beaucoup de circonstances atténuantes, je me suis contentée de la lui reprocher doucement, enre nouvellant ma défense d'une manière plus positive; et Louise qui, débarrassée du poids de sa faute, ne conservoit plus que sa rancune, a répété que mademoiselle Sophie étoit une vilaine rapporteuse, et qu'elle ne lui diroit plus rien.

« Ni moi non plus, répondoit Sophie, je ne vous dirai plus rien, parce que vous êtes une bavarde. »

Louise. J'aime bien mieux cela que d'être une rapporteuse, cela est bien moins méchant, n'est-ce pas, maman?

Sophie. C'est toute la même chose; vous avez dit ce que je vous avois confié, j'ai dit ce que vous m'aviez confié.

Moi. Il y a une grande différence, ma fille; votre sœur a trahi votre secret par enfantillage, par indiscrétion, sans intention de vous affliger, et vous avez trahi le sien par un sentiment de vengeance et pour lui faire de la peine, ce qui est beaucoup plus mal.

Louise. Il est sûr que cela te faisoit bien mal que je disse à maman que tu faisois une bourse pour elle!

Sophie. Enfin vous aviez dit mon secret, j'avois bien le droit de dire le vôtre.

Moi. Es-tu bien certaine que tu eusses ce droit?

Sophie. J'ai bien le droit de lui faire ce qu'elle me fait.

Moi. Tu as donc le droit de mal faire quand elle fait mal?

Sophie. Quand c'est à moi qu'elle fait mal, je peux bien le lui rendre.

Moi. Si tu ne peux le lui rendre qu'en faisant une mauvaise action, crois-tu que le mal qu'elle te fait te donne le droit de faire une mauvaise action?

Sophie. Ce n'est pas une mauvaise action que de rendre le mal qu'on nous fait.

Moi. La preuve que ce peut en être une, c'est que tu as fait certainement une mauvaise action en me disant, pour faire de la peine à ta sœur, la faute qu'elle avoit faite, et qu'elle t'avoit confiée sous le secret.

Sophie. Je savois bien que vous ne la gronderiez pas beaucoup, puisque c'étoit moi qui vous le disois.

Moi. Certainement; sans cela ton action auroit été bien plus mauvaise. Mais enfin tu savois que tu lui ferois de la peine en me le disant.

Louise. Cela est bien sûr, car sans cela elle ne l'auroit pas dit.

Moi. Tu savois de plus que c'étoit un secret qu'elle t'avoit confié, et qu'il n'est pas permis de révéler un secret confié.

Sophie. Mais quand elle avoit dit le mien?

Moi. Ecoute, Sophie; dans ce cas-ci comme dans tous les cas où l'on a quelqu'action à faire envers les autres, il y a deux choses à considérer, leur droit et le nôtre. Le droit des autres, c'est ce qu'ils peuvent exiger de nous; notre droit c'est ce que nous pouvons leur faire sans manquer à notre devoir. Ainsi Louise n'avoit plus le droit d'exiger que tu gardasses son secret; mais toi tu n'avois pas le droit de le dire; quoiqu'elle n'eût par là que ce qu'elle avoit mérité.

Louise. Comment, maman, j'avois mérité qu'elle allât rapporter ce que j'avois fait?

Moi. Tu avois du moins mérité qu'elle ne gardât pas ton secret, puisque tu n'avois pas gardé le sien.

Louise. Ainsi elle a bien fait de chercher à me faire gronder.

Moi. Non, elle a mal fait; mais ce n'est pas toi qui peux le lui reprocher; car tu lui as fait de la peine en disant son secret, elle t'a fait de la peine en me racontant ta sottise; tu n'as pas le droit d'exiger qu'elle craigne de te faire de la peine plus que tu n'as craint de lui en faire.

Louise. Mais elle a voulu me faire bien plus de peine que je ne lui en ai fait; car il n'est pas bien désagréable pour elle que vous sachiez qu'elle vous fait une bourse; cela ne devoit pas vous fâcher, et vous ne pouviez pas la gronder pour cela, au contraire.

Moi. Sans doute; mais ce n'est pas à toi à juger de la peine que tu as pu lui faire en disant son secret. Ce n'est pas de cela dont il s'agit. Tu as manqué envers elle à l'obligation qu'on a envers tout le monde de garder le secret confié. Tu n'as pas le droit d'exiger qu'elle s'y soumette davantage envers toi, même quand son indiscrétion devroit te faire beaucoup plus mal que ne lui en a fait la tienne.

Louise. Ah! cela n'est pas juste.

Moi. Très juste au contraire. Dis-moi, je suppose qu'un homme entre chez moi pendant que je n'y serai pas, et me vole tout ce qu'il trouvera sous sa main, il pourra bien emporter mon écuelle de vermeil, mon sucrier et ma théière d'argent.

Louise. Ah! maman, et votre étui d'or, et votre petite écritoire d'or qui sont dans votre coffre à ouvrage, et votre dé encore, et vos ciseaux anglais.

Moi. Oui, sûrement; je vois que tu as très bien observé ce qu'on pourroit avoir envie de me prendre. Eh bien, suppose qu'ensuite j'entrasse dans sa chambre à mon tour, et que je prisse tout ce qui se trouveroit sous ma main.

Louise. Mais, maman, vous feriez mal.

Moi. Sûrement; mais le voleur auroit-il le droit de se plaindre?

Louise. Non.

Moi. Il seroit cependant possible que j'eusse trouvé sous ma main ou un écrin de diamans, ou des billets pour une somme de dix mille francs, ce qui vaudroit bien plus que ce qu'il m'auroit emporté.

Louise. Vous croyez?

Moi. Je t'en réponds. Je ferois donc au voleur plus de mal qu'il ne m'en auroit fait; et cependant il n'auroit rien à dire, parce qu'après avoir manqué envers moi au devoir de ne pas prendre ce qui ne nous appartient pas, il ne pourroit se plaindre que j'y eusse manqué envers lui. Cependant j'aurois à me reprocher une mauvaise action; j'aurois manqué à mon devoir : voilà qui regarde Sophie.

Sophie. Ah! maman, de vous dire que Louise a cassé votre pot de fleurs, n'est assurément pas si mal que de voler dix mille francs.

Moi. Non, ma fille; aussi n'est-ce pas cela que je veux dire; ce que je prétends, c'est que tu as fait de même une action dont ta sœur n'a pas le droit de se plaindre, et que cependant tu dois te reprocher comme une action contre ton devoir.

Sophie. Mais, maman, comment cela est-il contre mon devoir de dire cela de Louise, puisque Louise l'avoit mérité?

Moi. Nos devoirs ne sont pas envers les autres; ils sont envers nous-mêmes. C'est à nous, à notre propre conscience que nous devons répondre de notre bonne conduite.

Sophie. On a cependant des devoirs envers les autres.

Moi. Sûrement; mais c'est pour satisfaire à sa conscience qu'on les remplit, parce que c'est notre propre devoir. Te souviens-tu de ce jour où on vous a fait jouer du piano ta cousine et toi, et où on a trouvé que tu jouois bien mieux qu'elle?

Sophie. Ah! oui, parce qu'elle jouoit à livre ouvert, et que moi j'avois étudié...

Moi. On ne savoit pas cela, et on s'étonnoit de te voir plus forte qu'elle; tu dis alors pourquoi tu avois mieux joué; sûrement cependant tu n'avois pas envie de faire quelque chose pour ta cousine qui venoit de se moquer de toi, parce que tu jouois, disoit-elle, ton *presto* comme un *adagio*.

Sophie. Pour cela non, car elle m'avoit tant impatientée, que je ne dis rien pendant qu'elle étoit là.

Moi. Pourquoi le dis-tu après son départ?

Sophie. Parce qu'alors on se mit à répéter si souvent que j'étois plus forte qu'elle, que je n'ai pas voulu le laisser croire quand cela n'étoit pas vrai.

Moi. Et étoit-ce pour elle que tu le disois?

Sophie. Oh! non, sûrement.

Moi. C'étoit donc pour toi, pour ta conscience, pour ne pas manquer à ce que tu croyois de l'honnêteté. C'est bien souvent là notre unique motif pour remplir nos devoirs envers des gens qui ne nous inspirent ni amitié, ni desir de les obliger, ni crainte de les affliger. C'est le motif qui auroit dû t'empêcher de dire le secret de ta sœur, même dans le moment où ta colère contre elle te donnoit le desir de lui faire du chagrin.

Sophie. Mais enfin pourquoi étoit-ce un devoir de garder le secret de Louise, quand elle n'avoit pas gardé le mien?

Moi. Parce qu'en le recevant tu as promis, ou tu as été censée promettre que tu le garderois, et que tu l'as promis sans condition; tu ne lui as pas dit que tu ne le garderois que si elle gardoit le tien.

Sophie. Non, sûrement; je ne pensois pas qu'elle iroit le dire.

Moi. Si tu le lui avois annoncé peut-être alors qu'elle ne t'auroit pas dit son secret.

Sophie. J'en aurois été bien fâchée; elle auroit pu dire le mien sans aucun risque.

Moi. Tu as donc été bien aise d'entretenir sa confiance en toi pour avoir les moyens d'en abuser?

Sophie. Non pas, je n'ai pas pensé à cela. Je vous dis, maman, que je ne savois pas qu'elle iroit vous conter mon secret; car si je l'avois su, je ne le lui aurois pas dit. Mais à présent au moins cela l'empêchera peut-être d'être si bavarde.

Moi. Il y avoit un moyen beaucoup plus simple pour qu'elle ne dît plus les secrets, c'étoit de ne les lui plus confier.

Sophie. Oh! cela est bien difficile; cela est quelquefois impossible même. Par exemple, cette fois-ci, elle m'auroit vu faire la bourse; mais comme aussi elle fait beaucoup de choses qu'il faut bien que je sache, ce sera peut-être un moyen d'empêcher qu'elle ne dise tout ce qu'elle voit et tout ce qu'on lui dit.

Moi. Ainsi, tu n'en connois pas de meilleur que de venir me rapporter ses sottises.

Sophie. Je ne dis pas que je le fasse une autre fois; mais cependant s'il n'y a pas d'autre moyen, comment ferai-je pour qu'elle ne bavarde plus?

Moi. Je ne le sais pas trop; c'est un défaut dont tu sais que je tâche de la corriger, et qui passera, je l'espère, avec l'âge, car c'est un très vilain défaut. Mais c'est à toi que je parle dans ce moment-ci; et je voudrois que tu examinasses si une chose cesse d'être une mauvaise action, parce qu'elle est l'unique moyen d'empêcher qu'on ne nous fasse quelque tort.

Sophie. Ah! par exemple, maman, il est mal de tuer, et pourtant si quelqu'un vouloit me tuer, et que je le tuasse pour me défendre, j'en aurois bien le droit, et ce ne seroit pas faire une mauvaise action.

Moi. Sûrement, mon enfant, il est permis de se défendre, et on est bien obligé de faire aux autres du mal pour empêcher qu'ils ne nous en fassent : si un homme va vous tuer, et que vous n'ayez de moyen de sauver votre vie qu'en le tuant, vous ne pouvez avoir aucun tort. Mais, suppose au lieu de cela le voleur dont je parlois tout à l'heure à Louise ; suppose qu'au lieu d'aller lui voler ce qu'il a dans sa chambre, je rentre dans la mienne au moment où il en sort avec mes effets qu'il emporte. Je veux les lui reprendre ; mais je ne suis pas la plus forte ; je crie inutilement ; tous les domestiques sont sortis, il est prêt à m'échapper, il court mieux que moi, il aura gagné la rue avant que j'aie pu me faire entendre de personne de la maison ; pendant que nous nous débattons, je vois un couteau, je le saisis, et tue le voleur.

Sophie. Ah ! maman.

Moi. C'étoit cependant le seul moyen de conserver mes effets que ce voleur alloit m'emporter.

Louise. Mais, maman, ce n'est pas vrai ce que vous dites là ?

Moi. Non, ma fille ; ce n'est qu'une supposition.

Sophie. C'est une vilaine supposition : d'ailleurs,

maman, il y auroit toujours, au lieu de tuer le voleur, le moyen de recourir à la justice.

Moi. Supposons que je n'aie aucun moyen de prouver que les effets qu'il m'a pris sont à moi, qu'il faille me résoudre à les perdre tout à fait si le voleur les a une fois emportés ; ou bien, si tu veux, à la place de cette supposition qui te déplaît tant, supposons deux hommes seuls ensemble dans une île déserte.

Louise. Ah! comme Robinson et Vendredi.

Moi. Oui, supposons qu'au lieu d'être un honnête garçon, Vendredi eût été un méchant homme, qu'il se fût trouvé le plus fort, et qu'il eût volé à Robinson son rhum, son parasol, ses marmites, enfin beaucoup de choses dont il avoit besoin, sans qu'il eût été possible de l'en empêcher.

Louise. Mais ce pauvre Robinson seroit mort de faim.

Moi. Je ne suppose pas qu'il lui eût volé ce qui lui étoit nécessaire pour vivre, car alors il auroit eu le droit de défendre sa vie par tous les moyens possibles ; mais si Vendredi lui avoit volé simplement les choses qui lui étoient commodes et utiles, ce qui dans sa position auroit été un grand malheur, penses-tu que Robinson eût bien fait de le tuer pour s'en délivrer ?

Sophie. Je ne le crois pas.

Moi. Tu vois donc bien qu'il n'est pas toujours permis de faire du mal aux autres, même pour se défendre de celui qu'ils veulent nous faire.

Sophie. Comment donc empêcher qu'on ne vous fasse du mal, si on ne peut pas se venger ?

Moi. Sans doute il faut bien quelquefois, non pas pour se venger, mais pour se garantir, se résoudre à faire du mal à ceux qui veulent nuire : ainsi il faut bien tuer celui qui veut tuer, et je trouve très bien qu'on fasse mettre en prison, si on peut, celui qui vous a volé. Je n'aurois pas trouvé mal non plus, que pour punir Louise d'avoir dit ton secret, tu lui eusses refusé quelque complaisance; mais tu ne t'es pas demandé si le mal qu'elle te faisoit étoit assez grand pour que la nécessité de t'en défendre rendît légitime celui que tu voulois lui faire; et quand il n'y auroit pas eu dans la manière dont tu t'es vengée d'elle, la violation du secret, il y auroit toujours eu le tort de se défendre d'un petit mal en en faisant un plus grand.

P. M. G.

EDUCATION PHYSIQUE.

DE LA DENTITION. (1)

Des dents en général.

CHAQUE dent est formée de deux substances; de l'os et de l'émail : l'os est en même temps le

---

(1) Ce morceau est traduit d'un ouvrage allemand intitulé : *Dissertation sur les maladies des enfans et l'éducation physique*, par le docteur C. Girtanner, médecin du duc de Saxe-Cobourg, membre des sociétés royales d'Édimbourg, de Londres, etc. Un vol. in-8°. Berlin, 1794.

germe, et l'émail l'environne tout autour comme une écaille. L'émail des dents est la partie la plus dure de notre corps; il est si dur qu'on en tire des étincelles. Sa dureté fait qu'il se détache aisément de l'os, et les morceaux détachés ne se remplacent jamais.

L'émail des dents est une partie du corps humain excessivement peu vivante; on n'y a encore découvert aucun vaisseau, et il est complettement insensible.

C'est à la couronne de la dent que l'émail est le plus épais, il diminue peu à peu et devient moins compacte; sous le cou de la dent il disparoît complètement.

L'os de la dent en forme la partie intérieure. Le cou et la racine de la dent sont d'os sans émail.

Cette partie de la dent qui sort de l'alvéole, s'appelle la couronne; ce qui touche à la gencive s'appelle le cou, et ce qui s'enfonce dans l'alvéole, la racine.

Les dents formées n'ont point de vaisseaux; mais la dent au moment de sa formation, paroît en avoir; du moins les dents des jeunes animaux qui mangent de la garance, paroissent rouges au moment de leur formation.

Les dents sont creuses intérieurement; des vaisseaux sanguins et des nerfs pénètrent par la racine de la dent, dans cette cavité intérieure.

Le nombre ordinaire des dents est trente-deux. Il y en a quelquefois moins, jamais plus.

On peut diviser les dents en cinq classes : les *in-*

cisives, les *canines*, les *dents des coins*, les *molaires* et les *dents de sagesse*. On trouve dans chaque mâchoire, quatre *incisives*, deux *canines*, quatre *dents des coins*, quatre *molaires* et deux *dents de sagesse*. Au devant sont les incisives, à côté de celles-ci les canines, après les canines de chaque côté deux dents des coins, après celles-ci deux molaires, et enfin de chaque côté une dent de sagesse.

On divise aussi les dents en *dents de lait* et *dents permanentes*. Les dents de lait poussent ordinairement avant deux ans, elles tombent avant la septième année, et sont remplacées par les dents permanentes.

Les dents de lait sont au nombre de vingt, savoir huit *incisives*, quatre *canines* et huit *dents des coins*; les molaires et les dents de sagesse ne sont point au nombre des dents de lait.

Les dents de lait sont plus étroites et plus petites que les dents permanentes, et au lieu de cou, elles ont entre la couronne et la racine, un bourrelet épais.

Les dents se forment d'abord d'une substance molle, gélatineuse, transparente, renfermée dans l'alvéole de la dent. Cette substance se durcit et se change en os. L'émail des dents est aussi mou d'abord; mais lorsque la dent perce, il a déjà toute sa dureté. L'émail se forme de la même manière que la coquille des limaçons, la coque de l'œuf, l'écaille de l'huître, ou la pierre dans la vessie. Le tissu intérieur de l'émail a de grands rapports avec ces pierres.

Les dents de lait percent ordinairement dans l'ordre suivant : vers la fin du sixième mois ou au commencement du septième paroît la paire du milieu des incisives inférieures ; quelques semaines après, la paire du milieu des incisives supérieures. Quelques semaines plus tard, se montre la seconde paire des incisives, tantôt celle d'en haut, tantôt celle d'en bas. Ensuite paroît à chaque coin, vers la fin du douzième mois, la première dent du coin. A la fin de la seconde année, percent les canines ; d'abord celles d'en bas, plus tard celles d'en haut. Au commencement de la troisième année on voit de chaque côté la seconde dent du coin ; dans la septième ou huitième année, se montre la première molaire; elle est du nombre des dents permanentes, car elle ne doit pas tomber.

Les dents permanentes sortent après la septième année. D'abord, comme je viens de le dire, les premières molaires. Après cela la paire du milieu des incisives inférieures, ensuite les incisives supérieures correspondantes ; plus tard la seconde paire des incisives supérieures et inférieures; après les dents des coins d'en haut et d'en bas ; enfin les canines. Les secondes molaires percent aussi dans le courant de la septième ou de la huitième année. Les dents de sagesse ne viennent qu'entre vingt et trente ans; quelquefois elles ne viennent pas du tout.

Il arrive parfois que les dents de lait percent plus

3.

tôt. Quelques enfans apportent même en naissant une ou plusieurs dents. On a aussi des exemples de la pousse des dents permanentes dans un âge avancé. On a vu aussi quelques personnes perdre les dents permanentes, et en faire une troisième fois. Cela n'arrive guères qu'à des gens forts, et après la jeunesse.

Les dents permanentes croissent dans les alvéoles dentaires auprès des dents de lait et en même temps; mais leur formation est beaucoup plus lente, et c'est probablement à cause de cela qu'elles sont plus fortes.

Les dents permanentes ont une alvéole particulière dans laquelle elles sont enfermées; elles ne sont pas placées immédiatement au-dessus ou au-dessous des dents de lait, mais un peu à côté. La dent permanente n'entre pas en perçant dans l'alvéole de la dent de lait, et ne sort pas précisément de la même ouverture. Il se forme pour elle une nouvelle alvéole et une nouvelle ouverture, et avec la dent de lait, disparoissent le plus souvent l'alvéole et l'ouverture où elle étoit placée.

Lorsque les dents de lait vont tomber, leur racine s'amollit et est peu à peu absorbée par les vaisseaux lymphatiques; la dent perd ainsi sa solidité, elle branle, et lorsque la racine a été absorbée jusqu'au cou de la dent, alors la couronne que rien ne retient plus, tombe.

La pousse des nouvelles dents, ou le changement des dents est une opération un peu plus difficile à expliquer. On a cru que les dents de lait étoient poussées au-dehors et chassées de leur place par les dents permanentes qui croissoient ; mais les raisons suivantes montrent que cette opinion n'est pas fondée.

1°. On n'observe jamais qu'une dent de lait, avant de tomber, s'élève davantage au-dessus des autres dents. Lorsque la dent de lait tombe, la dent permanente qui doit la remplacer, est encore complettement renfermée dans son alvéole, et toute entourée d'os. Il est donc impossible que cette dent qui ne se montre pas encore, chasse l'ancienne dent d'une manière mécanique. La dent de lait tombe long-temps avant que la dent permanente l'ait touchée.

2°. On a trouvé qu'il n'étoit d'aucune utilité d'arracher la dent de lait, pour faire place à la dent qui doit la remplacer ; il paroît préférable au contraire d'arracher une dent à côté, pour faciliter l'issue de la nouvelle dent.

3°. Dans certains cas, les dents de lait tombent avant qu'il se soit formé aucune dent permanente qui pût les expulser.

Malgré cela on ne sauroit nier que les dents qui se forment n'aient quelqu'influence sur la chute des dents de lait ; car on remarque que toutes les fois qu'une dent permanente ne s'est pas formée sous la dent de lait, celle-ci tient plus long-temps qu'elle ne le fait ordinairement.

Les dents ne croissent pas lorsqu'elles ont complettement percé, elles conservent toujours la grosseur qu'elles ont eue d'abord. On donne comme une preuve de la croissance des dents, que les dents qui se trouvent à côté d'une place vide, s'approchent et remplissent insensiblement la lacune ; ou que la dent placée vis-à-vis d'une lacune, s'allonge et y pénètre ; mais cette observation est inexacte. Les dents placées à côté d'une lacune, la remplissent, non parce qu'elles croissent et deviennent plus larges, mais parce que, pressées des deux côtés par les autres dents, elles sont forcées de céder, puisqu'il n'y a, dans la lacune, aucune dent pour résister à cette pression. De même la dent placée vis-à-vis d'une lacune, ne croît pas et ne devient pas plus longue ; elle demeure ce qu'elle étoit ; mais après un certain temps, elle est plus longue que les dents voisines, parce que celles-ci se rongent de jour en jour, tandis que celle qui n'essuie dans sa partie supérieure aucun frottement, ne se ronge pas. Une autre preuve que les dents ne croissent pas, c'est que dans certaines personnes, elles ne sont point contiguës, et que les intervalles qui les séparent demeurent toujours les mêmes. Si elles s'élargissoient, ces intervalles se rempliroient insensiblement, et les dents finiroient par se toucher, ce qui n'arrive pas.

Quelques écrivains ont voulu prouver, d'après les dents de l'homme, que la nature ne l'avoit pas destiné à être un animal carnivore. Cette idée a donné lieu à de belles tirades et à de pompeuses déclamations, mais elle n'a rien de vrai. On ne peut rien dire de mieux sur ce sujet que ce qu'en a dit Hunter. Qu'il me soit permis de citer le passage :

DE L'EDUCATION. 39

« Les naturalistes se sont donné beaucoup de peine
» pour prouver, d'après les dents, que l'homme
» n'étoit pas un animal carnivore; mais ici comme
» ailleurs, ils ne se sont pas exprimés avec assez
» d'exactitude. Ils n'ont pas déterminé ce qu'ils
» entendoient proprement par un animal carni-
» vore. S'ils désignent par là un animal qui saisit
» et déchire sa proie avec les dents, et en mange
» la chair quand il l'a déchirée, ils ont raison ;
» dans ce sens l'homme n'est pas un animal carni-
» vore, car il n'a pas les dents du lion. C'est là,
» si je ne me trompe, ce qu'ils ont voulu dire.
» Mais s'ils prétendent que les dents de l'homme
» ne sont pas propres à manger une viande prise,
» déchirée et préparée comme on a toujours su le
» faire, ils ont tort. Si l'on s'en tenoit à un sens si
» limité, il seroit difficile de dire à quoi sont des-
» tinées les dents de l'homme, car on pourroit
» prouver de la même manière, que l'homme n'est
» pas un animal frugivore, puisque ses dents qui
» ne ressemblent pas à celles du bœuf ou du cheval,
» ne sont pas propres à brouter l'herbe. Il faut ce
» me semble considérer la chose sous un autre
» point de vue. L'homme est le plus complet, le
» plus parfait des animaux ; il n'est pas fait comme
» eux pour se procurer sa nourriture avec les dents,
» mais avec les mains, que doit faire mouvoir son
» industrie. Il n'a reçu des dents que pour broyer
» sa nourriture et faciliter ainsi la digestion. Ses
» dents, aussi bien que ses organes digestifs, sont
» adaptées aux substances animales comme aux

» substances végétales: aussi peut-il étendre le cercle
» de ses relations beaucoup plus loin qu'aucun
» autre animal, et trouver ainsi plus d'occasions
» d'exercer ses facultés. Il faut donc le considérer
» comme un animal compliqué, capable de se
» nourrir de viande comme de plantes. »

Les premières dents percent quelquefois dans le troisième, le quatrième ou le cinquième mois, mais plus communément dans le huitième et quelquefois plus tard. Elles naissent toujours dans le même ordre, et elles tombent en général dans l'ordre dans lequel elles sont nées. Il arrive que quelques dents ne tombent jamais.

De la dentition proprement dite.

Dans l'enfant, les dents sont une substance molle, gélatineuse, enfermée dans un sac de peau. Elles sont cachées dans l'os de la mâchoire. Elles croissent peu à peu et deviennent plus dures et plus grosses. Alors elles agacent la partie supérieure de la mâchoire, qui devient molle, se détache et est absorbée par les vaisseaux lymphatiques. Il ne reste plus alors que la gencive; la dent la presse et l'irrite, de là naît une inflammation qui ne dégénère que rarement en suppuration. La gencive est une partie presque insensible, mais très irritable. Aussi l'enfant ne ressent-il que peu ou point de douleur à l'endroit ou doit percer la dent; mais la violence de l'irritation en affectant les muscles, produit des accidens quelquefois dangereux. La dentition commence entre le cinquième et le sixième mois, et dure jusqu'au dix-huitième, et même plus tard.

Description de la dentition. Lorsque les dents sortent à l'époque convenable, lorsque l'enfant est sain, ou au moins peu malade, lorsqu'il ne se manifeste aucune fièvre, lorsque l'enflure de la gencive n'est pas forte, alors la dentition est simple et naturelle; on n'a besoin d'aucun secours médicinal, et l'enfant peut sans crainte être abandonné à la nature. Mais quelquefois se présentent de violens accidens de diverses espèces, et les soins du médecins deviennent nécessaires.

Dans ce cas, les gencives s'enflent, deviennent rouges et enflammées, et cette inflammation se répand plus ou moins dans tout l'intérieur de la bouche. Les mâchoires s'enflent aussi; l'enfant ne peut ni avaler ni tetter; dans certains cas, les glandes des oreilles se gonflent, les yeux deviennent rouges, enflammés et gros; les joues s'enflent et sont marquées d'une tache tranchante, ronde et fortement colorée; autour de la bouche se manifeste à différentes places, une croûte d'un blanc de lait qui produit quelquefois de petits abcès.

La violente irritation que la dent qui doit percer excite sur la gencive, n'est pas seulement locale, ses effets s'étendent sur toutes les parties du corps. Toutes les évacuations s'augmentent, la salive coule en abondance, la bile s'accroît et colore fortement les selles; le dévoiement s'y joint assez fréquemment; l'estomac souffre aussi plus ou moins, et de là naissent le défaut d'apétit, le dégoût, le vomissement, des spasmes dans l'estomac et des maux de ventre; l'urine s'arrête ou devient très abondante; elle est quelquefois mêlée de mucosités qui causent de l'inflammation. Le pouls est plus vif, il est tantôt plein, tantôt petit et convulsif. L'enfant respire péniblement; une toux opiniâtre s'oppose au sommeil, et lorsqu'il dort, les mucosités qui s'entassent dans la trachée artère, occasionnent un ronflement continuel. La réaction du cerveau et des nerfs sur les parties irritables du corps, devient plus forte que de coutume; de là viennent des battemens de cœur, des évanouissemens, des assoupissemens, des spasmes dans les muscles du visage et du cou; quelquefois aussi des convulsions générales qui peuvent amener l'épilepsie et la mort.

C'est pendant le sommeil que les spasmes sont le plus violens; l'enfant se soulève et s'éveille avec effroi. Tout le corps est foible et abattu; toutes ses fonctions sont en souffrance; les bâillemens et les tiraillemens des membres se répètent, la fièvre est tantôt plus forte, tantôt plus foible, presque toujours inflammatoire. Dans un moment l'enfant a sa chaleur naturelle, le moment suivant son corps est brûlant, peu après il a froid.

Caractères de la dentition. Il n'est pas difficile de reconnoître cette maladie; il faut surtout remarquer les circonstances suivantes: 1°. L'âge de l'enfant. Il est excessivement rare que la dentition commence avant le troisième mois. 2°. Le bord de la mâchoire où doivent être placées les dents, devient un peu plus large qu'il n'étoit. 3°. Les genives sont enflées et chaudes, la salive coule, la peau du visage s'élève, l'enfant porte à sa bouche tout ce qu'il peut saisir pour adoucir la démangeaison désagréable des gencives. 4°. L'enfant ne peut tetter, il prend le sein, le quitte aussitôt, et la nourrice s'aperçoit que sa bouche est très chaude.

Quand ces circonstances se réunissent, on peut en conclure que l'enfant va faire des dents.

Symptômes de la maladie. La maladie est d'autant plus dangereuse que l'enfant est plus jeune et plus foible, et que les accidens sont plus violens. Une fièvre violente est un mauvais symptôme; la constipation est dans le même cas; un léger dévoiement qui n'affoiblit pas trop l'enfant est avantageux. Des spasmes universels et l'assoupissement sont des signes très fâcheux qui annoncent un grand danger.

Les enfans qui font des dents de bonne heure, sont en général plus forts et plus sains. Si les dents viennent très tard, on a à craindre la consomption. Quand les premières dents percent facilement, en général les autres suivent de même. La dentition des filles est moins pénible que celle des garçons.

Moyens médicaux pour la dentition. Les moyens que l'on peut appliquer sont ou locaux, ou généraux.

Moyens locaux. La dent irrite la gencive, et cause à l'enfant une démangeaison douloureuse. Pour l'appaiser il porte à la bouche son doigt ou les corps durs qui lui tombent sous la main, et s'en frotte la gencive. On a coutume dans cette intention de donner aux enfans des hochets garnis de coraux, d'os, d'ivoire ou de crystal: on suppose que la pression de corps si durs doit amollir la gencive et faciliter la sortie de la dent; mais l'expérience montre qu'il arrive précisément le contraire. Ce frottement répété rend la gencive dure et calleuse, et plus le corps est dur, plus elle se durcit. Qu'on ne donne à l'enfant qu'une tranche de pain à mâcher, cela suffit pour appaiser la démangeaison. La mollesse du pain amollit la gencive et fait l'effet d'un cataplasme.

Il est peu utile de frotter les gencives avec du miel; leur grande chaleur rancit bientôt l'huile et le beurre, qui causent alors un picottement douloureux, et ne font qu'augmenter l'inflammation. Le frottement avec de la cervelle fraîche de veau, recommandé par Rosenstein, est affadissant, et ne sert à rien.

Si les accidens ne sont pas très violens, on peut y remédier à l'aide des moyens généraux dont nous traiterons tout à l'heure: mais si leur violence est extrême, il n'y a qu'un seul moyen qui, toujours et en peu de temps, les fait disparoître; c'est une incision à la gencive jusqu'à la dent.

Il ne faut faire cette opération qu'au moment où la dent est près de percer, et lorsqu'on peut la sentir à travers la gencive. On ne doit pas se servir d'une lancette pointue, car la pointe se casse quand elle vient à toucher la dent, mais d'une lancette à pointe ronde. Il faut que l'incision soit assez profonde pour aller jusqu'à la dent, sans cela elle est inutile. Cette opération est très simple, sans danger et sans douleur, car la gencive est très peu sensible; l'hémorragie est peu considérable, innocente, et cesse d'elle-même.

Il vaut mieux faire une double incision en croix qu'une incision simple.

Aussitôt après l'opération, les spasmes violens, et la plupart des autres accidens disparoissent.

Quelquefois la gencive se referme tout de suite sur la dent, alors les accidens se renouvellent; il faut recommencer l'incision, et ils cessent de nouveau. Hunter se vit obligé à renouveller l'opération jusqu'à dix fois sur la même dent, et il obtint enfin le plus entier succès.

Dès que l'opération est faite, l'enfant se tranquillise et ferme sans crainte les mâchoires, ce qui prouve que l'opération est peu douloureuse, et la gencive insensible. La partie souffrante dans la dentition, n'est pas la gencive, mais le périoste qui se trouve au dessous. Dès qu'il est ouvert, les mauvais symptômes cessent.

Underwood affirme, et tout médecin éclairé sera de son avis, qu'une opération si simple a sauvé la vie à des milliers d'enfans, pour lesquels on avoit vainement essayé une foule de moyens différens. Cependant il faut avouer qu'elle n'est pas sans difficulté, parce qu'il n'est pas aisé de déterminer exactement où doit être faite l'incision.

Après l'opération, il s'écoule ordinairement plusieurs jours, quelquefois des semaines avant que la dent perce.

Moyens généraux. Ce sont de purs palliatifs;

qui diminuent la violence des accidens, sans en faire disparoître la cause.

Si l'enfant est resserré, il faut lui donner à boire du petit lait sucré, et au besoin un lavement, car pendant la dentition, le resserrement est toujours fâcheux.

Si l'enfant a un dévoiement violent, on doit l'arrêter sans hésiter. Qu'on lui donne deux gouttes de laudanum étendu de syrop toutes les deux heures, c'est le moyen de diminuer la trop grande irritabilité du corps et les spasmes. Mais il ne faut y mettre que la quantité d'opium nécessaire pour arrêter le dévoiement, sans y faire succéder le resserrement.

Si la fièvre est très forte, qu'on mette des sangsues aux pieds, et qu'on recommence tous les deux jours, jusqu'à ce que la fièvre cède. Pour un enfant de trois à quatre mois, il faut deux sangsues; pour un enfant de six à sept mois, on peut en mettre trois ou quatre. Des vomitifs doux sont bons contre la fièvre; on peut en donner un à l'enfant le soir, et le renouveller le jour suivant si cela est nécessaire (1).

---

(1) Vomitif pour les enfans.

Tart. emet granulum unum.-solve in aquæ distill. unciis duabus.

Adde syrupi rub. id. drachmas duas.

On en donne à un enfant d'un mois, une cuillerée à café qu'on renouvelle par quarts d'heure jusqu'à ce que le vomissement soit excité; à un enfant de trois mois deux cuillerées; de quatre à cinq mois trois cuillerées; de huit à dix mois une bonne cuillerée à bouche.

DE L'ÉDUCATION.

De légers vomitifs, des adoucissans et des bains chauds, sont bons aussi contre les spasmes; le remède indiqué ci-dessous les arrêtera presque toujours, et modérera la fièvre aussi bien que la toux (1). La gourme qui, dans la dentition, se manifeste sur le visage et sur la nuque, et qui ressemble à la galle, n'a aucun danger, passe d'elle-même, et n'exige aucun remède. Si cette gourme ou un écoulement se manifeste derrière les oreilles, il n'y a rien à faire non plus.

Régime. Quant au genre de vie de l'enfant pendant la dentition, il ne faut pas lui donner le sein aussi souvent qu'auparavant; il seroit très nuisible de lui charger l'estomac. En revanche qu'il boive beaucoup; le petit lait sucré est utile. La nourrice ne doit manger que peu de viande, et éviter soigneusement toutes les secousses.

Du reste la dentition met souvent un terme au dépérissement qui se manifeste chez les enfans à la mamelle. On a vu des enfans, dont le dépérissement étoit tel qu'ils pouvoient à peine se remuer dans leur berceau, qui avoient une fièvre continue, les joues brûlantes, le corps amaigri, le bas ventre gros et enflé, une toux pénible, les jambes et les pieds desséchés, se remettre tout d'un coup,

---

(1) *Vin. antimon. Huxh. drachmam semis.*
Laud. liquid. Sydenham. guttas duodecim.
Syrupi cort. aurant. uncias tres.
En donner soixante gouttes à l'enfant toutes les deux heures, après l'avoir bien remué.

lorsqu'en peu de jours, plusieurs dents leur étoient sorties.

Il faut soigner beaucoup les secondes dents ou dents permanentes ; lorsqu'un enfant vient à se casser une dent, il ne faut pas en ôter les morceaux, mais bien les laisser, de peur d'offenser celle qui doit la remplacer. Il ne faut pas non plus arracher les dents de lait dès qu'elles commencent à branler; mieux vaut attendre qu'elles soient près de tomber d'elles-mêmes.

LA VOITURE VERSÉE.

CONTE.

(Conclusion.)

Comtois voulut monter sur un arbre assez haut qui se trouvoit à l'entrée d'une des routes, espérant découvrir le chemin et la voiture; mais outre que ses bottes ne lui permettoient pas de grimper bien lestement, la première branche à laquelle il s'accrocha se trouva être de bois mort et cassa : il tomba, heureusement sans se faire beaucoup de mal; mais mad. de Vésac et Cécile, à qui sa chute avoit fait une terrible peur, l'empêchèrent de remonter, en lui représentant que s'il lui arrivoit quelque accident, leur situation à tous les trois deviendroit affreuse. Il fallut donc se décider à marcher au hasard. On crut se rappeler qu'en s'éloignant du chemin, on avoit plusieurs fois un peu tourné à gauche; on pensa qu'en revenant en sens contraire, c'étoit à gauche qu'il falloit tourner pour s'en rapprocher. La route à gauche fut donc celle que l'on choisit, non sans beaucoup de regret de ne pouvoir deviner ce qui se trouvoit au bout de la route à droite; mais ce n'étoit pas le moment des regrets inutiles, et l'on se décida à tâcher de croire qu'on prenoit la meilleure.

Cependant la tristesse recommençoit à gagner les voyageuses: le pied de Cécile étoit assez enflé; la fatigue augmentoit beaucoup les douleurs du bras de mad. de Vésac, quoique l'inquiétude où elle étoit la tînt dans un état d'agitation et de fermentation de sang qui l'empêchoit de sentir son mal autant qu'elle l'auroit fait dans un moment plus calme; mais cette inquiétude étoit elle-même un mal bien grand: il n'y avoit plus de raison pour qu'elle comptât retrouver son chemin; et si le hasard ne la dirigeoit pas mieux qu'il n'avoit fait jusqu'alors, elle calculoit en frémissant ce qu'elles avoient d'heures à passer dans le bois, de fatigues et de souffrances à essuyer en attendant le jour.

Cécile, plus abattue encore, ne disoit rien, et commençoit à ne plus penser; la fatigue, la tristesse, l'ennui absorboient toutes ses facultés.

La route qu'elles avoient choisie se terminoit à une espèce de carrefour d'où partoient plusieurs sentiers plus étroits; elles choisirent celui qui leur parut le plus large et le meilleur; mais il se rétrécit bientôt au point que mad. de Vésac et sa fille furent obligées de quitter le bras de Comtois qui passa devant pour leur frayer un peu la route;

4

L'épaisseur du bois en cet endroit, avoit entretenu une humidité qui s'étoit convertie en verglas, et avoit empêché la neige qui venoit de tomber, d'y pénétrer assez pour recouvrir le chemin. On glissoit à chaque pas, et mad. de Vésac et sa fille qui marchoient l'une derrière l'autre, ne pouvoient se soutenir qu'en s'accrochant aux arbres; mais à chaque instant leurs pieds se heurtoient contre des racines, ou s'embarrassoient dans des branches traînantes; et Cécile, souvent près de tomber, commençoit à ne pouvoir retenir ses gémissemens. Enfin, dans un endroit extrêmement glissant, ne pouvant se soutenir, elle tomba sur ses genoux : une branche d'épines qui traversoit le sentier se prit dans ses vêtemens; lorsqu'elle l'ôtoit de sa robe elle se prenoit dans son schall, s'attachoit à ses gants, et lui ôtoit l'usage de ses mains; elle vouloit se relever, et au moment où elle cherchoit à appuyer son pied, elle glissoit et retomboit. Abattue comme elle l'étoit, ce léger incident avoit achevé d'épuiser son courage. Mad. de Vésac s'étoit retournée pour lui donner la main; mais prête à tomber elle-même, elle avoit été obligée, de la main qui lui restoit libre, de s'accrocher à un arbre. Elle plaignoit sa fille, et tâchoit de l'encourager.

« Maman, dit Cécile, je ne peux pas continuer; cela est impossible. »

« Ma pauvre enfant, lui dit mad. de Vésac, est-il bien sûr que cela soit impossible? Penses-y sérieusement : ce n'est pas ici, comme je te le proposois tantôt, une épreuve à faire par plaisir, c'est un courage nécessaire. Penses-y, ma Cécile, ajouta-t-elle du ton le plus tendre et le plus caressant ; nous n'avons que notre courage pour nous tirer d'ici ; mais avec du courage, je crois qu'il nous reste des forces suffisantes pour supporter encore beaucoup de choses. Ne vaut-il pas mieux les employer que de nous abandonner lâchement ? »

En disant cela, de son pied elle aidoit Cécile à se débarrasser de la branche d'épine, et la soutenoit de ses genoux. Cécile, relevée, ne répondit rien, et reprit sa route : sentant la vérité de ce que lui avoit dit sa mère, elle rassembla ses forces pour ne plus se plaindre. Seulement ses larmes couloient en silence ; foiblesse pardonnable, mais qui augmentoit ses maux, comme la foiblesse les augmente toujours.

Elles étoient enfin arrivées au bout de ce pénible sentier, et se trouvoient de nouveau dans une clairière du bois où aboutissoient plusieurs routes, sans savoir davantage de quel côté tourner. Elles s'étoient arrêtées à les considérer, lorsqu'il leur sembla entendre à peu de distance un léger bruit qui n'étoit pas celui du vent. Elles écoutèrent : « Mon Dieu, dit Cécile, il me semble que j'entends pleurer » ; et en disant cela un frisson parcourut toutes ses veines.

Elles écoutoient encore, et crurent reconnoître une voix d'enfant ; enfin, en regardant de tous côtés à la faveur de la lune qui commençoit à paroître et à dissiper les nuages, elles aperçurent dans un coin un peu enfoncé de la clairière, une figure debout, appuyée contre un arbre, et immobile.

Cécile avoit peur, et tenoit le bras de Comtois bien serré. « Voyons ce que c'est, » dit mad. de Vésac, d'autant qu'elles entendoient toujours pleurer. En approchant, elles reconnurent que ce qu'elles avoient vu étoit une pauvre femme qui se tenoit appuyée contre un arbre sans remuer, et avoit auprès d'elle une petite fille d'environ huit ans. La pauvre femme tenoit quelque chose dans ses bras. Elles approchèrent encore, et virent que c'étoit un enfant d'environ deux mois, immobile comme sa mère; il paroissoit glacé par le froid : sa mère, la tête baissée sur lui comme pour le réchauffer, ne disoit rien : on ne savoit s'ils étoient morts ou en vie. Les pleurs qu'avoient entendus mad. de Vésac et Cécile étoient ceux de la petite fille qui, debout auprès de sa mère, pleuroit doucement et aussi sans remuer. La lune en ce moment les éclairoit parfaitement. Mad. de Vésac et Cécile approchèrent tout près sans que la pauvre femme changeât de position; elles se regardèrent en tremblant; elles craignoient qu'elle ne fût morte et son enfant aussi. Enfin, mad. de Vésac lui dit : « Ma bonne femme, que faites-vous là ? » Elle ne répondit rien.

La petite fille, qui en les voyant, s'étoit mise à pleurer et à sanglotter plus fort, tira sa mère par son jupon, en criant : « Maman, maman..., » des dames ! »

La pauvre femme leva la tête, leur montra des yeux son enfant dont elle recouvrit aussitôt le visage avec le sien; elles eurent cependant le temps de voir le visage de l'enfant; il étoit pâle comme la mort et sans mouvement. mad. de Vésac vouloit demander s'il vivoit encore, et ne savoit comment s'y prendre. Enfin, elle dit à demi-voix, en le touchant : « Il a bien froid. » « Je ne peux plus le » réchauffer, » dit la mère encore plus bas, et en le pressant encore plus contre elle, comme si elle eût voulu tenter un nouvel effort pour lui communiquer un peu de chaleur. « Est-ce qu'il est mort ? » demanda Comtois. A ce terrible mot, la pauvre femme ne répondit rien, mais elle poussa des cris de désespoir, en le serrant encore plus fort. Cependant mad. de Vésac avoit trouvé moyen de prendre la main de l'enfant ; elle étoit glacée ; mais elle tâta son pouls, et le sentit battre.

« Non, certainement, il n'est pas mort, dit-
» elle vivement, je sens battre son pouls. »

« Ah ! mon Dieu, » dit la pauvre femme, avec un soupir étouffé, et en levant vers mad. de Vésac des yeux reconnoissans qui commençoient à se remplir de larmes ; mais elle rabaissa bien vite son visage sur son enfant qu'elle embrassa avec passion.

« Donnez-le nous, dit mad. de Vésac, nous le
» réchaufferons mieux que vous. »

« Donnez, dit Comtois, je le mettrai dans ma
» redingote ; » et il ouvrit sa grosse redingote bien chaude. La pauvre femme hésitoit à le lui donner. « Donnez, donnez, continua-t-il ; j'ai
» des enfans, je sais comment on les retourne. »

« Donnez-le-lui, » dit mad. de Vésac ; et la pauvre femme le mit dans les bras de Comtois, en recroisant par-dessus lui la redingote. Il avoit ôté, pour lui faire place, une bouteille qu'il avoit dans une poche intérieure.

« Tenez, dit-il, cela ne lui fera pas de mal. » C'étoit une bouteille d'eau-de-vie; il l'ouvrit, et en versa quelques gouttes dans la bouche de l'enfant; l'enfant les avala.

« Il avale ! » s'écria la mère, dans un transport de joie, et l'enfant commença à respirer plus fort et à remuer ses petits bras.

« Parbleu, je le crois bien, dit Comtois, cela
» feroit revivre un mort. Vous ne feriez pas mal,
» vous aussi, d'en avaler un peu pour vous re-
» mettre le cœur au ventre. »

La pauvre femme disoit qu'elle n'avoit besoin de rien; mais mad. de Vésac l'engagea à prendre un peu d'eau-de-vie pour se réchauffer; alors la petite fille, qui, depuis que mad. de Vésac étoit arrivée, avoit cessé de pleurer, et regardoit ce qui se passoit autour d'elle, recommença à sangloter doucement, mais assez fort pourtant pour se faire entendre. Cécile l'entendit la première, et se mit à la caresser pour l'appaiser; mais la petite fille pleuroit toujours, et regardoit la bouteille. Cécile demanda si on ne pourroit pas lui donner aussi quelques gouttes à boire. Comtois assura que cela ne lui feroit pas de mal. « Oui, disoit Mad. de
» Vésac, si elle en avale quelques gouttes; mais
» si on lui donne la bouteille, elle en boira trop. »
Pendant ce temps, la petite fille pleuroit toujours en regardant la bouteille, et pleuroit d'un ton si doux, que cela pénétroit le cœur de Cécile. Enfin,

par un effort dont elle ne se seroit jamais crue capable, elle ôta son gant, et dit qu'elle la feroit boire dans le creux de sa main. Seulement, quand la petite fille eut bu, elle cacha sa main, en disant qu'il faisoit bien froid; et comme la petite cracha l'eau-de-vie en disant que cela la brûloit, elle lui dit que ce n'étoit pas la peine de lui avoir fait ôter son gant; elle alloit le remettre quand sa mère dit qu'un morceau de pain lui seroit bien meilleur, parce qu'elle n'avoit pas mangé depuis midi. Alors la petite se mit à pleurer plus amèrement.

« Bon Dieu ! dit Cécile, si j'avois la brioche » que j'ai achetée ce matin, et que je n'ai pas » mangée. »

« Où est-elle ? » lui demanda sa mère.

« Dans la voiture. »

« Je croyois t'avoir dit de la mettre dans ton » sac. »

« Oui, mais mon sac.... » En ce moment Cécile s'interrompt, et pousse un cri de joie. Elle ne s'étoit pas aperçue que son sac étoit resté attaché à son bras; elle en sent les cordons, les défait, l'ouvre, y trouve la brioche un peu écrasée de sa chute; mais les morceaux en sont bons : elle en donne un à la petite fille, un à la mère qui, sans rien dire, et croyant qu'on ne la voit pas, le serre dans sa poche. Cécile cherche encore au fond du sac, et ôtant son second gant, demande si en broyant encore les miettes dans ses mains, on n'en pourroit pas faire avaler au petit enfant.

« Ce qu'il lui faudroit, dit mad. de Vésac, c'est
» le lait de sa mère ; mais supposé qu'elle en ait
» encore, il n'est pas actuellement assez fort pour
» tetter ; il faut tâcher d'arriver le plutôt que nous
» pourrons à quelqu'endroit habité où on puisse
» lui donner les soins nécessaires. »

Alors la pauvre femme, qui après un moment
de joie bien vive, sentoit renaître toutes ses
craintes et toutes ses douleurs, dit en pleurant :
« S'il pouvoit vivre seulement jusqu'à Chambouri,
» j'ai là ma mère qui est si habile à soigner les
» enfans ! »

« Où est Chambouri ? » demanda mad. de
Vésac.

« A une petite lieue d'ici, » répondit la pauvre
femme.

« C'est la poste, » ajouta Comtois.

« Et en savez-vous le chemin ? »

« Si je le sais, dit la pauvre femme, c'est mon
» pays. »

» Pourquoi donc ne vous y êtes-vous pas rendue,
» au lieu de rester contre cet arbre ? »

« Je suis tombée trois fois sur le verglas ; la
» troisième fois, mon pauvre petit a poussé un
» grand cri, et puis n'a plus rien dit ; j'ai cru
» d'abord que je l'avois tué, et puis j'ai pensé
» que si cela m'arrivoit encore, je le tuerois :
» d'ailleurs, un instant après, j'ai senti qu'il ne
» remuoit plus ; je l'ai cru mort, et alors je n'avois
» plus cœur à rien. »

« Mais à présent, nous conduiriez-vous bien à

» Chambouri ? » — « Sûrement, pourvu que nous
» y arrivions à temps ; » et la pauvre femme
recommença à pleurer.

« Oui, oui, nous arriverons à temps, dit
» mad. de Vésac ; Comtois portera l'enfant d'un
» côté, et donnera l'autre bras à Cécile. Vous et
» moi, ajouta-t-elle, en s'adressant à la mère, nous
» tâcherons de nous soutenir mutuellement. »

On s'arrangea comme l'avoit dit mad. de Vésac,
Cécile donnant la main à la petite fille, et la
pauvre mère du côté de son enfant, lui portant
à chaque instant la main sur la tête qui étoit hors
de la redingote de Comtois, et redoublant ses
pleurs à chaque fois qu'elle sentoit qu'il avoit
froid. Mad. de Vésac s'en aperçut ; elle s'arrêta,
et détachant un petit schall qu'elle avoit sous le
grand, le donna pour couvrir la tête de l'enfant.

« Il fait bien froid, en effet, » dit Cécile, qui
recommençoit à penser à elle, et qui trouvoit que
de donner la main à la petite fille, la refroidissoit
en l'empêchant de cacher sa main sous son schall.

« Combien y a-t-il de temps que vous êtes à
» ce froid là ? » demanda mad. de Vésac à la
pauvre femme.

« Depuis midi, répondit celle-ci ; nous ne
» sommes pas entrés dans une maison ; j'espérois
» arriver ce soir de bonne heure à Chambouri ;
» mais le mauvais tems, les mauvais chemins
» nous ont retardés, et sans vous, ma bonne dame,
» nous aurions passé la nuit dans le bois. »

« Mais auriez-vous pu y résister ? » demande mad. de Vésac.

« Je ne sais pas, dit la pauvre femme en redou-
» blant ses pleurs, si mon pauvre petit s'en sau-
» vera. » Alors elle se mit à raconter ses perfec-
tions, comme si elle l'avoit déjà perdu. « Il me
» connoissoit, disoit-elle en pleurant ; encore ce
» matin, il me regardoit et il rioit ; ce beau soleil
» l'égayoit, il levoit ses petits bras, il avoit l'air
» de vouloir sauter, et encore après le soleil
» couché, quand, pour la dernière fois, j'ai essayé
» de lui donner à tetter, il m'a regardé, et a tâché
» de rire. » Et à ces mots, la pauvre femme redoubla ses pleurs.

« Il vous regardera, il rira encore, » dit mad. de Vésac attendrie.

« Oh, dit la pauvre femme, il a tant souffert !
» il me regardoit comme pour me demander du
» secours. » Et en se souvenant des regards tristes de son enfant, elle ne put retenir ses sanglots. Alors Cécile s'oubliant encore elle-même, quitta le bras de Comtois, et passant sa main dans la redingotte où étoit l'enfant, dit à la pauvre mère : « Oh ! il a bien chaud ; touchez-le, il remue ses
» petits bras : je le crois content. » « Je vous en
» réponds qu'il remue, dit Comtois ; tenez, il a
» dérangé le mouchoir qu'il avoit sur la tête. »
Et Cécile quittant la main de la petite fille, rac-
commoda le mouchoir. La pauvre mère ne savoit comment témoigner sa joie et sa reconnoissance ; mais la petite restée derrière, parce que Cécile

ne la tenoit plus, se mit à pleurer. « Viens donc, »
lui disoit sa mère; et la pauvre petite répondoit:
« Je ne le peux pas. »

Cécile alla la reprendre par la main, et lui dit :
« Il faut tâcher de pouvoir, ma petite. »

« Combien y a-t-il de temps que vous mar-
» chez ? » demanda mad. de Vésac.

« Depuis midi, répondit la pauvre femme, je
» n'avois plus d'argent pour entrer dans les mai-
» sons ; j'avois fini les provisions que j'avois pour
» le voyage, je voulois arriver à Chambouri. »

« Et la petite a marché tout ce temps là ? »

« Tout ce temps là. »

« Cécile a raison, mon enfant, dit mad. de
» Vésac à la petite, il faut tâcher de pouvoir
» marcher encore. »

« Si Comtois ne tenoit pas l'enfant, dit Cécile,
» je le prierois de la porter. »

« Oh ! j'ai mon autre bras, dit Comtois ; mais
» je ne pourrai plus vous soutenir, mademoiselle
» Cécile. »

« C'est égal, dit Cécile, je pourrai bien plutôt
» marcher sans bras, que cette pauvre petite ne
» pourra continuer la route à pied. »

Comtois alors se baissa, et asseyant la petite
sur son bras, la souleva de terre ; mais il lui disoit:
« Tenez-vous par les mains à mon collet ; » et la
petite répondoit en pleurant : « Je ne peux pas. »

« Pourquoi ? » lui demanda Cécile ; et en lui
prenant les mains pour lui montrer comment il
falloit tenir le collet de Comtois ; elle s'aperçut

qu'elle les avoit si glacées, qu'elle n'en pouvoit faire aucun usage. « Oh, Dieu! s'écria-t-elle, elle me » gèle à travers mes gants. » Et Cécile se souvint alors qu'elle en avoit deux paires, dont l'une en poil de lapin, par-dessus l'autre; elle l'ôta et la mit aux mains de la petite fille, après les avoir frottées; puis comme elle ne pouvoit cependant encore tenir le collet de Comtois, elle lui fit passer les bras autour de son cou. Cependant la petite pleuroit toujours. « Qu'as-tu? » lui disoit Cécile, et la petite ne répondoit rien. « Ce sont ses pauvres » pieds, dit la mère; les engelures les ont ouverts; » elle a marché cependant pieds nus toute la » journée, mais depuis qu'elle ne marche plus, le » froid lui fait plus de mal. » Cécile pensa alors aux chaussons qu'elle avoit par-dessus ses souliers; elle les ôta, les mit aux pieds de la petite fille, qui cessa de pleurer; puis elle alla prendre le bras de la pauvre femme qui donnoit l'autre à sa mère; elle marchoit ferme sans se plaindre ni du froid, ni du verglas qui la faisoit bien plus glisser depuis qu'elle n'avoit plus de chaussons.

« Ma Cécile, lui dit mad. de Vésac, combien » nous avons trouvé de force depuis le moment » où nous avons cru que nous ne pouvions plus » aller! »

« Oh, maman, dit Cécile, contente d'elle- » même, une semblable occasion en donne beau- » coup. »

« Mon enfant, elle ne les donne pas, elle fait » seulement trouver toutes celles qu'on a, et puis

» qu'on les a, pourquoi ne les pas employer dans
» toutes les occasions ? »

« Elles ne sont pas toutes aussi importantes. »

« Il est toujours important de venir à bout de
» ce qu'on fait, et d'en venir à bout le plutôt, le
» mieux, le plus complètement possible ; il faut
» donc chercher tout ce qui nous est possible
» pour le faire ; quand on manque de courage
» et qu'on croit manquer de force dans une petite
» occasion, il n'y a qu'une chose à faire, c'est de
» chercher tout ce que l'on en trouveroit pour
» une grande. »

En disant ces mots, elles touchèrent à la lisière du bois, et se trouvèrent auprès des premières maisons de Chambouri.

« Nous y voilà, » dit Cécile avec un transport de joie.

« Oui, dit la pauvre femme ; mais ma mère
» loge auprès de la poste, qui est à l'autre bout du
» village. »

« Ah, bon Dieu ! » s'écria douloureusement Cécile.

« Ne serions-nous pas tentées, lui demanda
» mad. de Vésac, de trouver qu'il est impossible
» d'aller plus loin ? »

Cécile qui étoit prête à le penser, se recueillit, consulta ses forces, et frémit en elle-même de tout ce qu'elle sentit qu'elle pouvoit supporter encore ; tremblant d'être mise encore à de nouvelles épreuves, elle ne fut rassurée que lorsqu'après un quart d'heure de marche, elle fut entrée à la poste, et assise auprès du feu de la cuisine.

Elles avoient engagé la pauvre femme à les y suivre pour y réchauffer et déposer ses enfans, en attendant que sa mère fût prête à la recevoir. L'enfant s'étoit endormi dans la redingotte de Comtois; quand on l'en tira, le bruit, le monde, les lumières l'éveillèrent; il se mit à crier.

« Il crie! » dit la pauvre mère dans un transport de joie; et tombant à genoux, les mains jointes devant mad. de Vésac, sur laquelle Comtois avoit mis l'enfant, elle répétoit : « Il crie! » le regardoit, le baisoit. Il cessa de crier, et charmé de sentir la chaleur du feu, il se mit à rire en regardant sa mère. « Voilà comme il me regardoit » ce matin, » s'écria-t-elle, et des torrens de larmes couloient de ses yeux. On lui fit avaler un peu de lait en attendant que sa mère fût assez reposée pour en avoir à lui donner, et la joie qu'il eût à le prendre, fut encore un sujet de transport pour la pauvre femme. Pendant ce temps, Cécile s'étoit emparée de la petite fille, la tenoit sur ses genoux, lui réchauffoit les pieds et les mains, et ne se plaignoit pas qu'elle l'empêchât de se chauffer. Enfin, la mère de la pauvre femme, avertie, vint la chercher, et l'emmena avec ses enfans, en remerciant beaucoup mad. de Vésac, qui ne les laissa pas partir avant de leur avoir fait donner bien à souper. Elle se fit donner à elle-même à souper dans une chambre qu'on avoit préparée pour elle et sa fille; elle envoya chercher un très bon chirurgien qui se trouvoit heureusement à Chambouri, et qui lui pansa le bras. Pendant ce temps, Comtois alla rechercher la voiture qui étoit relevée, attelée, et attendoit les voyageuses. Au moment où il la ramenoit, arriva dans l'auberge un voyageur; c'étoit l'homme d'affaires de mad. de Vésac, qui venoit de sa terre à sa rencontre, s'informant d'elle de poste en poste, pour l'empêcher d'aller plus loin, parce que l'affaire pour laquelle elle venoit, étoit arrangée. Cécile se coucha donc avec la satisfaction de penser qu'elle ne continueroit pas son voyage le lendemain, d'autant que mad. de Vésac annonça que, puisqu'elle en avoit le temps, elle s'arrêteroit deux jours à l'auberge, pour y soigner et reposer son bras. Le lendemain, elles firent venir la pauvre femme, toute joyeuse de leur montrer son enfant, qui reprenoit de la vie et des couleurs, et qu'elle ne pouvoit se lasser de regarder et d'embrasser. Elle leur apprit qu'elle avoit été mariée dans un village éloigné de Chambouri, à un ouvrier qui étoit un mauvais sujet; qu'après avoir mangé tout ce qu'ils avoient, il s'étoit engagé pendant qu'elle étoit grosse de cet enfant; qu'aussitôt qu'elle avoit pu, après ses couches, elle s'étoit mise en route pour venir retrouver sa mère qui avoit un petit bien, et chez qui elle alloit vivre. Mad. de Vésac lui dit qu'elle se regardoit comme la marraine de l'enfant qu'elle avoit contribué à sauver, qu'elle le prenoit sous sa protection. Mais comme il falloit qu'il restât avec sa mère, qui d'ailleurs n'auroit pas consenti à s'en séparer, mad. de Vésac donna seulement quelqu'argent à la pauvre femme pour l'aider à vivre elle et son fils; et Cécile, avec la permission de sa mère, demanda à se charger de la petite fille. Nous verrons ce qu'elle en fit.

P. M. G.

IIIᵉ Année. — Errata dans le Nᵒ. VI.

Pag. 356, lig. 9 d'en bas, plutôt que de, lisez : sans penser à.
    358, lig. 9, basses, lisez : bas.
    362, lig. 17, *supprimez le mot* même.
    364, lig. 11, un de ses points; lisez : un des points de sa circonférence.
    id. lig. 1 et 2 d'en bas : petits tissus, lisez : petits yeux lisses.
    366, lig. 6, d'en bas, spirales, lisez : pirales.

Ce Journal, composé de quatre feuilles *in-*8º, paroît le 15 de chaque mois.

Le prix de l'Abonnement est de 18 fr. pour l'année, et de 10 fr. pour six mois.

On s'abonne chez LE NORMANT, Imprimeur-Libraire, rue de Seine, nº. 8, près le pont des Arts.

Les lettres et les envois doivent être adressés francs de port.

ANNALES DE L'ÉDUCATION.

DE L'ENSEIGNEMENT DE LA PHILOSOPHIE,

Et d'un ouvrage nouveau intitulé : *Leçons élémentaires de Philosophie, destinées aux Elèves de l'Université impériale qui aspirent au grade de Bachelier-ès-lettres;* par *J. S. Flotte*, ancien agrégé-professeur de l'Université de Paris, etc. Deux vol. in-12. Prix : 5 fr., et 6 fr. 50 c. par la poste. — A Paris, chez *Brunot-Labbe*, libraire de l'Université impériale, quai des Augustins, nº. 33 ; et chez *le Normant*. 1812.

(IIe Article.)

Dans l'article précédent, j'ai essayé de tracer le tableau de l'état actuel de la philosophie; j'ai dû nécessairement y laisser beaucoup de lacunes : peut-être en est-il que je ne connois pas ; mais si le tableau est incomplet, du moins le cadre s'y trouve : c'est ce cadre que des leçons de philosophie doivent remplir. Depuis qu'on cherche à atteindre ce but, on s'y est pris de bien des manières ; la plupart de ces tâtonnemens n'ont pas été heureux, et cependant leur influence subsiste encore. Il sembleroit que, pendant long-temps, on ait regardé ce cadre, non comme un champ inconnu où tout étoit à découvrir, et dans lequel il falloit avancer régulièrement et avec précaution, mais comme un terrain vacant où l'on pouvoit à son gré bâtir, diviser, subdiviser et substituer sans cesse compartimens à compartimens, édifices à édifices. Je suis toujours étonné de la facilité avec laquelle ant de philosophes distinguent, classent les objets de leur étude, et créent ainsi autant de sciences séparées qu'ils traitent ensuite avec la même assurance, sans s'inquiéter si ces distinctions, ces classifications sont réellement conformes à la nature des choses, et s'il ne vaudroit pas mieux considérer dans son ensemble l'esprit humain, cet être unique, que le morceler ainsi en tant de façons. La plupart des livres de philosophie, par exemple, commencent par un cours de *logique*, que suit un cours de *métaphysique*, après lequel vient un cours de *morale*. Ces cours commencent, à leur tour, par des définitions de la logique, de la métaphysique et de la morale; après quoi les auteurs remplissent ces divisions comme il leur plaît, plaçant les uns dans la logique ce que les autres rangent dans la métaphysique, et ceux-ci dans la métaphysique ce que ceux-là regardent comme du domaine de la morale : autant de sciences, autant de définitions, et par suite autant d'idées fausses, c'est-à-dire vagues, incomplètes et incohérentes. Une observation plus approfondie de la nature de l'homme, et plus de conformité à la marche de cette nature seroient à la fois et plus sûres et plus claires et plus fécondes en résultats. On vous dit que « la logique est un recueil d'observations faites

» par des philosophes sur la manière de conduire
» les opérations de l'esprit, pour éviter l'erreur
» autant qu'il est en nous, et saisir la vérité. » On
ajoute que « notre âme, toute simple qu'elle est,
» a deux facultés; l'une a pour objet le *vrai*, et se
» nomme *entendement, intelligence*; l'autre a le
» *bon* pour objet, et on l'appelle volonté. Les opé-
» rations de l'entendement sont l'objet de la logique;
» celles de la volonté le sont de la morale. » Après
cela on vous apprend que « les principales opéra-
» tions de l'entendement humain se réduisent à
» quatre, *concevoir, juger, raisonner* et *ordon-*
» *ner* (1) » : et l'on vous montrera ensuite comment
la logique *dirige* l'esprit dans ces quatre opérations.

Maintenant que vous savez cela, mettez-le à
l'épreuve, c'est-à-dire examinez si ces distinctions,
ces définitions vous représentent véritablement les
faits; cherchez à quel point la *volonté* est indépendante de *l'intelligence*; demandez-vous, si la
logique est « un recueil d'observations faites par
des philosophes »; comment les hommes ont eu
et ont encore une logique, avant qu'il y eût des
philosophes et avant qu'ils sachent qu'il en existe;
voyez en quoi diffèrent les opérations de *raisonner*
et d'*ordonner*; regardez si ces classifications arbi-
traires n'ont pas pour objet de fournir, comme
par une sorte de jeu, des matériaux de discours
et d'enseignement, plutôt que de découvrir la

---

(1) *Leçons élémentaires de Philosophie*, etc., t. I,
pag. 25, 26.

science. Allez plus loin; vous ne savez pas encore ce qu'est la *métaphysique;* on vous dira qu'elle est *la science des causes premières....;* que « la philosophie admet deux principes de cette sorte : l'un pour expliquer l'homme, et c'est *l'âme;* l'autre pour expliquer le monde, et c'est Dieu; la *psychologie* est la science de l'âme; la science de Dieu est la *théodicée* (1). »

Arrêtez-vous à la *psychologie.* Vous croyez, sans doute, que vous allez trouver ici une analyse des facultés de l'âme, c'est-à-dire des opérations par lesquelles elle se manifeste, et qui sont tout ce que nous en pouvons connoître : cette grande étude sera faite en dix pages, où vous verrez que « toutes ces opérations naissent de l'attention », c'est-à-dire de ce qui n'est autre chose que l'action énergique de nos facultés. La psychologie sera pleine d'ailleurs de discussions sur la nature de l'âme, sa liberté, sa destinée, etc. Si vous voulez quelque chose de plus sur l'analyse proprement dite de ses facultés, retournez à la logique; vous y rencontrerez quelques pages sur *l'attention,* sur la *mémoire* (2), etc., comme vous trouverez dans la *morale* de nouvelles discussions sur la liberté. Ne vous étonnez pas de cette confusion; elle est inévitable dès qu'on perd le seul fil qui puisse conduire le philosophe, celui des faits. La philosophie est une science de faits, et ce n'est que dans l'en-

---

(1) *Leçons élémentaires de Philosophie,* etc. t. I, pag. 219.

(2) *Ibid,* t. I, p. 115.

ceinte des faits qu'elle peut être une *science*. Les opérations de l'esprit humain, ses relations avec les objets extérieurs, tout cela est donné; c'est là ce qu'il faut étudier pour voir comment se font ces opérations, comment s'établissent ces relations: lorsqu'après avoir parcouru un champ si vaste, après en avoir examiné et bien lié toutes les parties, la philosophie s'élancera en avant et en arrière pour sonder la nature primitive des êtres, les causes premières et les dernières fins; ce sera une étude spéculative qui aura son genre de certitude particulier, mais qui ne pourra jamais former une *science*; car les objets de cette science sont entièrement hors de notre sphère; ils ne nous sont pas donnés; nous ne les tenons pas là pour les soumettre à notre examen : appuyés sur ce que nous sentons et savons, nous cherchons à les atteindre en marchant de conclusion en conclusion, de raisonnement en raisonnement; mais nous ne saurions arriver à les saisir tout entiers, de manière à les faire passer par le creuset de notre intelligence.

Aussi je ne puis assez admirer l'illusion dont se repaissent ceux qui font de la théodicée une *science*. Ce n'est pas assez pour l'homme d'élever sa conviction jusqu'à Dieu; il veut encore mesurer cet être infini, incompréhensible; il assigne et classe les attributs de celui dont il ne peut concevoir la nature : à l'aide de son raisonnement seul, il prétend déterminer les intentions, les projets, les qualités de celui que sa raison ne sauroit comprendre; il divise, il conclut, il décide et croit avoir créé une science quand il n'a fait que prouver sa présomption et sa vanité.

Pour moi, je l'avoue, je bannirois ce qu'on appelle la *théodicée* de l'enseignement de la philosophie; car je ne crois pas que l'homme puisse enseigner ce qu'il ne peut connoître. J'appliquerois ici ce que j'ai dit dans l'article précédent, de la différence qui existe entre les limites assignées à notre connoissance et celles jusqu'où peut s'étendre notre croyance; et, content d'avoir montré ce que l'homme peut croire, je ne prétendrois pas lui en apprendre davantage, et je rentrerois modestement dans le domaine de ce qu'il peut savoir.

M. Flotte n'a pas cru devoir s'en tenir là; la théodicée occupe, dans son ouvrage, à peu près autant de place que la psychologie, et la psychologie où manque souvent ce qu'on devroit y trouver, est encombrée de questions d'un véritable intérêt sans doute, mais étrangères à son objet, comme la question de l'âme des bêtes, qui y est traitée avec détail et d'une manière contradictoire; car, en leur accordant un *principe inétendu et actif*, c'est-à-dire *spirituel*, il leur refuse ce qu'il appelle des *idées spirituelles* et l'immortalité. Refuser ce qu'on ne veut pas donner; donner ce qu'on ne croit pas pouvoir refuser, voilà à quoi se réduit sa dissertation: le problème reste toujours le même.

Je ferai à sa *morale* des objections du même genre: on y trouve de fort bonnes choses; mais il en a confondu de très différentes, à mon avis. La philosophie morale, telle du moins que je la conçois, n'a pas pour objet d'enseigner aux hommes comment ils doivent agir dans les diverses situations de la vie : cet enseignement est réservé aux traités de morale pratique ; la philosophie morale est encore une science de faits qui examine l'homme agissant, étudie les mobiles de sa volonté, et cherche à découvrir, dans la nature humaine, le principe d'où sort la moralité. Elle passe ainsi en revue les sentimens et les passions de l'homme, sépare ce qui est naturel et universel de ce qui n'est que conventionnel et factice, observe comment ces sentimens se mêlent et se manifestent, quelles lois président à leur action, quels raisonnemens les accompagnent, enfin quelle place ils occupent dans l'économie générale de l'homme, et à quels principes on peut les ramener. Cette science se compose ainsi d'observations que la raison rapproche, combine, et dont elle tire des conséquences. Les préceptes sont une toute autre affaire ; la détermination des devoirs particuliers a bien des rapports essentiels et nécessaires avec la théorie générale du devoir ; mais elle ne fait point partie de la morale considérée comme science ; elle forme une autre branche de l'enseignement, de l'éducation, et c'est surtout en philosophie qu'il importe de ne rien confondre.

Telles sont les observations générales qui se sont présentées à moi à la lecture de cet ouvrage ; il en est un grand nombre de particulières qui pourroient fournir matière à de longues discussions ; je me contenterai d'en indiquer quelques-unes dont la solution est moins compliquée.

Tome I, page 3. « L'impénétrabilité et l'étendue qui affectent constamment nos sens, dit l'auteur, sont pour nous les qualités primitives des corps, ou plutôt c'est uniquement l'étendue ; car, dit Malebranche, la figure, la divisibilité, l'impénétrabilité supposent l'étendue ; mais l'étendue ne suppose rien, et, dès qu'elle est donnée, les autres qualités le sont aussi. » Je n'examinerai pas si M. Flotte a bien ou mal compris Malebranche : je me bornerai à faire observer, 1°. que l'étendue n'affecte point nos sens ; car, par elle-même, elle n'est nullement sensible ; c'est pour cela que les philosophes, qui font tout dériver de la sensation, ont été fort embarrassés à expliquer l'origine de la notion d'*espace*, d'*étendue* ; 2°. qu'il y a contradiction dans les termes même de l'auteur. En effet, il est hors de doute que la figure, l'impénétrabilité, etc. supposent l'étendue, et que l'étendue ne suppose rien ; mais si elle ne suppose rien, comment donneroit-elle ce qu'elle ne suppose pas ? On dit, en philosophie, qu'une chose est donnée par une autre quand elle en est la conséquence nécessaire : or, la figure et l'impénétrabilité ne sont point les conséquences nécessaires de l'étendue. Que l'esprit conçoive tous les corps, la matière toute entière disparoissant tout-à-coup, l'étendue restera toujours ; elle existera indépendamment de tous les attributs de la matière ; elle ne les donne donc point.

Même tome, pag. 28. C'est par l'existence des corps que M. Flotte veut prouver celle de l'homme.

« Lorsqu'on s'occupe de l'objet, dit-il, on en a l'idée, le sentiment distinct; on sent qu'il existe hors de soi. On est donc à l'instant persuadé de la réalité de cette existence, et, par conséquent on l'est aussi de la sienne propre qu'on lui compare. » Je ne comprends pas trop comment on peut comparer son existence avec une existence qu'on ne connoît que par la modification qu'elle apporte dans la vôtre, c'est-à-dire par le mode d'existence momentané qu'elle vous donne : il n'y a ici qu'un terme. Mais, quoi qu'il en soit, il me paroît évident que, si l'une des deux existences a besoin d'être prouvée; si celle des corps n'est pas, comme celle de l'individu, un fait primitif et donné, la certitude du *moi* doit passer la première, puisque sans elle, sans la conscience que nous en avons, nous n'arriverions jamais à l'autre.

Ibidem, pag. 250, 253, etc. L'auteur parle constamment des *esprits* qui remplissent le cerveau, et qui influent sur les dispositions de l'âme. Ici, il dit que « l'âme est (dans ses déterminations) indépen» dante du cerveau lorsque les dispositions du » cerveau sont modérées, qu'il est plein d'*esprits*, » et que les nerfs sont tendus. » Là, il assure que « le défaut de liberté vient du défaut d'*esprits* et » du relâchement des nerfs. » C'est là de la mauvaise physiologie; et d'ailleurs on ne comprend guère comment l'âme peut être indépendante du cerveau si elle ne l'est que dans un certain état du cerveau et sous la condition de cet état. En général, M. Flotte n'est pas heureux, soit qu'il adopte ou rejette les explications physiologiques des phénomènes de l'intelligence et de la volonté; on peut voir ce qu'il pense, avec Bonnet, sur la cause de l'association des idées. (*Ibidem*, pag. 34.)

Tome II, pag. 12. Pour prouver que la matière n'est point l'être incréé, l'auteur dit « qu'elle n'a aucun attribut nécessaire, puisque tous sont susceptibles d'augmentation ou de diminution. » On ne voit pas trop comment cette possibilité d'augmentation ou de diminution peut détruire la nécessité : on appelle attributs nécessaires ceux sans lesquels un sujet ne peut exister. Que deviennent donc, dans les idées mêmes de l'auteur, l'étendue, l'impénétrabilité, etc.? Croit-il que la matière puisse exister sans ces attributs? Comment donc n'a-t-elle aucun attribut nécessaire?

Je pourrois pousser plus loin cet examen, et relever encore beaucoup d'assertions fausses ou très douteuses : j'aime mieux m'arrêter ici. Je crois que ceux qui liront l'ouvrage même avec attention y remarqueront, comme moi, un esprit peu philosophique, disposé à se contenter de bases peu solides et de raisonnemens incomplets : ce défaut se fait surtout sentir dans tout ce qui se rapporte à l'origine du langage (tom. I, pag. 46 et suiv.), à la théorie des probabilités (tom. I, pag. 191), etc. M. Flotte paroît connoître cependant quelques-uns des philosophes modernes qui ont fait faire de grands progrès à la science : la tendance morale de son livre est bonne; mais aujourd'hui il faut surtout de la rigueur en philosophie, et la meilleure morale est un mérite bien fragile quand elle ne se rattache pas à un ensemble d'idées fondé en raison et au niveau des lumières de notre siècle.

F. G.

JOURNAL

ADRESSÉ PAR UNE FEMME A SON MARI, SUR L'ÉDUCATION DE SES DEUX FILLES.

Numéro XXXI.

Louise et Sophie commencent à s'occuper beaucoup des femmes qu'elles rencontrent dans les rues, dans les promenades, de leur habillement, de leur figure, de leur maintien; mais tout cela est pour Louise un sujet d'amusement et d'admiration; pour Sophie, un sujet d'observation et de critique. Sophie n'est cependant pas moqueuse; vous savez, mon ami, ce que nous avons déjà dit sur la moquerie (1). Cette disposition, qui s'attache aux apparences des choses pour y trouver des bizarreries qu'un moment de réflexion, expliqueroit de la manière la plus naturelle et la moins ridicule, ne peut appartenir qu'aux esprits superficiels, et Sophie est disposée à réfléchir; elle a peu vécu d'ailleurs avec d'autres jeunes filles de son âge; et ainsi ne s'est point accoutumée à ce babil dont

---

(1) Voyez le N° XII, première année.

elles ont besoin pour entretenir l'intérêt et la vivacité de leur commerce. Le ridicule sera rarement pour elle un objet de plaisanterie; si elle en rit quelquefois avec tout l'abandon et la bonne foi de son âge, c'est lorsqu'il a été assez frappant pour exciter réellement sa gaieté; mais la moquerie est rarement de la gaieté. J'ai quelquefois admiré la peine que prenoient de jeunes femmes pour soutenir une conversation moqueuse; les idées baroques, les rapprochemens forcés qu'elles étoient obligées d'aller chercher, et tout ce qu'elles étoient contraintes de tirer de leur propre fonds pour trouver le moyen de rire des autres. On se trompe lorsqu'on croit que les défauts, les inconvenances, tout ce qui se comprend sous le nom général de ridicule, fournissent naturellement beaucoup de quoi nous divertir. Très peu de choses sont risibles par elles-mêmes, par l'effet bizarre qu'elles offrent sur-le-champ à nos yeux et à notre esprit; c'est par le retour que nous faisons sur les usages, sur les idées qu'elles contrarient, que nous les plaçons quelquefois dans un jour plaisant. Le talent du comique est d'amener d'une manière frappante ces rapprochemens qui, sans lui, ne se présenteroient peut-être pas à la plupart des hommes; c'est aussi le talent du moqueur : ce ne peut être celui d'un enfant; ses rapports sont trop peu étendus, ses idées des convenances trop imparfaites et trop communes; le talent de la moquerie consiste à rapetisser les grandes choses, ou à faire paroître les petites plus petites en les rapprochant des grandes;

la disposition des enfans au contraire est de tout grossir, de chercher leur propre importance dans l'attention qu'ils donnent à des puérilités ; et les jeunes filles surtout, à la fois femmes et enfans, sont de véritables docteurs en niaiseries. Aussi leurs moqueries ne seront-elles jamais gaies pour les autres ; elles ne le seront pas pour elles-mêmes, qui n'y chercheront pas un véritable divertissement, mais l'avantage très sérieux de donner plus d'effet à des remarques, à des jugemens sur lesquels commence à se fonder leur jeune amour-propre. Ainsi la première jeunesse, à laquelle appartiennent si réellement le rire et la joie, est l'âge où vous trouverez le plus, parmi les jeunes filles, et la gaieté de commande et les ris forcés. Cependant cette affectation, qu'elles ne contractent que pour s'imiter, se surpasser ou s'amuser les unes les autres, n'existera guère chez de jeunes filles élevées parmi des personnes raisonnables qui ne leur en auront pas donné l'exemple ni l'idée. Comment cette fantaisie leur viendroit-elle naturellement ? elles n'y trouveroient pas de plaisir et n'en attendroient pas d'effet. Mais un autre penchant très naturel, le penchant à la critique, se rencontrera chez presque toutes.

Il y a des défauts sur lesquels il faut se résoudre à passer, comme il faut se résoudre à voir sa fille grande et sèche à treize ans, si l'on veut qu'elle soit à seize grande et bien faite. Tout ne vient pas, tout ne peut venir à la fois. Ce ne sera pas la même opération de l'esprit et du caractère qui donnera à une jeune fille cette rectitude; cet amour de l'ordre, si facilement blessé de ce qui peut y paroître contraire, et en même temps la raison qui excuse, et l'indulgence qui pardonne ce qu'on lui enseigne à regarder comme défectueux; ce n'est pas en même temps qu'elle apprendra à être choquée du mal et à n'arrêter ses regards que sur le bien. La sévérité de Sophie, qui s'exerce maintenant sur les parures et le maintien, passera bientôt aux paroles et aux actions, et cet inconvénient que je prévois, je ne prétends pas à trouver aucun moyen de le prévenir. L'indulgence n'est point une vertu de la jeunesse; la raison, à cette époque, ne peut guère être que spéculative; elle a peu d'occasions d'exercice et peu d'objets d'action. Ceux qui occupoient la raison de l'enfance ne lui conviennent plus; ceux qui exercent la raison humaine dans un âge plus avancé, ne sont pas encore à la portée de son action. Sophie a certainement beaucoup moins d'actes de vertu et de raison à faire actuellement qu'elle n'en avoit à faire il y a deux ou trois ans; dans deux ans elle en aura moins encore. Elle ne concevra plus l'effort de courage qu'il lui a fallu si souvent pour se mettre à une leçon sans balancer et sans murmurer, et pour la finir sans avoir traîné son livre dans tous les coins de la chambre, sans s'être vingt fois interrompue par un *cela est bien ennuyeux*, ou *cela est bien difficile*. Elle sourira d'avoir eu besoin de générosité pour ne pas jeter au feu la poupée de sa sœur, qui lui avoit jeté quelques chiffons par la fenêtre.

Elle dira : *j'étois bien enfant alors*, et elle pensera *maintenant je suis raisonnable*. Et elle le sera en effet d'autant plus, que sa raison sera fort au-dessus de ce qu'exigeront ses devoirs ; car elle sera encore à peu près bornée aux devoirs d'un enfant, et sa raison commencera à être celle d'une jeune personne. « A douze ou treize ans, dit Rousseau, » les forces de l'enfant se développent bien plus » rapidement que ses besoins. Voici, ajoute-t-il, » le temps des travaux, des instructions, des » études. » (*Emile*, liv. 3.) De treize à seize ou dix-sept ans, est en effet l'époque où les jeunes gens font ordinairement le plus de progrès dans leurs études, s'y livrent avec le plus d'ardeur, et déploient quelquefois un goût de travail, et même une aptitude qu'on ne leur avoit pas soupçonnés. Le travail ne leur est plus pénible, et rien encore ne les en distrait. De treize à dix-sept ans, vous entendrez dire de toutes les jeunes personnes, passablement élevées, qu'elles sont très raisonnables ; et cela ne vous prouvera pas grand'chose pour la suite ; car c'est le seul âge où la raison, comme tout le reste, sente sa force surpasser ses besoins.

Que fera-t-on de ce surcroît de raison, qui ne trouve pas encore son emploi dans les chances et la conduite de la vie ? Il sera employé à connoître, à juger les autres, car on n'a guère d'occasions de se juger soi-même. Ces jugemens seront nécessairement sévères ; car cette surabondance de force qui agit à vide, qui cherche la bataille avant qu'elle se présente, et demande encore en vain un ennemi à repousser, n'imagine pas qu'elle en puisse rencontrer de capables de l'arrêter; elle ne conçoit ni les obstacles, ni par conséquent la foiblesse. Tous les bons sentimens sont dans un jeune cœur, toutes les idées vertueuses dans une jeune tête; elle conçoit toutes les règles de devoir, et brûle de les appliquer comme on brûle de faire usage d'une connoissance nouvelle, d'une faculté récemment découverte, de manifester une qualité dont on se sent en possession. Mais en attendant qu'il se présente une occasion d'exercer leur vertu; en attendant qu'ils aient, pour ainsi dire, une vertu en propre, le jeune homme, la jeune fille, placent leur orgueil dans ce sentiment de vertu qu'ils regardent comme devant être commun à tous les êtres de leur espèce, et qu'aucun d'eux ne peut blesser sans que la honte en rejaillisse, à ce qu'il leur semble, sur l'espèce entière. Ainsi, parlez devant une jeune fille d'une femme qui se sera mal conduite, elle se sentira saisie d'un ressentiment personnel contre celle qui, par sa foiblesse, donne lieu de douter de la vertu des femmes, le seul titre d'estime qu'elle puisse encore réclamer. Un jeune homme frémira d'indignation au récit d'une lâcheté, comme si la lâcheté d'un homme l'accusoit, lui qui est homme aussi, ou pouvoit le faire soupçonner de manquer de courage. Le premier mouvement de ce jeune orgueil à la vue d'une action répréhensible, sera de penser : *je n'en suis pas capable.* Son premier désir sera de le prouver ; sa première parole aura pour objet de le faire entendre. De même que Sophie critique à présent les toilettes pour exercer et prouver son goût qui n'a point encore d'application réelle et personnelle, elle critiquera, dans deux ou trois ans, les actions, pour employer et mettre au jour la raison qu'elle se connoîtra, et qui ne pourra lui servir à autre chose. Elle aimera à se comparer pour se sentir, et cherchera volontiers dans les autres les défauts dont elle se sent exempte, ou les torts dont elle se croit à l'abri, pour renouveler en elle-même la jouissance que lui donnent ses bonnes qualités et ses bonnes intentions.

Cette comparaison est inutile à la raison, à la vertu en exercice ; elle se sent d'elle-même, sa propre activité lui suffit ; elle n'a pas besoin d'aller chercher ailleurs de quoi se mettre en mouvement. On voit rarement l'occupation de bien faire laisser beaucoup de place à la sévérité qui recherche le mal ; et celui qui, encore dans la chaleur d'une action généreuse, sera obligé d'entendre le récit d'une action d'un genre contraire, ne l'écoutera probablement pas avec cette indignation qui, dans un moment plus calme, auroit employé les forces de son âme ; sa sévérité se bornera plutôt à s'en détourner avec mépris et avec dégoût, comme d'un objet déplaisant qui le trouble dans la jouissance d'un sentiment agréable. Telle sera, en général, l'impression que fera éprouver la vue du mal à celui que la pratique du bien entretient dans une jouissance habituelle du sentiment de la raison et de la vertu :

comme le mal lui déplaira, loin de le chercher dans les actions des autres, il évitera de l'y rencontrer, ne s'occupera de ce qui mérite le blâme que lorsqu'il y sera absolument forcé, et alors même, peu disposé à s'arrêter long-temps sur cette idée du mal, qui n'a pour lui que de l'amertume; il occupera plutôt son esprit à en séparer ce qui peut en être séparé; à ne lui laisser que bien juste ce qu'on ne lui peut ôter : il ne donnera pas à une mauvaise action un plus mauvais motif; il saura, au contraire, que le motif d'une action est presque toujours moins mauvais que l'action même, ou qu'il tient du moins presque toujours à des circonstances qui l'expliquent si elles ne l'excusent pas, plutôt qu'à de mauvais penchans aussi difficiles à concevoir qu'à excuser. Ainsi, il réservera son indignation, son horreur pour ce qui part d'une nature réellement vicieuse et perverse, et ne laissera tomber sur le reste que cette mesure de blâme que mérite l'imbécillité d'une nature qui se laisse séduire aux plus misérables motifs; et quelque animadversion que lui inspirent les mauvaises actions, effets souvent funestes de cette malheureuse imbécillité, il ne jugera l'homme qui les commet que sur la cause, la seule chose qui lui appartienne.

C'est ce que ne peut faire la jeunesse : les effets la frappent, et les causes lui sont inconnues. Il lui manque, comme je l'ai dit, la pratique du bien, le seul moyen qu'ait une bonne nature de connoître le mal. Ce n'est pas en restant au-dessous de ses forces que l'on peut s'apercevoir de sa foiblesse, c'est en les poussant jusqu'où elles peuvent aller qu'on apprend où elles s'arrêtent, et combien même elles ont risqué de succomber, avant de parvenir à leur dernier terme, dans la lutte qu'il leur a fallu soutenir pour y arriver. La raison, n'eût-elle même jamais chancelé, sait ce qu'il en coûte pour tenir toujours ferme; une fois qu'elle s'en est doutée, elle devient timide et prévoyante; et ses terreurs, qui vont toujours plus loin que sa foiblesse, l'instruisent de ce qu'elle peut avoir à craindre et de ce qu'elle doit savoir pardonner.

Celui qui ne pardonne pas est celui qui n'a jamais craint, et celui-là n'a pas connu la moitié de la vie. « Un homme dur au travail et à la peine, dit » La Bruyère, inexorable à soi-même, n'est in- » dulgent aux autres que par un excès de raison. » (Chap. 4, *du Cœur.*) C'est-à-dire qu'il ne sera indulgent pour les autres que si sa dureté envers lui-même est l'effet d'un excès de vertu; car si elle lui est naturelle, il aura peu souffert, et ne concevra pas que la souffrance puisse faire céder. Imposez la même fatigue à deux hommes également propres et résolus à la supporter, mais dont l'un connoît les aisances de la vie, tandis que l'autre n'en a jamais joui : placez sur leur route, au moment où une lassitude pénible commence à leur demander impérieusement le repos, une maison où ils trouveront un bon lit, un bon feu, et tout ce qui pourroit servir à réparer leurs forces, l'homme aisé connoîtra ce que c'est qu'un bon lit, com-

6 *

prendra toutes les douceurs qui l'attendent; il y pensera avec un chatouillement de plaisir qui lui rendra plus pénible la nécessité de continuer sa route. L'autre voudroit bien aussi se reposer; mais le repos, tel qu'il le connoît et le conçoit, n'est pour lui que la cessation de la fatigue; il n'y joint point, ou très peu, cette idée d'un plaisir positif que son compagnon est obligé de repousser. L'énergie de celui-ci se porte vers le désir du bien-être, tandis que l'autre conserve toute la sienne pour supporter la peine. Arrivés tous deux au but, si on leur en montre un troisième qui a succombé à la tentation, l'un compatira à cette foiblesse dont il a senti toutes les séductions, et qu'il n'a repoussée que par la constance de sa volonté; l'autre, dont la volonté a été à peine attaquée, s'en moquera; car il n'aura rien senti qui puisse lui faire comprendre la chute.

Il y a des gens durs aux passions comme celui-ci à la fatigue, soit qu'ils ne possèdent pas une imagination assez vive pour leur en présenter les charmes, soit que la préoccupation de certaines idées les ait garantis de celles qui pouvoient devenir dangereuses, ou que la roideur de leur caractère ne leur ait jamais permis de se prêter à rien de ce qui s'écartoit de la ligne où ils avoient commencé à marcher. Ceux-là seront ordinairement sévères; ils le seront par inexpérience, comme le voyageur dont nous venons de parler, comme l'est et le sera toujours la jeunesse; ils le seront comme elle, parce qu'ils ne connoissent pas assez ce qui peut faire pardonner le mal et ce qui peut faire jouir de la vertu, dont on ne sait tout le prix que lorsqu'on a du moins entrevu ce qu'elle peut coûter, dont on ne sent l'élévation que lorsque les regards savent descendre jusqu'à la terre; ils ne sont pas assez heureux, assez occupés de la possession de leurs bons sentimens pour se passer de l'activité que leur donne l'indignation contre le mal lorsqu'ils le rencontrent chez les autres. Leur ignorance est invincible, parce qu'elle tient à leur caractère ou à leur esprit; celle de la jeunesse ne l'est pas, parce qu'elle tient à sa position.

Mais c'est d'une position différente que doivent sortir les lumières qui éclaireront cette ignorance de la jeunesse. Celles que lui donneroit l'éducation ne lui pourroient être qu'inutiles ou dangereuses. Sophie étoit très choquée l'autre jour de cette phrase qu'elle trouvoit dans un livre : *Madame* *** *qui avoit de la vertu.* « Tout le monde, disoit-elle, » est bien obligé d'avoir de la vertu; ce n'est pas » une chose singulière que d'en avoir. » Je lui ai répondu qu'il pouvoit y avoir une société composée de gens assez mauvais pour qu'une personne qui avoit de la vertu y fût remarquée, et cette réponse ne lui a pas donné, je crois, beaucoup d'idées, vu le sens vague qu'a pour elle encore le mot de *vertu.* Mais supposons qu'elle lui revienne dans la tête, ainsi que la phrase qui y a donné lieu, lorsqu'elle commencera à se douter de ce que c'est qu'on appelle proprement la vertu d'une femme, elle comprendra que la vertu de *Madame* *** n'a été remarquée qu'à cause du nombre de celles qui en manquent. Ce nombre lui donnera de l'indignation ; ce n'est pas là une disposition à l'indulgence ; il augmentera son désir de prouver qu'elle n'en est pas, et elle le prouvera, comme elle pourra le prouver à son âge, par la sévérité de ses jugemens. Si alors, pour l'adoucir, je lui explique, autant qu'on les peut expliquer à une jeune personne, les circonstances qui rendent la vertu plus difficile et la foiblesse plus aisée à concevoir, c'est-à-dire plus naturelle qu'elle ne pense; si, pour la disposer à plus de justesse dans l'appréciation des choses et à plus de justice envers les personnes, je lui montre, dans plusieurs femmes qui ont manqué de ce qu'elle conçoit sous le nom de vertu, des qualités dignes d'une grande estime; si, parvenant à détruire l'espèce d'aversion que lui inspirera la vue d'une femme décriée par ses mœurs, je la ramène à une assez grande liberté d'esprit pour remarquer et sentir ce que peut avoir encore de bon et d'aimable cette femme qu'elle ne croyoit pas qu'il fût possible d'aborder autrement qu'avec dégoût ; n'est-il pas à craindre que je ne diminue ces terreurs qui viennent s'opposer au premier danger de la séduction; terreurs qui ne tiennent point dans une jeune âme au sentiment d'une foiblesse prête à succomber, mais à l'horreur qu'on sent à se représenter la faute ? Tremblera-t-elle autant à l'idée d'une imprudence qui mérite d'être blâmée, si elle y a attaché l'idée d'un blâme moins sévère, si elle peut déjà placer l'excuse entre la tentation et la résistance ?

Ce n'est pas sitôt, mon ami, que doit se familiariser avec l'aspect du mal celui qui veut pouvoir le considérer sans danger ; il faut que déjà l'aversion du mal ne lui soit plus nécessaire, tant le goût du bien aura pris possession de lui, aura élevé un mur de séparation entre lui et les affections vicieuses. Ce qui se fera de mal autour de lui se passera dans un ordre de choses qui lui sera absolument étranger ; il le verra et le jugera avec impartialité, parce que les jugemens qu'il en portera ne pourront jamais avoir de rapport à lui. Une sorte de calme se mêlera à l'aversion qu'il éprouvera pour toute action mauvaise, car il sentira que ce qu'il y voit de mauvais, et qui le dégoûte, ne l'approche pas. Alors il sera indulgent pour ce qui permet l'indulgence, et il le sera sans danger, parce que son indulgence lui sera inutile, qu'elle ne peut plus s'appliquer à lui, et il jouira de cette indulgence si pure, si désintéressée, comme de la preuve qu'il n'en a plus besoin.

Il ne faut pas espérer que ce soit au milieu du mouvement de la jeunesse, qu'on arrive à une semblable disposition ; mais ce mouvement même doit servir à la préparer : il suffit que la direction en soit bonne. Sans combattre de front chez Sophie la sévérité que pourront lui donner la vivacité de ses bons sentimens et la rectitude qui fait le fond de son caractère, je tâcherai, le plutôt que je pourrai, de mettre ces sentimens en action, de lui fournir, dans sa propre vie, des matériaux sur lesquels puisse s'exercer cette rectitude. Je l'avancerai, le plus qu'il me sera possible, dans la pratique du bien, afin qu'une possession active lui en donne le goût; afin que la connoissance des sacrifices qu'il peut coûter quelquefois, accompagnée de celle des jouissances qu'il procure, lui fasse comprendre sans danger ce qui excuse une conduite ou moins forte, ou moins généreuse, et que, satisfaite du sentiment que lui donne la sienne, elle n'ait pas besoin d'accuser celle des autres. J'éviterai d'échauffer ses sentimens sur les actions dont elle sera témoin, de peur qu'elle ne s'accoutume à trouver dans le plaisir de les juger une satisfaction suffisante; mais lorsqu'avec la vivacité de son âge elle censurera sévèrement, bien qu'avec moi seule, ce qui aura blessé sa raison ou ses idées de morale, en lui représentant l'incertitude des jugemens et la circonspection avec laquelle on doit prononcer sur ce qu'on ne peut jamais bien connoître, je n'opposerai à sa sévérité ni la considération de sa propre foiblesse, que je veux qu'elle ne connoisse qu'en même temps qu'elle connoîtra sa force, ni des lumières prématurées sur les séductions qui peuvent entraîner au mal, et dont je veux qu'elle ne se doute que lorsqu'elle sentira en même temps l'élan qui conduit vers le bien. J'attendrai qu'un premier acte de vertu l'éclaire sur ce qu'elle doit savoir: il est doux de penser que ce soit là la meilleure route pour conduire à l'indulgence.

P. M. G.

MÉTHODE GRADUÉE

POUR PRONONCER ET COMPRENDRE LA LANGUE ITALIENNE;

Par *L. Gaultier*. Seconde édition, divisée en deux volumes. Tome Ier. (1). Nomenclature et inflexions, où il est traité des mots et de leur prononciation. Prix : 2 fr., et 2 fr. 25 c. par la poste.—A Paris, au Dépôt des ouvrages de l'Auteur, rue de Grenelle Saint-Germain, n°. 50; chez A. A. Renouard, libraire, rue Saint-André-des-Arcs; et chez le Normant.

L'ÉDUCATION est une machine compliquée, dont le jeu se compose à la fois de l'intelligence de l'enfant pour apprendre, et de celle du maître pour enseigner. Tout ouvrage qui ne s'adressera qu'à un de ces deux ressorts, pourra le perfectionner et augmenter ainsi les moyens d'éducation, mais sans avancer directement l'éducation elle-même. Il n'est pas nécessaire de dire que ce qui ne s'adresse qu'au maître n'apprend rien à l'élève; mais on ne sait pas assez que, dans les livres qui ne s'adressent qu'à lui, l'enfant n'apprend tout au plus que la moitié de ce qu'on veut lui enseigner. C'est à la fois au maître et à l'élève que s'adressent tous les ouvrages élémentaires de M. Gaultier : à côté de ce que l'enfant doit apprendre, se trouve indiquée la manière de le lui apprendre; les idées

---

(1) Le second n'est point encore publié : nous en rendrons compte lorsqu'il paroîtra.

ne lui arrivent qu'après avoir subi dans la tête du maître cette première digestion nécessaire pour les rendre propres à son intelligence trop foible encore pour supporter une nourriture plus crue. Ils ne sont pas faits pour qu'on les mette entre les mains de l'enfant, en lui disant : « Apprenez cela, » et vous saurez ce que c'est qu'un pronom, une » particule, un verbe, etc. » C'est à l'intelligence du maître que s'adressent ces différentes explications, pour lui indiquer la manière de les introduire dans la tête de l'enfant.

On sent à quel point cette méthode étend le nombre et l'importance des idées qu'on peut mettre à la portée de l'enfant : il en est très peu qu'une explication patiente et appropriée à son intelligence et à ses connoissances, c'est-à-dire tirée des objets de comparaison dont il est déjà en possession, ne parvienne à lui faire concevoir; mais il en est très peu qu'il soit capable de concevoir sans cette opération : ainsi, une grammaire élémentaire, rédigée simplement pour l'enfant, destinée à ce qu'il l'apprît, comme on dit, *par cœur*, lui offriroit simplement un travail de mémoire; le concours du maître y ajoute un travail d'intelligence, puissant auxiliaire pour la mémoire, qui reçoit d'une manière bien plus stable les idées que l'esprit s'est formées lui-même, que celles qu'il a reçues toutes faites du dehors; travail nécessaire d'ailleurs à celui qui veut faire de la langue qu'il étudie un moyen d'exprimer ses pensées, et non pas un simple recueil de mots; travail que l'enfant fera nécessairement quelque jour, et qu'il est donc beaucoup plus simple de lui faire faire en même temps que le travail de la mémoire, puisqu'il l'aide au lieu de l'empêcher, plutôt que de l'obliger à repasser une seconde fois sur les mêmes mots dont il aura déjà eu à s'occuper pour les apprendre.

Ainsi, par exemple, faites conjuguer à un enfant le verbe italien *amare*, il fera travailler sa mémoire, et après quelques efforts plus ou moins pénibles, plus ou moins répétés, il aura dans la tête les modes et les temps du verbe *amare*; mais ils ne lui serviront de rien, ou de peu de chose, pour le verbe *temere* qu'il lui faudra apprendre de même, et à peu près avec autant de peine, ni pour le verbe *sentire*. Ce ne sera qu'après un assez grand nombre de conjugaisons, qu'il s'avisera que les mêmes terminaisons sont toujours affectées aux mêmes temps, et que cette observation lui facilitera son étude; mais cette observation même sera long-temps avant d'être complète, et de lui fournir une règle sûre pour la formation de ses temps : pendant long-temps, faute de distinguer nettement ce qui appartient au temps du verbe qu'il conjugue de ce qui appartient au verbe même, ou à la conjugaison dont il fait partie, il pourra fort bien, de ses observations sur l'imparfait *io amava*, être conduit à former l'imparfait, effectivement très-imparfait, *io credava*; et pour avoir dit *io temei*, il croira pouvoir légitimement soutenir la régularité de *io dormei*.

Pour le préserver de ces erreurs, et faciliter son

étude, M. Gaultier place en regard, dans un tableau à colonnes, les trois racines des trois verbes *amare, temere, sentire*, qu'il donne pour type des trois conjugaisons. Auprès de ces trois racines *am, tem, sent*, mais dans des colonnes séparées, il place, selon le temps du verbe et la personne du temps, d'abord la voyelle particulière appartenant à la conjugaison dont il fait partie, comme dans *amava, temeva, sentiva*, les trois voyelles *a, e, i*, et ensuite la terminaison générale du temps et de la personne, comme *vo* ou *va*, *vai*, *va*. Cette distinction, une fois bien établie et bien nette dans la tête de l'enfant, le travail de mémoire sur les conjugaisons, au moins régulières, est fini; il n'a plus à faire, pour l'appliquer aux différens verbes, qu'un travail de jugement, qui deviendra bientôt plus facile, et enfin insensible. Mais cette première opération ne se peut faire sans le concours très actif du maître : l'enfant, à lui seul, ne comprendroit rien au tableau qu'on lui mettroit sous les yeux; il faut que le maître le lui explique jusqu'à ce qu'il l'ait compris, et peut-être ensuite recommence d'autres fois à le lui expliquer; car la tête des enfans ne garde pas toujours les idées même qu'ils ont une fois saisies, et le travail de la réflexion est pour eux un travail forcé, dont le résultat leur échappe quelquefois lorsque le ressort est détendu. Il faut ensuite qu'il lui fasse appliquer à d'autres verbes ces règles de formation; qu'il les fasse appliquer à plusieurs; qu'il l'aide d'abord dans cette application; qu'il l'aide encore, puis encore, quoique toujours un peu moins, jusqu'à ce que l'enfant parvienne à la faire tout seul; il n'y parviendroit jamais sans ce secours : l'application d'une règle prise sur un objet à un objet qui ne lui soit pas absolument semblable, est quelque chose que l'enfant a peine à concevoir, et ne sait d'abord comment exécuter; c'est encore une opération qu'il faut non-seulement lui apprendre, mais à laquelle il faut le former, pour laquelle il faut lui donner une sorte d'adresse qui manque encore aux organes de son intelligence. Il seroit, sans doute, plus aisé et plus commode pour le maître de lui faire apprendre et réciter de mémoire tous les différens verbes, jusqu'à ce qu'il eût appris par expérience ce que la méthode de M. Gaultier lui apprend par raisonnement; mais l'éducation n'est pas un métier de paresseux, et la meilleure méthode d'enseignement est certainement celle qui, partageant en deux la peine de l'instruction, fait tomber tout ce qu'il est possible dans la part du maître, pour diminuer celle de l'enfant.

C'est par cette même méthode d'analyse, à laquelle est toujours nécessaire le secours du maître, que M. Gaultier cherche à faciliter le travail de la *nomenclature* ou connoissance des mots de la langue, connoissance si nécessaire à donner aux enfans avant de les mettre à expliquer ou à traduire, pour leur épargner l'ennui rebutant de se voir arrêtés à chaque instant par des mots qu'ils n'entendent pas, et qu'ils sont obligés de chercher. Il fait apprendre d'abord, de mémoire, aux enfans

les mots simples ou radicaux, d'où, en y joignant des particules, des terminaisons significatives, ou d'autres mots simples, se forment des mots différens; il leur enseigne ensuite les règles générales de cette composition, les leur éclaircit par de nombreuses applications; en sorte que, dans la méthode italienne, six cents mots tout au plus, appris de mémoire, leur ouvrent la connoissance de presque tous les mots de la langue. Ce genre de connoissance, sans doute, ne suffiroit pas pour enseigner à la parler; elle n'est utile que pour l'entendre. Il faut se garder de vouloir apprendre à l'enfant à composer les mots de la langue qu'il apprend; c'est beaucoup de l'instruire à reconnoître et à expliquer, par analogie, ceux qu'elle a composés; et M. Gaultier déclare que c'est là le seul but de sa Grammaire, but auquel il pense que l'on doit s'attacher d'abord et exclusivement. « Distinguer *une grammaire pour*
» *entendre, et une grammaire pour composer*, dit-
» il dans son avant-propos, nous paroît aussi natu-
» rel que de distinguer en peinture la connoissance
» des formes originales, de la connoissance de l'art
» qui en fait la copie. Comment concevoir, en
» effet, que l'on puisse, par le moyen des règles,
» quelque nombreuses qu'elles soient, entre-
» prendre de composer, même passablement, dans
» une langue dont le génie, le caractère, la marche,
» l'ensemble des parties, sont à peu près incon-
» nus ? » Aussi pense-t-il que le travail des thèmes doit être long-temps préparé par la lecture, l'explication des auteurs classiques; et sa

méthode est certainement la plus propre de toutes à rendre cette lecture aisée et profitable, en faisant presque des premières notions de la langue, un exercice de l'intelligence, qui accoutume l'enfant à en déployer toutes les ressources, et à trouver dans cet exercice le plaisir que donne toujours l'emploi d'une faculté dont l'habitude nous a rendu les mouvemens faciles.

Le mérite connu des méthodes de M. Gaultier, me dispense d'entrer dans de plus grands détails sur les avantages de sa méthode italienne; pour indiquer ce qui ne s'y découvre pas si facilement, je me bornerai à y faire remarquer une légère inadvertance. M. Gaultier nous dit que le *c* italien se prononce *tché*, l'*h-acca*, le *q-cou*, le *z-zeta*, etc. Ce n'est pas là la prononciation des consonnes, mais leur nom : ainsi, l'on peut dire à l'enfant assez avancé pour ne pas confondre le nom et la prononciation, que le *z* se nomme *zeta*, et se prononce *ds*, et ainsi des autres. Sans cette précaution, il sera fort embarrassé d'arranger son *zeta*, son *acca*, son *tché*, etc., avec la prononciation de ces lettres, telle qu'on la lui enseigne dans les mots *zelo*, *chiaro*, *ciarla*, etc., et telle que M. Gaultier l'indique lui-même lorsqu'il s'agit de l'appliquer. Il est à désirer que cette ancienne méthode d'apprendre aux enfans le nom des lettres avant de leur en faire connoître la véritable prononciation, abandonnée depuis long-temps dans quelques alphabets étrangers, disparoisse aussi des alphabets français, dont elle rend l'étude beaucoup plus difficile et plus compliquée.

Après avoir rempli ainsi minutieusement la tâche de critique, il ne reste qu'à remercier encore M. Gaultier de ses travaux, si dévoués et si utiles à l'enfance, et dont il est bien peu de mères, à portée de les connoître, qui ne le remercient tous les jours.

P. M. G.

PLAN D'UNE UNIVERSITÉ,

OU D'UNE ÉDUCATION PUBLIQUE DANS TOUTES LES SCIENCES, PAR DIDEROT.

(L'impératrice Catherine II avoit demandé à Diderot le plan d'une université; il composa pour répondre à ses vues un écrit, dont le manuscrit original nous a été communiqué. Ce manuscrit de cent soixante-dix pages est entièrement écrit de la main de Diderot, avec des ratures, des corrections, et même quelques négligences de style qui peuvent donner lieu de le regarder comme un premier brouillon. Nous avons pensé qu'il pouvoit sous plus d'un rapport intéresser la curiosité de nos lecteurs. Nous en extrairons donc ce qui nous paroîtra le plus propre à la satisfaire, en retranchant ce qui ne nous semblera pas d'un intérêt assez général, et ce qui seroit trop contraire ou aux opinions que nous avons constamment manifestées dans ce Journal, ou au respect que nous nous sommes imposé pour quelques autres. Cependant nous conserverons dans cet extrait quelques opinions que nous ne partageons pas, entr'autres celle qu'exprime Diderot sur l'étude des langues anciennes, opinion qui nous a paru fondée à quelques égards sur des raisons assez justes, quoique mal appliquées, pour mériter l'attention.)

De l'Instruction.

INSTRUIRE une nation, c'est la civiliser ; y éteindre les connoissances, c'est la ramener à l'état primitif de barbarie. La Grèce fut barbare : elle s'instruisit et devint florissante. Qu'est-elle aujourd'hui? Ignorante et barbare. L'Italie fut barbare ; elle s'instruisit et devint florissante : lorsque les arts et les sciences s'en éloignèrent, que devint-elle? Barbare. Tel fut aussi le sort de l'Afrique et de l'Egypte..........

Après les besoins du corps qui ont rassemblé les hommes pour lutter contre la nature, leur mère commune et leur infatigable ennemie, rien ne les rapproche davantage et ne les serre plus étroitement que les besoins de l'âme. L'instruction adoucit les caractères, éclaire sur les devoirs, subtilise les vices, les étouffe ou les voile, inspire l'amour de l'ordre, de la justice et des vertus, et accélère la naissance du bon goût dans toutes les choses de la vie. Les sauvages font des voyages immenses sans se parler, parce que les sauvages sont ignorans. Les hommes instruits se cherchent; ils aiment à se voir et à s'entretenir. La science éveille le désir de la considération. On veut être désigné du doigt, et faire dire de soi, *le voilà, c'est lui.* De ce désir naissent des idées d'honneur et de gloire, et ces deux sentimens qui élèvent l'âme et qui l'agrandissent, répandent en même temps une teinte de délicatesse sur les mœurs, les procédés et les discours. J'oserois assurer que la pureté de la morale a suivi les progrès des vêtemens depuis la peau de la bête, jusqu'à l'étoffe de soie.......

Des Auteurs qui ont écrit de l'Instruction publique.

J'ai commencé par m'intruire, aussi bien que je le pouvois, de ce que les hommes les plus éclairés de ma nation ont autrefois ou récemment publié sur cette matière. Tous ont assez bien connu les vices de notre éducation publique; aucun d'eux qui nous ait indiqué les vrais moyens de la rectifier; nulle distinction entre ce qu'il importe à tous de savoir et ce qu'il n'importe d'enseigner qu'à quelques-uns; nul égard ni à l'utilité plus ou moins générale des connoissances, ni à l'ordre des études qui devroit en être le corollaire. Partout la liaison essentielle des sciences ou ignorée ou négligée. Pas le moindre soupçon que quelques-unes nécessaires dans toutes les conditions de la société; et ne tenant à d'autres que par un fil trop long et trop délié, semblent exiger et exigent un cours séparé qui marche parallèlement au premier.

L'enseignement ou l'ordre des devoirs et des études n'est point arbitraire, et la durée n'en est pas l'affaire d'un jour. Ce n'est une tâche facile ni pour les maîtres ni pour les élèves. On peut l'alléger sans doute, mais en faire un amusement, je n'en crois rien. Il faudroit se moquer de la simplicité de ces bonnes gens qui ont prétendu former d'honnêtes et habiles citoyens, des hommes utiles, de grands hommes, en se promenant, en causant, en plaisantant; accoutumer la jeunesse à la pratique éclairée des vertus, et l'initier aux sciences par manière de passe-temps ; oui certes il faudroit s'en moquer si l'on ne respectoit la bonté de leur âme, et leur tendre compassion pour les années innocentes de notre vie......

Qu'est-ce qu'une Université ?

Une université est une école dont la porte est ouverte indistinctement à tous les enfans d'une nation, et où des maîtres stipendiés par l'Etat les initient à la connoissance élémentaire de toutes les sciences.

Je dis *indistinctement*, parce qu'il seroit aussi cruel qu'absurde de condamner à l'ignorance les conditions subalternes de la société. Dans toutes il est des connoissances dont on ne sauroit être privé sans conséquence. Le nombre des chaumières et des autres édifices particuliers étant à celui des palais dans le rapport de dix mille à un, il y a dix mille à parier contre un que le talent et la vertu sortiront plutôt d'une chaumière que d'un palais. La vertu !...... Oui, la vertu, parce qu'il faut plus de raison, plus de lumières et de force qu'on ne le suppose communément, pour être vraiment homme de bien. Est-on homme de bien sans justice, et a-t-on de la justice sans lumières ?......

A proprement parler, une école publique n'est instituée que pour les enfans des pères dont la modique fortune ne suffiroit pas à la dépense d'une éducation domestique, et que leurs fonctions journalières détourneroient du soin de la surveiller; c'est le gros d'une nation.

De l'Enseignement public.

Mais des lois propres à la généralité des esprits ne peuvent être des lois particulières; utiles au grand nombre, il faut nécessairement que quelques individus en soient lésés.

La capacité ou l'incapacité d'un sujet rare par son intelligence ou par sa stupidité, décide la sorte d'instruction forte ou foible qui lui convient. La portée commune de l'esprit humain est la règle d'une éducation publique.

La manière d'élever cent étudians dans une école est précisément l'inverse de la manière d'en enseigner un seul à côté de soi.

Mais si l'objet de l'enseignement et l'étendue des leçons doivent se proportionner à la pluralité, il s'ensuit que le génie qui marche à grands pas sera quelquefois sacrifié à la tourbe qui chemine ou se traîne après lui.

Mais est-ce qu'on élève le génie? Il suffit qu'une éducation publique ne l'étouffe pas......

Institution d'une nouvelle Université.

Ce qui concerne l'éducation publique n'a rien de variable, rien qui dépende essentiellement des circonstances. Le but en sera le même dans tous les siècles; faire des hommes vertueux et éclairés.

L'ordre des devoirs et des instructions est aussi inaltérable que le lien des connoissances entr'elles.

Procéder de la chose facile à la chose difficile, aller depuis le premier pas jusqu'au dernier, de ce qui est le plus utile à ce qui l'est moins, de ce qui est nécessaire à tous à ce qui ne l'est qu'à quelques-uns ; épargner le temps et la fatigue, ou proportionner l'enseignement à l'âge, et les leçons à la capacité moyenne des esprits........

Des temps de Charlemagne et d'Alfred.

Charlemagne en France, Alfred en Angleterre, ont fait à peu près ce qu'ils pouvoient faire de mieux. L'Europe entière étoit barbare, il n'y avoit ni sciences ni arts. Tout ce qui en avoit existé autrefois étoit recelé dans des ouvrages anciens qu'on n'entendoit pas. Dans ces circonstances quel parti prendre ? Celui de s'occuper de la science des mots, ou de l'étude des langues, clé de ces vieux sanctuaires, fermés pendant tant de siècles. Mais depuis qu'on en a tiré ce qu'ils contenoient de richesses ; depuis que les arts et les sciences ont fait des progrès immenses, que la science s'est mise à parler vulgairement, et que les idiomes anciens ne sont plus utiles qu'à quelques conditions particulières de la société, l'ordre et la nature de l'enseignement doivent être tout-à-fait différens ; et il seroit bien singulier, pour ne rien dire de plus, qu'une école publique, une école où l'on recevroit indistinctement tous les sujets d'un empire, s'ouvrît par une étude, par une science qui ne conviendroit qu'à la moindre partie d'entr'eux. A ces raisons j'en ajouterai beaucoup d'autres non moins péremptoires pour renvoyer la connoissance du grec et du latin presqu'à la fin du cours des études d'une université.....

De l'ordre des Études.

Je reviens à la comparaison que j'ai faite d'un cours de la science universelle à une grande avenue, à l'entrée de laquelle il se présente une foule de sujets qui crient tous à la fois : Instruction, instruction! Nous ne savons rien; qu'on nous apprenne.

La première chose que je me dis à moi-même, c'est que tous ne sont ni capables, ni destinés à suivre cette longue avenue jusqu'au bout.

Les uns iront jusqu'ici; d'autres jusques là; quelques-uns un peu plus loin; mais à mesure qu'ils avanceront, le nombre diminuera.

Quelle sera donc la première leçon que je leur donnerai? la réponse n'est pas difficile. Celle qui leur convient à tous, quelle que soit la condition de la société qu'ils embrassent.

Quelle sera la seconde? Celle qui, d'une utilité un peu moins générale, conviendra au nombre de ceux qui me resteront.

Et la troisième? Celle qui, moins utile encore que la précédente, conviendra au nombre moins grand de ceux qui m'auront suivi jusqu'ici.

Et ainsi de suite jusqu'au bout de la carrière, l'utilité de l'enseignement diminuant à mesure que le nombre de mes auditeurs diminue.

Je classerai les sciences et les études, comme notre historien naturaliste, M. de Buffon, a classé les animaux, comme il eût classé les minéraux et et les végétaux. Il a parlé d'abord du bœuf, l'animal qu'il nous importe le plus de bien connoître ; ensuite du cheval ; puis de l'âne, du mulet, du chien ; le loup, l'hyène, le tigre, la panthère, occupent d'après sa méthode un rang d'autant plus éloigné dans la science, qu'ils sont plus loin de nous dans la nature, et que nous en avons ou moins d'avantages à tirer, ou moins de dommages à craindre.

Qu'en arrivera-t-il ? C'est que celui qui n'aura pas eu la force ou le courage de suivre la carrière de l'université jusqu'à la fin, plus tôt il l'abandonnera et moins les connoissances qu'il laissera en arrière, plus celles qu'il emportera lui étoient nécessaires.

J'insiste sur ce principe, il sera la pierre angulaire de l'édifice. Cette pierre mal assise, l'édifice s'écroule ; bien posée, l'édifice demeure inébranlable à jamais.

Connoissances essentielles et Connoissances de convenance.

Il y a deux sortes de connoissances ; les unes que j'appellerai essentielles ou primitives, les autres que j'appellerai secondaires ou de convenance. Les primitives sont de tous les états ; si on ne les acquiert pas dans la jeunesse, il faudra les acquérir dans un âge plus avancé, sous peine ou de se tromper, ou d'appeler à tout moment un secours étranger.

Les secondaires ne sont propres qu'à l'état qu'on a choisi.

Il y a cela d'avantageux que les connoissances primitives ne doivent être qu'élémentaires, et que les connoissances secondaires veulent être approfondies.

Les connoissances primitives approfondies donnent des connoissances d'état.

Tous les états n'exigent pas la même portion des connoissances primitives ou élémentaires qui forment la longue chaîne du cours complet des études d'une université. Il en faut moins à l'homme de peine ou journalier qu'au manufacturier, moins au manufacturier qu'au commerçant, moins au commerçant qu'au militaire, moins au militaire qu'au magistrat ou à l'ecclésiastique, moins à ceux-ci qu'à l'homme public.

Il importe donc qu'un élève ait plus ou moins suivi ce cours d'études, selon la profession à laquelle il se destinera. Par exemple, si un magistrat avoit acquis toutes les connoissances primitives ou accessoires à son état, en suivant le cours de l'éducation publique jusqu'à sa fin, il renverroit moins fréquemment les affaires par devant des experts, et jugeroit plus sainement de la bonne ou mauvaise foi de ceux-ci.

Prenons un autre exemple moins important, le poëte. Quel est l'objet dans l'art ou dans la nature qui ne soit pas de son ressort? Peut-on être un grand poëte, et ignorer les langues anciennes et quelques-unes des langues modernes? Peut-on être un grand poëte sans une forte teinture d'histoire, de physique et de géographie ? Peut-on être un grand poëte sans la connoissance des devoirs de l'homme et du citoyen, de tout ce qui tient aux lois des sociétés entr'elles, aux religions, aux différens gouvernemens, aux mœurs et aux usages des nations, à la société dont on est membre, aux passions, aux vices, aux vertus, aux caractères et à toute la morale ?...

La profession de poëte exige donc de longues études. La variété des connoissances primitives qui lui sont nécessaires, suppose donc qu'il s'est avancé fort loin dans la carrière des écoles publiques. Le nombre des élèves s'éclaircissant à mesure que cette carrière se prolonge, il se trouve donc dans la classe la plus voisine de la fin et la plus diminuée, et tant mieux. J'en dis autant des orateurs, des érudits et des autres professions qui ne souffrent pas de médiocrité, et à qui l'instruction ne sert de rien sans le génie ; d'ailleurs peu nécessaires dans une société, même quand on y excelle.

Lorsqu'on place à la tête d'un cours d'études publiques la connoissance des langues anciennes, on annonce précisément le projet de peupler une nation de rhéteurs, de prêtres, de moines, de philosophes, de jurisconsultes et de médecins......

Plus de philosophes que de médecins, plus de médecins que d'hommes de loi, plus d'hommes de loi que d'orateurs, presque point de poëtes.

Objet d'une École publique.

L'objet d'une école publique n'est point de faire

un homme profond en quelque genre que ce soit, mais de l'initier à un grand nombre de connoissances dont l'ignorance lui seroit nuisible dans tous les états de la vie, et plus ou moins honteuse dans quelques-uns. L'ignorance des lois seroit pernicieuse dans un magistrat. Il seroit honteux qu'il se connût mal en véritable éloquence.

On entre ignorant à l'école, on en sort écolier; on se fait maître soi-même en portant toute sa capacité naturelle et toute son application sur un objet particulier.

Que doit-on remporter d'une école publique? De bons élémens.

Objection et Réponse.

Quoi! le cours des études d'une université n'est qu'un enseignement progressif de connoissances élémentaires?...... Assurément...... Mais c'est le moyen de peupler une société d'hommes superficiels!...... Nullement. C'est les disposer tous à devenir avec le temps des hommes profonds; à moins qu'on ne soit mal né et doué de cette prétention impertinente qui brise le propos de l'homme instruit; qui se jette à tort et à travers sur toute sorte de matière; qui dit: Vous parlez géométrie? C'est que je suis géomètre. Vous parlez de chimie? C'est que je suis chimiste. Vous parlez de métaphysique? Et qui est-ce qui est métaphysicien comme moi? vice incurable: ne craignez point que celui qui possède les principes fondamentaux se rende ridicule. Il ne parlera point à contre temps, sans s'entendre lui-même et sans être entendu, si les connoissances élémentaires sont bien ordonnées dans sa tête. On n'est ni vain de ses petites lumières, ni décidé dans ses jugemens, ni dogmatique, ni sceptique à l'aventure, quand on se doute de tout ce qui resteroit à savoir pour affirmer ou nier, pour approuver ou contredire. On sait de l'arithmétique sans se piquer d'être arithméticien, de la géométrie sans s'arroger le titre de géomètre, de la chimie sans interrompre Rouelle ni d'Arcet.

Division commune à toute Science et à tout Art.

Dans toute science ainsi que dans tout art il y a trois parties très distinctes, l'érudition ou l'exposé de ses progrès, son histoire. Les principes spéculatifs avec la longue chaîne des conséquences qu'on en a déduites; sa théorie. L'application de la science à l'usage; sa pratique.

L'érudition ou l'historique plus ou moins étendu appartient à tous. La science ou la somme des connoissances qui la constituent, et la pratique, sont réservées aux gens du métier.

Différence de l'ordre des Etudes dans un ouvrage ou dans une école.

La distribution de l'ordre des études dans une école, n'est point du tout celle qui conviendroit dans un ouvrage scientifique.

L'écrivain se laissera conduire par le fil naturel qui enchaîne toutes les vérités, qui les lie dans son esprit et les amène sous sa plume ; mais sa méthode ne peut convenir à un enseignement public.

Ou il rapportera toute la connoissance humaine aux principales facultés de notre entendement, comme nous l'avons pratiqué dans l'Encyclopédie, rangeant tous les faits sous la mémoire ; toutes les sciences sous la raison ; tous les arts d'imitation sous l'imagination ; tous les arts mécaniques sous nos besoins ou sous nos plaisirs ; mais cette vue qui est vaste et grande, excellente dans une exposition générale de nos travaux, seroit insensée si on l'appliquoit aux leçons d'une école, où tout se réduiroit à quatre professeurs et à quatre classes ; un maître d'histoire, un maître de raison, une classe d'imitation, une autre de besoin. Ici l'on ne formeroit que des historiens ou des philosophes ; là que des orateurs, ou des poëtes, ou des ouvriers.

Il est encore deux points de vue sous lesquels on peut embrasser la science universelle, points de vue très généraux, l'homme et la nature, l'homme seul et l'homme en société. Mais de l'une de ces divisions je vois éclore pêle-mêle des physiciens, des naturalistes, des médecins, des astronomes et des géomètres ; de l'autre, des historiens, des moralistes en vers et en prose, des jurisconsultes, des politiques ; la science de la robe, de l'épée et de l'église ; mais combien d'études préliminaires essentielles et communes à tous ces états !

Que conclure de là ? Que comme je l'ai insinué plus haut, la chose qui va bien dans la spéculation, va mal dans la pratique, et que l'ordre de l'enseignement prescrit par l'âge, par l'utilité plus ou moins générale des élèves, le seul qui soit praticable dans une éducation publique, est aussi le seul qui s'accorde avec l'intérêt général et particulier.....

Supposition.

Je suppose que celui qui se présente à la porte d'une université, sache lire, écrire et orthographier couramment sa langue; je suppose qu'il sait former les caractères de l'arithmétique, ce qu'il doit avoir appris ou dans la maison de ses parens ou dans les petites écoles.

Je suppose que son esprit n'est pas assez avancé, et que la porte de l'université ne lui sera pas encore ouverte, s'il n'est pas en état de saisir les premiers principes de l'arithmétique, de toutes les sciences la plus utile et la plus aisée.

Je suppose que ce n'est pas sur le nombre des années, mais sur les progrès de l'entendement qu'il faut admettre ou éloigner un enfant d'une école publique des sciences.

Les enfans ne sont pas tous en état de marcher au même âge.

(*La suite au prochain Numéro.*)

L'ÉDUCATION.

CONTE.

Mad. DE VESAC s'étoit remise en route pour Paris avec Cécile et Nanette ; c'étoit le nom de la petite fille qu'elles avoient trouvée dans la forêt, et que Cécile avoit voulu se charger d'élever. De ce moment elle la regardoit comme à elle, et toute enchantée de sa nouvelle possession, elle ne parloit pas d'autre chose. Déjà elle avoit disposé de toutes ses vieilles robes pour habiller Nanette ; déjà elle l'avoit mesurée dans tous les sens pour juger si, dans une robe tachée d'encre, et dont elle étoit ravie de se défaire en sa faveur, il y auroit de quoi faire une robe à Nanette sans employer le morceau où étoit la tache ; déjà elle avoit pensé que dans son vieux tablier noir, en ôtant le morceau qu'elle avoit brûlé au poêle, il resteroit un tablier pour Nanette. Déjà elle avoit fait ôter à Nanette son béguin d'indienne piqué, pour prendre avec un cordon la grosseur de sa tête, afin de calculer ce qu'il faudroit de perkale et de mousseline pour lui faire des bonnets propres en attendant que le retour de la chaleur permît de l'accoutumer à demeurer nu-tête ; habitude que Cécile comptoit bien lui faire prendre, parce que cela étoit infiniment mieux pour une petite fille. Plusieurs fois déjà elle lui avoit dit : « Nanette, tenez-vous droite » ; et la petite fille qui ne savoit ce que c'étoit que de se tenir droite, à qui on n'avoit jamais rien dit de pareil, n'en baissoit qu'un peu plus la tête, comme elle faisoit toujours quand elle étoit embarrassée ; alors Cécile la lui redressoit avec une douceur composée, et en se disant intérieurement que la patience étoit le premier devoir d'une personne qui vouloit élever un enfant. Mad. de Vésac sourioit de sa gravité, et lui conseilloit cependant de l'adoucir un peu si elle vouloit obtenir la confiance de son écolière.

Cécile formoit les plus vastes projets pour son éducation. « Je lui apprendrai, disoit-elle, d'abord
» à très bien travailler, cela est absolument né-
» cessaire pour une jeune fille. Je veux qu'elle
» sache l'histoire, la géographie. Peut-être même,
» si elle a des dispositions, je pourrai lui apprendre
» le piano et le dessin ; je ne suis pas assez forte
» encore pour la pousser bien loin ; mais je le
» deviendrai tous les jours davantage ; et puis
» quand je serai mariée, riche, je lui donnerai
» des maîtres ; je veux qu'elle ait beaucoup de
» talens. » Et Cécile alloit toujours s'échauffant sur ses projets et ses espérances. Sa mère l'écoutoit en riant. Cécile qui s'en aperçut lui demanda, un peu fâchée, si elle n'avoit pas raison de vouloir bien élever Nanette.

« Certainement, reprit Mad. de Vésac, c'est
» pourquoi je te conseille de commencer par lui
» apprendre à lire. »

« Cela va sans dire. Mais elle sait peut-être déjà
» lire. Nanette, sais-tu lire ? »

La petite fille la regarda, et puis baissa la tête sans répondre. Cécile lui releva le menton avec son doigt, en lui demandant une seconde fois « sais-tu lire ? » Et pour toute réponse Nanette, que le doigt de Cécile avoit abandonnée, baissa la tête un peu plus que la première fois. Cécile, avec un signe qui disoit à sa mère, « qu'il faut de patience avec les enfans ! » tira de son sac un livre qu'elle avoit emporté pour la route, et l'ouvrant au titre, elle le mit sous les yeux de Nanette, et lui montra du doigt un *A* en lui disant : « Qu'est-ce que c'est que cela ? » Nanette leva les yeux en dessous, regarda l'*A*, et puis les rebaissa sans rien dire. Cécile répéta « qu'est-ce que c'est que cela? » Et Nanette ne remua pas. « C'est un *A* », lui dit alors Cécile en radoucissant sa voix comme une personne qui s'impatiente et veut se contenir. La petite fille la regarda fixément comme si elle eût voulu lui demander : « Qu'est-ce que cela me fait que ce soit un *A* ? » « C'est un *A* », répéta Cécile, et la petite fille continua à la regarder sans répondre. La patience commençoit à manquer à Cécile; mais elle se souvint de ce que lui imposoient ses nouvelles fonctions; et prenant Nanette sur ses genoux, elle se mit à la caresser, toujours en lui montrant le livre, en lui répétant : « Pourquoi ne veux-tu pas dire *A*. » Nanette ne remuoit pas. « Dis *A*, reprit Cécile, et je te donnerai ce pruneau. » Nanette regarda le pruneau, regarda Cécile en riant, et Cécile riant aussi de la voir rire, lui répéta : « Dis *A*. » Nanette la tête baissée et riant, et regardant le pruneau en dessous, dit *A* bien bas; Cécile l'embrassa avec transport. Le pruneau mangé, elle lui montra du doigt un autre *A*, mais sans pouvoir obtenir que Nanette lui en dît son avis. « Dis *A* », répéta Cécile d'un ton caressant, et Nanette regardoit de côté s'il venoit un autre pruneau. Cependant soit reconnoissance pour celui qu'on lui avoit donné, soit espérance d'en avoir un autre, soit complaisance pour Cécile, elle consentit encore à dire *A*. Ce fut pour Cécile un nouveau transport; persuadée que Nanette étoit de ce moment forte sur l'*A*, et enchantée de ce premier triomphe de son éducation, elle lui montra d'un air de joie le premier *A*, supposant qu'elle alloit le reconnoître sur-le-champ; mais pour cette fois il lui fut impossible de rien obtenir. Nanette n'avoit jamais vu un livre, ne savoit ce que c'étoit, ni à quoi cela pouvoit servir; elle ne comprenoit rien à cette fantaisie de lui faire dire *A*; elle l'avoit dit sans regarder la forme de la lettre, sans penser que c'étoit le nom de la chose qu'on lui montroit, et tous les *A* du monde mis sous ses yeux ne lui en auroient pas appris davantage. Après beaucoup d'efforts inutiles, Cécile, tout à fait découragée, regarda sa mère d'un air chagrin en disant : « Comment ferons-nous si elle » ne veut pas seulement apprendre à lire ? » Madame de Vesac lui représenta que c'étoit se désespérer bien vite, et qu'il étoit assez simple que Nanette, encore tout étonnée de sa nouvelle situation, étourdie de la voiture, et intimidée de se trouver avec des personnes qu'elle ne connoissoit pas, eût de la peine à comprendre ce qu'on lui montroit, qu'il falloit attendre, pour commencer à l'instruire, un moment plus calme. Cécile un peu consolée fut enchantée d'ailleurs d'avoir une raison pour retarder des leçons dont elle se sentoit, pour le moment, tout-à-fait dégoûtée. Cependant songeant qu'il falloit toujours en attendant s'occuper à corriger Nanette des défauts qu'elle pouvoit avoir, elle se promit bien de ne pas lui permettre, le lendemain, quand il faudroit partir à cinq heures du matin, de grogner de ce qu'on l'éveilloit, ou de se plaindre du froid; mais elle n'eut pas occasion de placer sa morale : Nanette accoutumée à souffrir, ne grognoit ni ne se plaignoit jamais, et Cécile commença à ne pas trop savoir ce qu'elle pourroit faire pour l'éducation d'une petite fille si douce et si docile qu'on n'avoit point à la gronder, et si peu intelligente qu'elle ne voyoit pas comment s'y prendre pour l'instruire; cependant le désir qu'elle avoit de lui donner l'exemple, et l'idée qu'elle prenoit de sa propre raison, lorsqu'elle se voyoit chargée de l'éducation d'une autre, l'empêchèrent de penser une seule fois à se plaindre du froid et du chagrin d'avoir été éveillée à cinq heures. Elle s'occupa avec activité du soin de ranger ses affaires, afin de montrer à Nanette comment il falloit s'y prendre, et Nanette qui auroit mieux aimé faire et défaire dix paquets, que de dire une seule fois *A*, s'appliqua à obéir à Cécile, et ne s'en tira pas mal. Cécile lui en témoigna sa satisfaction, en sorte qu'elles montèrent en voiture fort contentes l'une de l'autre; et pour entretenir la bonne intelligence, il ne fut pas question de dire *A* jusqu'à l'arrivée à Paris.

On juge combien de fois à son retour Cécile raconta l'histoire de Nanette et de la forêt, et le dessein qu'elle avoit formé d'élever cette petite fille. L'intérêt qu'inspiroit cette histoire, et l'importance que Cécile croyoit acquérir toutes les fois qu'on lui demandoit à voir Nanette, réchauffèrent ses projets d'éducation un peu refroidis par le premier essai qu'elle en avoit fait. D'ailleurs elle avoit pris tant de plaisir à commencer le trousseau de Nanette et à lui essayer une robe qu'elle avoit faite elle-même en deux jours; elle trouvoit si joli d'avoir à commander à quelqu'un, d'envoyer Nanette faire ses commissions dans la maison, qu'elle s'attachoit tous les jours davantage à cette espèce de propriété. Elle auroit bien voulu qu'on fit coucher Nanette dans sa chambre pour l'avoir entièrement sous sa garde; mais mad. de Vesac qui sentoit que cela auroit mille inconvéniens que Cécile ne vouloit pas prévoir, parce qu'elle désiroit que la chose eût lieu, la fit coucher chez sa femme de chambre, d'où il fut convenu qu'elle descendroit tous les matins chez Cécile pour que celle-ci employât deux heures de la matinée à lui donner des leçons. Cécile prétendit d'abord que deux heures, c'étoit bien peu, et que si on ne lui accordoit pas davantage, il lui étoit impossible d'enseigner à Nanette tout ce qu'elle vouloit lui enseigner. Sa mère lui conseilla de s'en contenter d'abord, en lui promettant, si elle continuoit à le désirer, de lui accorder bientôt plus de temps. Cécile prit l'occasion du jour où elle avoit essayé à Nanette sa robe et son bonnet qui avoient paru lui faire grand plaisir; et en lui montrant encore le tablier qu'elle venoit de couper pour elle, elle lui dit que pour avoir toutes ces jolies choses il falloit apprendre à lire. Nanette ne savoit pas trop ce que c'étoit que d'apprendre à lire; cependant elle avoit vu Cécile regarder dans des livres, et elle se souvenoit que c'étoit dans un livre qu'on lui avoit fait dire *A*. Ce souvenir ne lui étoit nullement agréable; mais comme elle commençoit à s'accoutumer à obéir à Cécile, elle consentit pour cette fois à dire *A* après elle, puis *B*, puis *C*, puis toutes les lettres de l'alphabet. Cécile les lui fit redire de même trois ou quatre fois, les lui montra dans les différens caractères, et enchantée d'avoir si facilement obtenu de la soumission de Nanette ce qu'elle avoit eu tant de peine à en obtenir d'abord, elle se persuada que le plus grand pas étoit fait, et que l'éducation alloit marcher de progrès en progrès. Le même jour elle lui mit les doigts sur le piano, et Nanette fut d'abord enchantée du son qu'elle produisoit en frappant sur les touches; elle trouva moins amusant de faire des gammes et de répéter dix fois avec Cécile *ut*, *ré*, *mi*, *fa*, *sol*, *la*, *si*, *ut*. Cependant elle obéit, et tout alla comme le vouloit Cécile. Ensuite celle-ci donna à Nanette un dé, des aiguilles et des ciseaux qu'elle avoit achetés pour elle, et lui mit entre les mains un morceau de toile pour qu'elle apprît à ourler. Nanette étoit plus avancée sur cet article que sur le reste ; elle avoit vu travailler sa mère, et avoit essayé elle-même d'en faire autant. Cécile, très contente de la manière dont elle tenoit son aiguille et marquoit son ourlet, lui donna des éloges qui l'encouragèrent, en sorte que l'ourlet fut fait assez vite et assez bien. Enfin au bout de deux heures qui avoient paru un peu longues à Cécile, elle renvoya Nanette en trouvant déjà qu'une éducation étoit une chose assez fatigante ; mais s'applaudissant du succès de ses soins.

Le lendemain elle reprit ses leçons avec un nouveau courage, espérant bien avancer encore plus que la veille ; mais elle trouva tout à recommencer. Nanette fut tout aussi embarrassée pour dire *A*, qu'elle l'avoit été la première fois. Elle ne reconnut pas une de ces lettres qu'elle avoit répétées machinalement d'après Cécile ; et Cécile, en les lui faisant reprendre l'une après l'autre, eut toutes les peines du monde à obtenir qu'elle nommât deux ou trois fois d'elle-même, la lettre qu'on venoit de lui nommer l'instant d'auparavant. Au piano, quand Cécile voulut lui faire commencer la gamme en *ut*, elle mit le doigt sur un *sol*, et quand Cécile lui demanda le nom de la note qu'elle venoit de faire, il lui fut impossible d'en trouver un seul à lui appliquer ; peut-être n'avoit-elle pas compris seulement que les notes eussent des noms, et tout le succès qu'obtint Cécile ce jour-là, ce fut qu'après une demi-heure d'étude, Nanette nommât au hasard un *fa* pour un *la*, ou un *si* pour un *ré*. Cécile se fâcha beaucoup, et Nanette que cela ennuyoit d'être grondée, se dépêcha tellement de faire son ourlet pour se débarrasser de Cécile, que lorsque celle-ci voulut le regarder elle y trouva six points l'un sur l'autre et un point de près d'un demi-pouce de long.

Les jours suivans ne furent pas beaucoup plus heureux; Nanette oublioit à peu près chaque jour le peu qu'elle avoit paru savoir la veille. Comme jusques là on ne lui avoit rien fait apprendre, elle n'avoit pas l'habitude de s'appliquer ni de fixer son esprit sur des choses dont elle ne comprenoit pas tout de suite l'utilité; car on ne pouvoit dire qu'elle manquât de raison et d'intelligence pour son âge: elle n'étoit pas maladroite, et ce qui étoit à sa portée, elle le faisoit d'une manière assez réfléchie : ainsi, quand elle portoit un flambeau, elle ne le portoit pas, comme il arrive souvent aux enfans de son âge, tout penché de manière à ce que la chandelle coulât à terre; elle avoit même soin de moucher la chandelle de peur des flammèches avant de la transporter d'un lieu dans un autre, et la mouchoit sans l'éteindre. Si elle avoit à passer quelque chose d'un peu lourd d'une chambre dans une autre, elle ouvroit d'abord la porte, et rangeoit ce qui se trouvoit sur son passage, et si tenant dans ses mains une jatte d'eau, il lui arrivoit d'accrocher sa robe à une table, elle ne s'avisoit pas, comme l'auroient fait beaucoup d'autres enfans, de donner une grande secousse capable de faire jaillir l'eau à terre, mais elle posoit doucement la jatte pour se décrocher. On voyoit qu'elle étoit accoutumée à agir et à chercher les moyens d'agir de la manière la plus utile. Aussi rendoit-elle mille petits services à Mlle Gérard, la femme de chambre de mad. de Vesac, qui l'aimoit à la folie, et qui l'ayant toute la journée près d'elle parvenoit, sans la tourmenter, à lui apprendre beaucoup de choses, qu'avec elle Nanette apprenoit de bon cœur.

Quant aux leçons avec Cécile, elles alloient tous les jours plus mal ; l'écolière ne savoit pas étudier, et la maîtresse ne savoit pas enseigner : Cécile manquoit souvent de patience, et Nanette, qui ne la voyoit que pour en être grondée et s'ennuyer, n'ayant que fort peu d'envie de lui faire plaisir, manquoit de bonne volonté : d'ailleurs au bout de quelques instans d'une leçon à laquelle elle ne prenoit nul intérêt, l'ennui brouilloit toutes ses idées, et elle ne savoit plus ce qu'elle disoit ; en sorte qu'après avoir bien dit ses lettres et passablement épelé avec la femme de chambre qui la faisoit étudier pour que Cécile ne la grondât pas, elle lisoit tout de travers avec Cécile, qui n'en étoit que plus choquée de ce que Nanette ne lisoit bien qu'avec Mlle Gérard.

Graces à Mlle Gérard cependant Nanette faisoit quelques progrès pour la lecture et les ouvrages d'aiguille ; mais pour la musique, elle étoit au bout de six semaines aussi avancée que le premier jour, et Cécile qui s'étoit imaginée faire de Nanette une personne propre à briller dans le monde, se dégoûtoit absolument de lui donner des soins qui ne pouvoient aboutir qu'à en faire tout au plus une marchande ou une femme de chambre. Les leçons ne se passoient plus qu'en impatiences qui empêchoient Cécile de chercher les moyens de se faire comprendre, et qui achevoient de troubler Nanette. Ces deux heures si inutilement employées devenoient également désagréables à la maîtresse et à l'écolière, et toutes deux étoient également enchantées quand quelque chose les abrégeoit. Aussi Cécile les abrégeoit-elle souvent. Il lui arriva une fois qu'elle étoit pressée, de dépêcher toutes les leçons en une demi-heure; et quand cela fut arrivé une fois, cela arriva d'autres fois ensuite. Il arriva aussi qu'elle faisoit dire à Nanette ses leçons sans l'écouter, qu'elle la mettoit devant le piano et lui disoit de jouer, tandis qu'elle alloit et venoit dans la chambre ou dans l'appartement; en sorte que pendant ce temps-là Nanette barbouilloit à son aise toutes les notes qui lui plaisoient; quelquefois enfin, quand Cécile étoit occupée à son dessin ou de quelqu'autre chose qui l'amusoit, elle disoit à Nanette de prendre son livre ou son ouvrage, et puis n'y pensoit plus. Nanette restoit là à regarder par la fenêtre ou à prendre des mouches, et au bout d'une heure et demie, Cécile qui s'en apercevoit, la grondoit d'être restée tout ce temps-là sans rien faire, et la renvoyoit en disant qu'elle n'avoit plus le temps de lui donner ses leçons.

Tout cela se passoit dans la chambre de Cécile qui étoit auprès de celle de sa mère. Mad. de Vesac ne dit rien pendant quelque temps; elle n'avoit jamais compté que Cécile mît de la suite à ses projets d'éducation, et elle se fioit beaucoup plus sur Mlle. Gérard qui étoit une personne honnête et raisonnable, et qu'elle savoit capable d'élever Nanette selon son état. Cependant elle ne vouloit pas que sa fille s'accoutumât à faire négligemment ce qu'elle faisoit, et à se croire quitte des devoirs de sa journée quand elle avoit fait semblant de les remplir. Cécile elle-même sentoit bien que les choses n'étoient pas comme elles devoient être. Aussi, après s'être plainte quelques temps à sa mère des peines que lui donnoit Nanette, elle ne lui en parloit plus. Enfin un jour que mad. de Vesac avoit entendu celle-ci pendant une demi-heure taper à sa fantaisie sur le piano sans que Cécile y fît attention, elle demanda à sa fille si c'étoit en donnant à Nanette ses leçons de cette manière, qu'elle espéroit en faire une grande musicienne. Cécile rougit, parce qu'elle sentoit bien qu'elle avoit tort; mais elle dit à sa mère que Nanette n'avoit pas les moindres dispositions pour la musique. Mad. de Vesac observa qu'à la manière dont Cécile s'y étoit prise pour la lui enseigner, il étoit impossible de savoir si elle avoit ou non des dispositions.

« Maman, dit Cécile, je vous assure qu'elle n'a
» pas du tout de dispositions, et que c'est là ce qui
» m'a dégoûtée. »

« Mais je ne crois pas qu'elle ait moins de dis-
» positions pour apprendre à lire, et à travailler
» que n'en ont les autres enfans de son âge, et je
» ne vois pourtant pas que tu mettes plus de zèle
» à ces autres parties de son éducation. »

« Oh! je tenois surtout à la musique. Mlle. Gé-

» rard peut aussi bien que moi lui apprendre le
» reste. »

« Ainsi donc tu as pris Nanette pour la faire
» élever par Mlle. Gérard ? »

« Non, maman, mais je croyois que Nanette
» pourroit apprendre ce que je voulois lui mon-
» trer. »

« Et parce qu'elle n'apprend pas ce que tu vou-
» lois lui montrer, tu crois qu'il ne vaut pas la
» peine de lui enseigner ce qu'elle pourroit
» apprendre, de faire au moins pour elle tout ce
» qui est en ton pouvoir ? »

« Mais, maman, il est toujours je crois bien heu-
» reux pour Nanette que nous l'ayons prise, et
» certainement je ne cesserai jamais d'en avoir
» soin ; mais vous conviendrez qu'il n'y a pas
» grand plaisir à montrer à lire et à coudre à
» une petite fille quand on voit qu'elle ne peut
» apprendre que cela. »

« Pour en convenir, il faudroit que je susse bien
» précisément quelle espèce de plaisir tu as voulu
» te procurer en te chargeant de Nanette. »

« Le plaisir de lui être utile en lui donnant une
» très bonne éducation. »

« Et supposé qu'elle ne fût pas capable de pro-
» fiter de ce que tu regardes comme une très bonne
» éducation, tu ne te soucierois pas de lui être
» utile en lui donnant du moins toute l'éducation
» qu'elle seroit capable de recevoir ? »

« Ce qu'il y a de sûr au moins, c'est que cela
» ne me feroit pas tant de plaisir. »

« Et pour continuer une bonne action que tu

DE L'ÉDUCATION.

» auras commencée, il faudra donc que tu y
» trouves beaucoup de plaisir ? »

« Non pas, maman, mais...... »

« Mais, mon enfant, il y a beaucoup de gens
» comme cela, qui commencent une bonne action
» avec transport, et l'abandonnent ensuite, parce
» qu'elle n'a pas un succès aussi complet qu'ils
» l'avoient imaginé. C'est toujours une chose très
» agréable que de rendre un grand service aux
» autres. On a tant de plaisir à voir quelqu'un
» très heureux par les soins qu'on s'est donné,
» qu'il n'y a presque personne qui ne soit tenté
» de se donner ce plaisir là quand il le peut. Mais
» cela est très rare de pouvoir faire un grand bien,
» rendre un grand service ; il faut donc savoir se
» contenter de faire un peu de bien, de rendre
» un petit service quand on ne peut pas faire
» davantage. Je sais bien que cela ne donne pas
» autant de plaisir ; mais ce n'est pas ce plaisir là
» qu'il faut chercher dans une bonne action. »

« Cependant, maman, c'est un plaisir bien per-
» mis que celui qu'on trouve à faire du bien aux
» autres. »

« Sans doute ; mais il ne faut pas prétendre à
» tirer de cette bonne action un autre plaisir que
» celui qu'on est sûr d'y trouver, qui est d'abord
» de songer qu'on a été utile à quelqu'un, et en-
» suite qu'on a rempli son devoir en faisant du
» bien autant qu'on le pouvoit. Ce sont là deux
» choses très heureuses, dont on peut, dont on doit
» jouir. Mais si on veut davantage, si on a besoin,

» par exemple, pour être encouragé à une
» bonne action, que les gens en faveur de qui on
» la fait soient très reconnoissans, ou bien qu'elle
» les rende parfaitement heureux, comme cela
» ne se trouve pas souvent, on se dégoûte de faire
» le bien, et on ne fait pas celui qu'on pourroit.
» J'ai vu, par exemple, des gens entreprendre
» avec beaucoup de chaleur de rendre service à
» des personnes malheureuses, parce qu'ils espé-
» roient les tirer de leur malheur, et que cette
» espérance leur donnoit un grand plaisir; mais
» si ces personnes devenoient plus malheureuses
» encore, comme alors ils ne pouvoient espérer
» de les rendre tout-à-fait heureuses, et qu'ainsi
» il n'y avoit plus tant de plaisir pour eux, ils s'en
» dégoûtoient tout-à-fait, et précisément parce
» qu'elles avoient plus besoin qu'on les obligeât,
» cessoient de les obliger et même souvent de les
» voir. »

« Maman, ce n'est pas là du tout ce qui m'est
» arrivé pour Nanette. »

« Non; mais tu as voulu trouver trop de plai-
» sir dans le bien que tu lui faisois, et c'est ce qui
» t'as dégoûtée du plaisir moins grand que cela
» pouvoit te donner. Au reste, je n'ai jamais
» compté que Nanette devînt une grande musi-
» cienne, je ne l'ai même pas beaucoup désiré. »

« Ah! maman, il est pourtant bien agréable de
» penser que d'une petite paysanne qui auroit été
» toute sa vie ignorante, grossière et sans éduca-
» tion, on a fait une personne bien élevée, qui a

» des talens, qui peut être aimable et jolie comme
» une personne du monde. »

« Je suis de ton avis; rien ne me fait plus de
» plaisir que de voir un homme né dans un état
» inférieur en sortir par son esprit, ses talens, sa
» conduite, se faire une existence agréable dans la
» société, et devenir l'égal de gens qui étoient nés
» au-dessus de lui. Mais cela se peut davantage
» pour un homme que pour une femme. »

« Pourquoi, maman? »

« L'existence d'un homme dépend de lui, de
» ses talens, de son travail: ainsi un homme de
» mérite est presque toujours sûr de s'élever. Mais
» la fortune d'une femme ne dépend presque ja-
» mais de son mérite, parce que comme elle ne peut
» avoir ni emploi, ni rien qui la distingue par elle-
» même, elle n'a d'autre état dans le monde que
» celui de l'homme qu'elle épouse, et rien n'est
» plus rare que de voir les talens et même les ver-
» tus procurer à une fille un mariage au-dessus de
» l'état auquel elle étoit naturellement destinée.
» Dans un état inférieur, des talens et des idées trop
» élevées ne peuvent que la rendre malheureuse.
» Suppose que tu donnasses à Nanette les talens,
» l'instruction, les idées d'une personne desti-
» née à vivre dans le monde, et qu'ensuite elle
» épousât un marchand, ce qui cependant seroit
» une fortune pour elle, elle seroit malheureuse.
» Mais si Nanette sait un jour lire, écrire, comp-
» ter, travailler, qu'elle ait de la raison, de l'hon-

» nêteté, de bons sentimens, elle aura reçu une
» éducation très bonne et très utile pour elle. »

« Eh! bien, je veux tâcher d'élever Nanette
» comme cela. Ici, je suis toujours dérangée, et
» puis ces deux heures de leçon tout de suite, cela
» ne vaut rien. Mais nous allons partir dans un
» mois pour la campagne; là, si vous le permet-
» tez, elle sera plus souvent avec moi, et j'aurai
» mille momens pour lui faire prendre ses leçons,
» et mille occasions de lui donner de bons prin-
» cipes. »

« A la bonne heure », dit en souriant mad. de Vesac qui ne comptoit pas beaucoup plus sur la constance de sa fille à la campagne qu'à Paris. Cécile ne vit pas ce sourire, et tout occupée de ce qu'elle vouloit faire dans la suite pour l'éducation de Nanette, elle commença par l'interrompre pour le moment, comme si le bien qu'on doit faire un jour dispensoit de celui qu'on peut faire sur-le-champ. Elle annonça à Nanette qu'elle ne lui donneroit plus de leçons jusqu'à ce qu'elles fussent à la campagne. Nanette à qui un mois paroissoit la vie entière, se crut pour toujours débarrassée des leçons de Cécile; et Cécile, dont le mois fut occupé par deux ou trois bals, des emplettes, des paquets à faire et les visites de ses amies qui venoient lui dire adieu, se désaccoutuma tout-à-fait de penser à Nanette.

P. M. G.

(La suite au prochain Numéro.)

LANGAGE.

Du mot CONSÉQUENT.

Beaucoup de gens dans les provinces, et même un assez bon nombre à Paris parleront d'une *somme conséquente*, diront que *M. un tel a un état de maison très conséquent*, sans s'être demandé une fois si *conséquent*, employé de cette manière, pouvoit être une expression française. Beaucoup d'autres, dirigés par l'usage, rejettent cet emploi du mot *conséquent* que n'admet pas le langage des gens bien élevés, sans avoir songé à s'expliquer ce qu'il pouvoit avoir de répréhensible, et pourquoi on ne diroit pas : *prenez garde à cette action, elle est conséquente*, dans le même sens que : *prenez garde à la conséquence de cette action*.

Une chose *conséquente* est une chose qui en suit nécessairement une autre, qui *suit avec* (*cum sequens*), c'est-à-dire qu'une certaine chose ne pourra arriver sans que telle autre chose en soit la *conséquence*, une suite qui l'accompagne, et dont elle ne peut se séparer. Tirer une *conséquence* d'un raisonnement, d'un fait, c'est en tirer ce qui y est, ce qui le suit nécessairement, parce que le fait ou le raisonnement doit le produire. *Il pleut, donc il ne fait pas beau*. La seconde proposition est contenue dans la première, elle en est la *conséquence*. — *Il est tombé et s'est fait une blessure*. La blessure est la *conséquence* de la chute, une circonstance du fait. — *Il dépense tout, il finira par mourir de faim*. La seconde partie de la phrase, pour indiquer une conséquence éloignée, n'en exprime pas moins une idée contenue dans l'idée de la première phrase, un fait dont la cause existe dans le premier fait. Une chose *conséquente* est donc une chose résultante d'une autre ; elle est *conséquente* à une autre, c'est-à-dire qu'elle est avec cette autre dans le rapport qui se trouve entre le principe et la conséquence.

L'épithète de *conséquent* s'appliquera pourtant à un homme dont les idées se suivent dans l'ordre naturel, dont les actions suivent ses principes, à un discours dont les raisonnemens sortiront les uns des autres. C'est qu'alors on entend que l'homme, le discours dont on parle, suivent les choses dans l'ordre où elles se produisent les unes les autres, se conforment à l'enchaînement naturel qui résulte de leur co-existence. Il est sous-entendu que l'homme est *conséquent* dans sa conduite, à son caractère ou à ses principes, c'est-à-dire qu'il suit son caractère ou ses principes ; que le discours est *conséquent* dans sa marche à la première idée qui en a fait la base, c'est-à-dire qu'il suit l'enchaînement des idées qui dérivent de cette idée première ; et *conséquent* exprime toujours le rapport d'une chose subséquente à une chose antérieure, du moins selon l'ordre de nos idées. Il ne peut pas exprimer autre chose.

Conséquence exprime aussi le rapport de deux choses, de deux idées ; mais il peut exprimer également le rapport de la cause à l'effet et de l'effet à la cause. *Une action a de la conséquence*; cela peut vouloir dire qu'elle suit naturellement l'action ou le discours qui l'a précédé ; cela peut vouloir dire aussi qu'elle aura des suites qui y tiennent naturellement. Dans le premier cas, *conséquence* exprime la qualité de ce qui est *conséquent*, le rapport de cette action avec une action antérieure. Ainsi *cette action a de la conséquence* peut se rendre par *cette action est conséquente*. Dans le second cas, elle indique la nature de cette action qui est d'avoir de l'importance par les suites qu'elle entraine, et ne la considère par conséquent que dans son rapport avec des choses postérieures : l'épithète de *conséquente* ne peut donc alors lui convenir.

Un homme *conséquent* est un homme qui suit comme il a commencé ; un *homme de conséquence* est un homme dont les actions et les paroles ont des suites qui leur donne de l'importance. Un homme *de conséquence* peut être quelquefois inconséquent, un homme conséquent est rarement un homme *sans conséquence*.

P. M. G.

ANNALES DE L'ÉDUCATION.

DE L'ÉTAT DE L'ÉDUCATION
VERS LA FIN DU IVe SIÈCLE DE L'ÈRE CHRÉTIENNE.

(Ce morceau est traduit d'une Dissertation latine, par M. P. E. Müller, intitulée : *Commentatio historica de genio, moribus et luxu œvi Theodosiani*, 1797 : Le tableau qui y est tracé nous a paru neuf et intéressant; tous les faits qui le composent sont puisés dans les écrivains du tems, et surtout dans les pères de l'Eglise, saint Chrysostôme, saint Jérôme, saint Augustin, etc. Nous avons conservé en note les citations les plus importantes.)

L'ENFANT nouveau né étoit presque toujours enveloppé dans des langes; on suivoit en cela l'exemple des Barbares, dont la force, à ce que l'on croyoit, étoit due à l'usage de laisser les enfans ainsi emmaillotés jusqu'à l'âge de deux et trois ans (1). Si c'étoit une fille, sa mère lui lioit le bout des mamelles, afin de l'amincir, et d'en conserver ainsi la beauté (2). On remettoit ensuite l'enfant

---

(1) OEuvres de saint Jérôme, édit. de Vallars, t. IV, p. 147, B-C. *in Ezech*, c. 16.
(2) *Ibid*, p. 146. A.

à la nourrice; car les dames romaines étoient depuis long-temps devenues trop délicates, pour se charger d'un soin et d'un ennui qu'elles aimoient mieux abandonner à des servantes; aussi saint Ambroise exhorte-t-il les mères à se souvenir de leur devoir, et à allaiter leurs enfans. Il leur dit qu'elles se rendront par là chères à leurs maris, et qu'elles aimeront bien davantage des enfans qu'elles auront nourris de leur lait (1).

La nourrice, dès qu'elle avoit reçu l'enfant, couroit sur-le-champ aux bains publics; elle y prenoit de la boue, et la lui jetoit sur le front; si on lui eût demandé à quoi pouvoit servir cette boue, elle auroit répondu qu'elle étoit bonne à écarter les maléfices de la haine et de l'envie (2). Quelques unes suspendoient aux vêtemens de l'enfant des bandelettes, des fils d'écarlate, ou des castagnettes (3); d'autres enfin, regardant tout cela comme des niaiseries superstitieuses, lui marquoient simplement sur le front le signe de la croix, pour repousser l'approche des démons, et croyoient ainsi avoir habilement pourvu à la sûreté de leur nourrisson (4).

Les mères donnoient le plus souvent à l'enfant

---

(1) Œuvres de saint Jérôme édit. de Vallars, t. 1; p. 231. B-C.

(2) Œuvres de saint Chrysostôme, édit. de Montfaucon, t. X, p. 107. C.

(3) *Ibid*, p. 107. A, p. 669. C.

(4) *De vi crucis ingenti*, œuvres de saint Chrysost.; t. 1, p. 571, A., t. V, p. 259, B. et ailleurs.

le nom de son aïeul ou de son bisaïeul (1). Les anciens chrétiens n'étoient point dans l'usage de donner à leurs enfans les noms des saints. Quelquefois on allumoit des lampes à chacune desquelles on attribuoit un nom, et on les observoit avec le plus grand soin, afin de donner à l'enfant le nom de celle qui brûloit le plus long-tems ; on regardoit cela comme le présage d'une longue vie (2). De peur que des soins mal entendus ne devinssent nuisibles aux enfans, les parens recommandoient sans cesse aux nourrices de ne pas les tenir toujours sur les bras, habitude qui, disoit-on, les rendoit plus foibles.

L'enfant passoit dans la maison paternelle les quatre premières années de sa vie. De petits chariots, des chevaux ou des poupées d'argile, des flèches, et d'autres joujoux semblables étoient ses amusemens (3). A cinq ans, on l'envoyoit à l'école (4). Ces marmots, à peine sevrés, y étoient excités au travail, tantôt par l'espoir d'obtenir quelque friandise, tantôt par la crainte des coups; et en dépit de la chaleur et de la soif qui les tourmentoient souvent, ils y demeuroient jusqu'à midi, fournissant ainsi, bien que malgré eux, aux pré-

---

(1) Œuvres de saint Chrysost., t. II, p. 519. A, t. IV, p. 185. C. etc.

(2) *Ibid*, t. X, p. 107. A.

(3) *Ibid*, t. VIII, p. 481, A. t. V, p. 452. A.

(4) *Ibid*, t. III, p. 109. B.

dicateurs des exemples dont ceux-ci ne manquoient pas de se servir, pour engager les parens, plus relâchés, à une assiduité et à une activité pareilles (1). Les enfans apprenoient dans ces écoles à lire (2) et à écrire avec le stylet sur des tablettes enduites de cire (3). La crainte étoit le principal ressort dont on y faisoit usage, et tout le monde pensoit alors qu'on ne pouvoit rien enseigner de bon aux enfans sans les châtier (4).

Dès l'âge de cinq (5) ans on donnoit à l'enfant un précepteur, le plus souvent pris parmi les esclaves (6), de bonnes mœurs, et, si cela étoit possible, lettré. Il devoit l'accompagner jusqu'à l'adolescence, il le conduisoit à l'école, restoit près de lui pendant les leçons, et de retour au logis, les lui faisoit répéter. Si l'enfant avoit oublié quelque chose, cet esclave avoit le droit de le frapper à coups de courroie ou de verges. Lorsque l'enfant grandissoit, il étoit chargé de veiller scrupuleusement sur ses mœurs, et d'éloigner de lui ceux qui

---

(1) OEuvres de saint Chrysost., t. III, p. 109. B.

(2) *Ibid*, t. IV, p. 10. E.

(3) *Ibid*, t. XI, p. 355. C. Saint Jérôme donne des détails assez curieux sur la meilleure manière d'apprendre à lire et à écrire aux enfans, t. I, *ep.* 107, p. 675. A.

(4) OEuvres de saint Chrysost., t. IX, p. 324. — *Libanii epist.* édit. wolf.

(5) *Ibid*, t. II, p. 167. A.

(6) Un précepteur moine étoit une rareté, selon saint Chrysostôme, t. I, p. 96.

DE L'EDUCATION. 133

auroient pu le corrompre ; mais la corruption étoit si générale que sa vigilance étoit souvent inutile ; celui qui exerçoit cet emploi portoit le nom de *pédagogue* ; il étoit placé immédiatement après les *maîtres*, et le père lui confioit souvent, par testament, l'honorable fonction de tuteur (1).

Mais cette autorité, confiée par les parens aux pédagogues, et sanctionnée par les lois, avoit beaucoup perdu de la considération qui lui étoit due. Après avoir réprimé les premiers excès de leurs élèves, ils avoient à craindre le pouvoir de ces élèves devenus hommes; et l'insolence des jeunes gens qu'ils s'efforçoient en vain de contenir étoit souvent pour eux une source de désagrémens et de malheurs. Plus les difficultés de cet emploi devenoient grandes, plus étoit funeste l'insouciance des parens, qui mettoient plus de prix à donner à leur fils un bon cheval qu'un pédagogue habile, et qui négligeoient honteusement d'apporter dans le choix du gardien de leur fils cette attention qu'ils mettoient toujours dans le choix des conducteurs de leurs ânes et de leurs mulets (2).

Les enfans des classes inférieures de la société, qui ne pouvoient avoir de tels gardiens, ou ceux

---

(1) Voyez sur cet emploi de pédagogue la harangue de Libanius *pro tapete*, édit. de Reiske, t. III, p. 255 et suiv.

(2) OEuvres de saint Chrysost., t. VII, p. 605, A. t. XI, p. 597. C.

qui, mal surveillés, erroient et s'amusoient dans les places publiques, étoient souvent victimes, au milieu même des villes, des embûches des vendeurs d'esclaves. Ceux-ci, en leur promettant des bonbons ou des joujoux, les engageoient à les suivre, et il leur en coûtoit souvent la liberté ou même la vie. C'étoit sans doute pour prévenir ce danger que, dans les provinces, les parens donnoient souvent leurs fils à élever à des bergers et à des paysans (1).

A l'âge de douze ans, après avoir reçu dans les écoles, sous la direction de son pédagogue, l'instruction qu'on y donnoit au premier âge, l'enfant alloit chez les grammairiens, qui enseignoient publiquement, et aux frais des villes, l'histoire, la rhétorique, les régles de la poésie et des mètres, et apprenoient à interpréter les poëtes. Il y restoit jusqu'à quatorze ans. Ce qui peut paroître singulier, c'est qu'à cette époque les enfans, les jeunes gens même, n'étudioient point la religion chrétienne, et n'en entendoient parler que lorsqu'ils alloient à l'église : de sorte que la plupart d'entr'eux arrivoient à l'âge de puberté, connoissant à peine l'Ecriture-Sainte (2). Dans les écoles des grammairiens, on leur mettoit constamment

(1) Code Théodosien, liv. IX, tit. 18 et 31, l. 1, et saint Chrysost., t. II, p. 166. E.

(2) Saint Chrysostôme se plaint de ce que les maîtres même des enfans lisent peu l'Ecriture-Sainte, t. IV, p. 350. C. Personne ne connoissoit alors l'usage des psaumes, t. XI, p. 392. G.

entre les mains Homère et les autres poëtes, seuls livres que ces maîtres, souvent païens eux-mêmes, fussent accoutumés à lire ou à expliquer. Les ecclésiastiques, il est vrai, se récrioient contre cet abus, et répétoient qu'il falloit remplir ces jeunes esprits de l'idée des peines éternelles, plutôt que des fables grecques.

Ceux qui vouloient faire apprendre à leur fils quelque métier, s'arrangeoient avec un maître artisan, qui promettoit de le lui enseigner dans un temps fixé, et ils envoyoient l'enfant habiter chez lui, en lui interdisant complètement la maison paternelle, afin que toujours à côté de son maître il apprît le métier avec plus de facilité et de promptitude. A l'exception de ceux-là, tous les enfans demeuroient constamment chez leurs parens, qui du reste, à ce qu'il paroît, s'en occupoient fort peu. Les pères sans cesse occupés à acquérir des richesses, croyoient bien remplir leur devoir en fournissant à leurs enfans la nourriture, en les battant quand ils désobéissoient, ou bien en les couvrant de bijoux d'or, pour les traîner après eux aux spectacles. Quelques-uns blâmoient sévèrement cette dernière complaisance, et tenoient leurs fils enfermés comme des religieuses; d'autres enfin remettoient complètement à leurs femmes les soins de l'éducation (1).

L'empereur Julien peint avec vivacité cette éducation donnée par les femmes, lorsque, se moquant

---

(1) Voyez le *Misopogon* de l'empereur Julien.

de la corruption des habitans d'Antioche, il leur dit d'un ton d'ironie : « Quel abus ne seroit-ce
» pas de réprimer la fougue de la jeunesse, de
» châtier son insolence? Oter à des hommes le
» droit de dire et de faire tout ce qui leur vient
» en pensée, c'est un crime de lèse-liberté. Jaloux
» avec raison d'un avantage si précieux, vous per-
» mettez d'abord à vos femmes de se gouverner
» elles-mêmes, afin qu'elles soient et plus libres et
» plus dépravées. Ensuite vous leur abandonnez
» l'éducation de vos enfans, de peur que sous une
» discipline trop sévère, ils ne prennent des incli-
» nations basses et serviles. Au sortir de l'enfance,
» ils apprendroient à honorer les vieillards; de là,
» que sait-on? ils passeroient jusqu'à respecter les
» princes. Devenus tempérans, modestes, réglés,
» en un mot des esclaves et non des hommes, ils
» se perdroient sans le savoir. » Si un fils élevé de cette manière ne quittoit pas les hippodromes et les théâtres, sa douce mère appeloit cela une élégante urbanité; s'il étoit insolent, c'étoit de la confiance; s'il étoit prodigue, c'étoit de la libéralité; s'il étoit intraitable, elle vantoit sa fermeté; et si quelqu'un avoit voulu louer la bonne conduite du fils de sa voisine, elle se seroit moquée de sa rusticité, auroit appelé sa modestie timidité et sa pudeur sottise; elle auroit enfin soutenu que le mépris des grandeurs et l'oubli des injures ne prouvoient qu'une âme servile et de la foiblesse d'esprit.(1)

---

(1) Voyez saint Chrysostôme, t. I, p. 87. B.

Qu'attendre de bon d'une enfance passée ainsi au milieu d'esclaves débauchés et de villes corrompues, qui n'avoit étudié que sous l'empire des verges, tandis que la facilité des parens lui permettoit d'ailleurs toutes sortes d'écarts? Nous allons voir si les vices de ce premier âge pouvoient se corriger dans la jeunesse.

Pour avoir fait toutes les études qu'on appeloit libérales, les jeunes gens devoient avoir suivi les cours des professeurs d'éloquence, seuls maîtres établis par l'autorité publique dans les provinces, si l'on en excepte les grammairiens : on les appeloit sophistes ou orateurs, selon qu'ils enseignoient l'éloquence grecque ou latine (1). Comme on exigeoit ces études libérales de tous ceux qui vouloient, soit parvenir aux dignités, soit embrasser des professions lucratives, soit même exercer le métier d'architecte, il arrivoit que les jeunes gens des petites villes, qui n'avoient point de rhéteurs chez eux, étoient envoyés par leurs parens à Athènes, à Rome et à Constantinople (2). Ceux qui étoient nés dans des villes plus considérables, y trouvoient bien des professeurs d'éloquence dont ils pouvoient prendre des leçons; mais tous les jeunes gens qui vouloient se distinguer dans les

---

(1) Cod. Theod., liv. XIV, tit. 9, l. 3, et le Commentaire de J. Godefroy.

(2) Voyez Libanius, ep. 627. Cod. Théod., liv. XIV, tit. 9, l. 1, et Themistius, *orat.* IV, p. 61.

lettres, étoient dans l'usage de se rendre dans l'une des trois villes où elles brilloient avec plus d'éclat.

Les étudians qui partoient pour Rome, recevoient des juges de leur province, une lettre qui indiquoit le lieu de leur naissance et leur condition : à leur arrivée, ils la remettoient aux *maîtres du cens*, et déclaroient sur-le-champ à quelles études ils se proposoient de s'appliquer. D'autres magistrats qui connoissoient le logement de chacun d'eux, surveilloient leurs mœurs, et prenoient soin qu'ils ne formassent point de liaisons honteuses, qu'ils n'allassent pas trop souvent aux spectacles, ou qu'ils ne se livrassent pas à des parties de débauche. A Rome celui qui ne se conduisoit pas comme sembloit l'exiger la dignité des études libérales (1), étoit publiquement battu de verges, et mis aussitôt sur un vaisseau qui le ramenoit dans sa patrie. Les étudians sages avoient la permission de rester à Rome jusqu'à vingt ans ; au bout de ce temps, s'ils négligeoient de partir, ils étoient honteusement renvoyés par le préfet de la ville (2). On remettoit

---

(1) Saint Augustin, qui fut quelque tems professeur de rhétorique à Rome, raconte (*in Confessionibus*, liv. V) « que les élèves romains se conduisoient mieux que les élèves carthaginois, mais qu'il s'étoit introduit parmi eux un usage funeste ; les jeunes gens, après avoir suivi long-tems les cours d'un professeur, l'abandonnoient tout-à-coup pour en suivre un autre, et le frustroient ainsi de la rétribution qui lui étoit due. »

(2) Ainsi l'ordonna une loi de Valentinien, rendue en 370. Cod. Théod. liv. XIV, tit. 9, l. 1.

chaque année à l'empereur un registre, dit *matriculæ breves*, qui contenoit des notes sur le rang et l'instruction des jeunes gens, et d'après lequel il pouvoit choisir ceux dont il avoit besoin.

La discipline étoit moins sévère pour les jeunes gens qui alloient étudier à Athènes, cette ancienne patrie des sciences; cette ville renversée par la barbarie de Sylla, et rétablie par la munificence d'Adrien, étoit depuis le siècle de Constantin le refuge des sophistes, d'autant plus célèbres que les temps étoient plus barbares; ils voyoient les jeunes gens accourir auprès d'eux pour jouir de leur éloquence, et ils ne tardèrent pas à s'enivrer d'orgueil. Les rivalités vinrent bientôt s'y joindre; si l'un d'entr'eux attiroit plus de disciples, les autres cherchoient à les lui enlever. Tout moyen leur étoit bon; ils s'attaquoient réciproquement avec fureur. Cette manie passa parmi les élèves qui idolâtroient leurs maîtres avec une telle extravagance qu'ils étoient sans cesse occupés à déchirer leurs rivaux, et à renverser le crédit de ces derniers. Ces dissentions amenoient souvent des querelles et des combats. Des jeunes gens plutôt soldats qu'occupés de l'étude de l'éloquence, rapportoient du lycée des blessures et des cicatrices (1). D'autres sophistes moins ardens et plus artificieux assiégeoient les villes, les routes, les ports de toute la Grèce, pour attirer à eux tous les jeunes gens qui arrivoient; ils les recevoient dans leurs maisons; des gens qui s'entendoient avec eux

---

(1) Libanius, *ep.* 627. Eunap. Procœres. P. 141.

accabloient le jeune homme de sarcasmes, de railleries, et il étoit obligé pour apprendre à les repousser habilement, de se remettre tout entier entre les mains de son hôte (1). L'usage des inaugurations s'étoit aussi conservé à Athènes. Quand un étranger arrivoit, les étudians le conduisoient avec pompe aux bains; là ils cherchoient à ébranler son imagination, à le frapper de terreur, et après l'avoir ainsi initié, ils le saluoient leur compagnon (2). La violence que les jeunes gens déployoient dans les guerres académiques, devenoit quelquefois funeste aux maîtres qui l'excitoient, qui souvent y prenoient part. Mais Athènes perdit après le règne d'Arcadius sa renommée littéraire; la philosophie s'en éloigna; et tous les élèves laissoient de côté l'Attique pour se rendre en Egypte. Si quelque étranger étoit forcé d'y aborder, il erroit dans les vestibules solitaires du lycée, sous ces portiques dépouillés de leurs statues, et maudissoit le pilote qui l'avoit conduit dans ces lieux déserts, habités seulement par les ouvriers chargés de la récolte du miel de l'Hymette (3).

Quant à Constantinople, Constantin voulant attirer les jeunes gens dans sa nouvelle capitale, y avoit accordé aux professeurs d'éloquence divers priviléges propres à en augmenter le nombre. (4). Ses successeurs s'efforcèrent de bien mériter des

---

(1) OEuvres de saint Grégoire de Nazianze, t. I, p. 327.
(2) *Ibid.*, p. 528. A.
(3) Synesius, *ep.* 135, édit. Petau, p. 272.
(4) Cod. Théod., liv. XIII, tit. 3, l. 3.

lettres en fondant à leurs frais une bibliothèque publique. Constance rassembla à Constantinople une multitude de volumes, dont la plupart sans doute auroient été sans cette précaution la proie de l'oubli. Un curateur surveilloit cette collection; des critiques habiles étoient chargés de rectifier les textes des auteurs mal conservés. L'empereur adjoignit à cette bibliothèque des antiquaires, quatre grecs et trois latins, qui prenoient soin de copier les manuscrits, ou de réparer ceux qui se gâtoient. Ils avoient à leur service des employés subalternes, et tous étoient nourris et entretenus aux frais du gouvernement. (1). Les jeunes gens qui venoient étudier dans cette bibliothèque, étoient obligés de ne suivre que les cours des professeurs qui par l'ordre du prince enseignoient dans le nouveau capitole. Là se trouvoient de beaux et vastes portiques, destinés à l'usage des professeurs et des élèves; et pour que les maîtres ne se troublassent pas mutuellement dans leurs leçons, chacun d'eux avoit sa salle particulière.

(*La suite au numéro prochain.*)

_____

(1) Code Théod., liv. XIV, tit. 9, 2.

JOURNAL

ADRESSÉ PAR UNE FEMME A SON MARI, SUR L'ÉDUCATION DE SES DEUX FILLES.

Numéro XXXII.

Vous craignez, me dites-vous, que Sophie n'ait de l'amour propre. Oui mon ami, elle en a; mais je ne crois pas que nous devions nous en plaindre. M. d'Aube se plaignoit à Fontenelle de ce qu'un de ses gens aimoit le vin : *Eh! que voulez-vous donc que Jacques aime?* lui répondoit Fontenelle. Qu'aimera Sophie, si ce n'est ce qu'elle croit faire de bien ? à quel but aboutiront ses actions, si ce n'est au plaisir d'en être contente? Sophie n'est plus assez enfant pour s'imaginer qu'elle me donne un plaisir personnel par son obéissance ou son exactitude à remplir ses devoirs. Louise commence aussi à s'en douter; car elle me demande quelquefois quel plaisir cela peut me faire qu'elle s'ennuie à prendre des leçons. Sophie alors lui parle raison; et avec toute la petite importance d'un enfant qui, pour cesser de l'être, veut commencer à parler comme les grandes personnes, elle lui déclare que pour elle elle sait très bien que l'on ne donne pas des leçons pour son plaisir, et que cela m'ennuie encore plus de les donner qu'elle de les prendre. Ce que dit là Sophie, elle le croit certainement très vrai, parce qu'elle me l'a entendu dire cent fois; mais elle n'a jamais songé à se le dire à elle-même; jamais cette considération n'a arrêté les mouvemens d'humeur que pouvoit lui donner contre moi une leçon qui la contrarioit. C'est une vue de raison, de justice qui lui paroît très-bonne pour s'en faire honneur, mais dont elle ne sauroit pas encore faire l'emploi. La raison est un meuble qu'on dresse d'abord à l'usage des autres. Pour se le rendre propre, il y faut une nouvelle façon : cette façon, Sophie ne peut encore l'avoir donnée. Elle sait ou du moins dit à merveille qu'il faut apprendre quand on est petite, parce qu'il est désagréable d'être une ignorante quand on est grande, et cette maxime lui servira très bien à juger la conduite de sa cousine ou de quelqu'une de ses petites amies qu'elle verroit se résigner à l'ignorance. Mais ce n'est point du tout par un retour de cette idée sur ses propres intérêts qu'elle se décide à étudier. Le malheur d'être ignorante quand elle sera grande, ne peut se présenter à elle sous des couleurs assez effrayantes pour être capable de lui faire vaincre continuellement sa répugnance pour ce qui l'ennuie ou la contrarie. Si une vue aussi éloignée pouvoit agir si fortement sur elle, Sophie auroit certainement plus de raison et de caractère que n'en ont les quatre-vingt-dix-neuf centièmes des hommes raisonnables. Ceux qui veulent agir sur la raison des enfans par les motifs qui conviennent à la raison des hommes, ne songent pas qu'on demande aux enfans des choses dix fois plus difficiles pour eux que celles qu'ont ordinairement à faire les hommes, qu'ils ont perpétuellement à se vaincre, à se forcer, sans aucun avantage présent et désiré qui anime leur courage ou soutienne leur constance. C'est pour cela que, comme le remarque miss Edgeworth, « pour avoir cru que la raison peut tout, on en » vient quelquefois à force de mécompte à croire qu'elle ne peut rien. » On s'étonne souvent de ce que les enfans n'entendent pas la raison, c'est-à-dire notre raison; il faudroit s'étonner beaucoup qu'ils l'entendissent; car elle ne peut leur parler que de choses qu'ils ne connoissent pas.

Leur raison à eux, celle qu'il faut cultiver d'abord, et qui commence à se former chez Sophie, c'est de se soumettre volontairement à la raison des autres; mais il faut que cette soumission ait ses motifs, sans quoi ce ne seroit pas de la raison. Ils sont pour Sophie dans le plaisir d'être approuvée de moi, et dans le sentiment de satisfaction d'elle-même qui résulte de cette approbation, règle et mesure de son opinion. Ce sont les éloges et la censure qui forment en nous l'appréciation du bien et du mal; elle ne peut se former autrement. La vie d'un homme, s'il étoit réduit à en juger d'après sa propre raison, ne suffiroit pas pour arriver au principe des vertus les plus communes, et la quantité des idées morales qui ont manqué à des hommes supérieurs, mais nés dans un temps où le monde n'avoit pas assez vécu pour les avoir, nous apprend ce qu'il faut mettre de raisons d'hommes au bout l'une de l'autre pour arriver à des vérités simples que nous nous imaginons à présent pouvoir faire sentir sur-le-champ à nos enfans.

Il faut donc les faire arriver à la connoissance du bien, tel qu'il a fallu un grand nombre de siècles pour le concevoir; il faut encore le leur faire aimer. Mon ami, l'amour véritable du bien me paroît le plus haut degré de perfection de la nature humaine, ce qui nous sépare tout-à-fait de notre condition terrestre; car il est, du moins pour moi, absolument impossible à expliquer par aucun des intérêts attachés à cette condition. J'ai beau chercher en moi-même, je ne puis trouver aucun fil par lequel le bien être de ma vie se rattache à une belle action faite il y a deux mille ans, à un beau caractère dont il ne reste que le souvenir. D'où vient donc ce plaisir ineffable dont je me sens transportée en les contemplant! L'idée générale de l'avantage qui peut me revenir de la vertu des autres sera-t-elle la cause de ce mouvement? Mais pourquoi ne l'éprouvai-je pas à la pensée d'un événement heureux qui répand l'agrément ou l'aisance sur toute ma vie, et dont par conséquent l'avantage est pour moi bien plus réel et bien plus positif? Pourquoi le plaisir que nous donne une action généreuse nous fait-il désirer d'être à la place de celui qui l'a faite, non de celui qui en a été l'objet? Pourquoi la considération de ce qui rend ma vie plus douce et plus tranquille m'attache-t-elle aux intérêts du monde, tandis que les considérations sur la vertu me détachent de tout ce qui n'est pas elle, de tous les sentimens dont elle n'est pas la base? Pourquoi enfin se trouve-t-il pour nous dans la contemplation du beau et du bon un genre de plaisir particulier qui ne se retrouve dans aucune des autres occupations que nous donne notre situation sur la terre?

Il existe sans doute, je ne puis le penser autrement, un modèle de perfection, un ensemble de ce qui doit être, dont l'existence infinie, trop vaste pour notre intelligence actuelle, se révèle à nous par portions dans tout ce qui paroît de beau et de bon en ce monde. Formés pour l'aimer, pour y tendre, à peine l'avons-nous entrevu, à peine avons-nous goûté le plaisir inconcevable qui émane de sa présence, que nous le cherchons de toutes nos facultés; nous le voulons partout, dans nos foiblesses même : il faut pour nous y intéresser qu'elles nous présentent quelque chose de ce *bon* qui semble nous dire qu'après l'avoir connu nous ne pouvons aimer que lui. Une femme qui a connu l'honnêteté, qui a su ce que c'étoit que la vertu, ne pourra plus s'attacher même à l'objet du sentiment le plus répréhensible que pour ce qu'elle croira voir de bien en lui. Sa passion s'exaltera par son dévouement, ses sacrifices, les devoirs qu'elle s'imposera envers celui qu'elle aime, tout ce qui lui présentera un sentiment bon en soi, quoique mal appliqué. Elle oubliera sûrement des devoirs beaucoup plus sacrés que ceux qu'elle accomplit; mais elle ne trouvera du moins que dans ceux-ci les moyens d'oublier les autres. Elle ne supporteroit pas l'idée continuelle des obligations qu'elle a trahies; mais elle se porte de toute la force de son âme et de sa pensée sur les obligations auxquelles elle se dévoue, et les momens les plus doux pour son amour seront ceux où il lui coûtera quelque chose. Foibles comme nous le sommes, trop souvent incapables de sacrifier dans les occasions essentielles nos passions ou nos intérêts à cet amour du beau et du bien, nous cherchons à le satisfaire par le détail. Un homme entraîné à une action coupable tâchera encore d'y sauver ce qu'il pourra de place pour quelque bon sentiment. Il n'y en a peut-être pas d'assez méchant pour n'avoir pas fait au moins une fois en sa vie du bien à quelqu'un par un sentiment désintéressé; mais le méchant a beau faire du bien, il ne sait pas le bien faire, et ce qu'il aura fait de bien pour l'un aura peut-être nui à d'autres. Cependant le sentiment qui l'aura dirigé n'en sera pas moins le résultat de cet amour du bien tellement inhérent à l'homme qu'il n'y peut échapper, qu'il y succombe encore, pour ainsi dire, malgré tous les efforts de la nature la plus pervertie.

Mais ce sentiment inaperçu, quoiqu'il ne soit pas impossible à retrouver dans l'homme corrompu par l'habitude du vice ou du crime, dénaturé dans celui que ses passions égarent, ce sentiment ne peut encore exister dans les enfans. Il tient à une sorte de notion de la perfection à laquelle n'ont pu arriver des êtres imparfaits. Ce n'est pas seulement faute d'objets de comparaison que les enfans n'ont pas le sentiment du beau dans les arts; leurs organes sont encore inhabiles à le saisir. Incapables même jusqu'à un certain âge de sentir la régularité d'une figure géométrique, ils n'y verront rien de plus parfait que dans les figures qu'ils tracent grossièrement. Montrez à un enfant un carré, il voudra le copier, et après avoir tracé quatre lignes dont pas une seule ne tombera sur l'autre à angle droit, il vous dira, voilà un carré; et s'étonnera beaucoup de ce que vous trouverez de la différence entre sa copie et l'original. Ses yeux ne savent pas voir, ses oreilles ne savent pas entendre; les tons les plus discordans lui paroîtront à l'unisson, son odorat est presque nul, et son goût même, dont il fait tant d'usage, est capricieux, mais non pas délicat. En un mot, cette petite créature si foible par rapport à la nature qui l'environne, et pour laquelle il sembleroit qu'en raison de sa délicatesse toutes les nuances doivent se prononcer si fortement, échappe par l'imperfection de son intelligence à la plus grande partie des impressions; son esprit semble manquer encore d'idées correspondantes à la plupart des sensations que lui pourroient transmettre ses organes. On remarque souvent que les enfans n'ont pas d'aversion pour la malpropreté, ils ne la voient même pas : si dans un jour de coquetterie Louise veut garder une robe qu'elle aura prise en affection, elle m'assurera, malgré cinq ou six taches, qu'elle est encore toute blanche; et elle étoit l'autre jour véritablement un peu fière de la parure de sa poupée qu'elle avoit coiffée d'un vieux morceau de gaze précieusement ramassé après avoir traîné quinze jours sous les pieds; elle ne l'auroit pas trouvée plus belle avec un chapeau de Leroy.

Si les enfans ne sont pas sujets à des erreurs aussi fortes dans l'appréciation des objets moraux que dans celle des choses laissées à leur fantaisie, c'est que la morale telle que nous la connoissons étant une connoissance beaucoup trop forte pour qu'ils puissent y arriver d'eux-mêmes, ils la savent en grande partie comme une chose apprise, c'est-à-dire très régulièrement, et je répondrai beaucoup plus de la sûreté du sens d'une petite fille de dix ans bien élevée sur une question de morale, que de la sûreté de son goût sur une question de parure. De même un enfant qui aura appris à dessiner vous dira qu'une figure bien proportionnée doit avoir huit faces, une face trois longueurs de nez, etc. Il ne sera pas pour cela susceptible encore du sentiment du beau en dessin; seulement il possédera un plus grand nombre des élémens dont il doit se composer. Ainsi il est certain qu'un enfant élevé avec soin dans la connoissance de la morale, pour qui l'éducation aura converti le devoir en nécessité, sera tout prêt, lorsque son âme aura acquis la force nécessaire, à embrasser la vertu avec un amour qui la lui fera clairement reconnoître pour l'objet de sa destination. Mais sur quoi se sera-t-il formé d'abord cette idée de la vertu? Sur le consentement général de la raison humaine. D'après quoi aura-t-il commencé à la juger digne d'amour? d'après l'affection que lui portent tous les hommes, et l'estime qu'ils conçoivent pour celui qui s'y conforme. C'est par les éloges qu'il aura commencé à connoître la vertu; il faut bien, pour aimer un jour la vertu, qu'il aime d'abord les éloges qui servent à lui en représenter la valeur. Quelque désintéressé que soit un homme vertueux, il recherche, il doit rechercher l'estime des gens vertueux comme lui, parce que cette estime, résultat réfléchi des règles de raison d'après lesquelles se dirige la conduite des hommes vertueux, est en quelque sorte le signe représentatif de cette règle de raison, la forme sensible sous laquelle elle se montre à lui. A la vérité il sait, s'il le faut, se contenter de la mériter; l'enfant commence par vouloir l'obtenir; mais, élevé raisonnablement, il s'aperçoit bien vite qu'on ne l'obtient que quand on la mérite; alors le plaisir de la mériter se confond avec celui de l'obtenir : il avoit commencé par être vain, par se gonfler du plaisir momentané d'être loué sans chercher sur quoi se fondoit la louange; maintenant il commence à vouloir ce plaisir plus solide, plus assuré : plus il est flatté de la louange, de l'attention dont elle le rend l'objet, de la considération qu'elle lui donne, plus il a besoin que cette considération, que cette attention se prolonge, se renouvelle, plus il veut être certain du mérite qui la lui a attirée, sa vanité s'est changée en amour-propre ; c'est le point où se trouve Sophie. Louise en est encore à la vanité; elle en a toute la confiance, cette confiance qui vient de l'ignorance; elle veut être louée sur des choses où elle ne distingue pas le bien du mal. Elle montrera quelques fils passés au hasard dans de la mousseline, et dira que c'est une broderie; elle fera un rond qu'elle

DE L'ÉDUCATION.

prendra pour une tête, deux lignes au-dessous qui marqueront l'épaisseur du corps, puis deux pour les bras et deux pour les jambes, et elle prétendra qu'on lui dise qu'elle a fait une figure d'homme, et elle se fâchera si on lui dit que sa ligne d'écriture dont le milieu se trouve un pouce plus bas que le commencement et la fin, n'est pas bien écrite. Pour être contente d'elle-même il lui suffit d'avoir agi. Dans les jouissances encore nouvelles que lui donne la faculté d'agir en quelque sens que ce soit, tout ce qui vient d'elle a pour elle une telle importance qu'elle y voit pour les autres un digne sujet d'attention, et c'est sur le mérite d'avoir fait ou produit quelque chose indépendamment de la qualité de l'action ou de la production, que se fondent ses prétentions à la louange. Beaucoup de gens sans le savoir sont à peu près aussi avancés que Louise; Sophie est plus avancée qu'eux. Elle sait assez déjà pour savoir qu'elle ignore, et qu'il ne suffit pas de faire pour bien faire. Elle ne se soucie pas comme Louise d'exposer également au jour toutes ses actions; elle choisit ce qu'elle veut qu'on en connoisse; ce qu'elle en cache est ce qu'elle-même n'approuve pas. Elle n'est pas encore assez humiliée d'avoir mal fait; mais déjà elle seroit humiliée qu'on le sût. Bientôt elle sera humiliée de l'opinion qu'on prendroit d'elle si on le savoit. Sa honte ne sera plus seulement la crainte du blâme, mais la haine du blâme, une impression pénible que lui fera éprouver l'idée du blâme qu'elle mérite, même quand sa faute pourroit être assez secrette pour lui en ôter la crainte, et cette haine du blâme qui ne se séparera plus de l'idée de sa faute y attachera un sentiment d'aversion.

Déjà, comme sur les enfans l'amour de la louange va toujours devant la crainte du blâme, parce que l'habitude de l'infériorité les rend plus susceptibles d'orgueil que de honte. Sophie sait jouir de la seule satisfaction de mériter des éloges, penser avec plaisir à la bonne opinion qu'on pourroit avoir d'elle, et l'attendre avec tranquillité comme une chose qui ne lui peut manquer. Elle sait, de cette opinion présumée et que mon approbation sert simplement à lui confirmer, se former une opinion d'elle-même qui la contente. C'est là sans doute de l'amour-propre; mais cet amour-propre est sur le chemin de la vertu qui s'attache au bien pour l'amour du bien lui-même, et nous fait jouir d'un bon sentiment parce qu'il est bon, parce qu'il satisfait notre amour de perfection, et non parce que nous nous sentons honorés de l'avoir conçu. Ce trajet est long à faire. Il faut pardonner l'orgueil à la jeunesse; les premières vertus ont à cet âge l'importance qu'ont pour l'enfance les premières actions. Mais, comme nous le disions l'autre jour, mon ami, il faut travailler sans cesse à ce que cet orgueil d'une jeune âme se porte sur ce qu'elle a de bon en soi, non sur ce qu'elle a de meilleur que les autres. Rien n'est utile dans l'amour-propre qui se fonde sur les comparaisons; car pourvu que les termes de la comparaison demeurent les mêmes, il lui importe peu de s'élever ou d'abaisser ce qui l'entoure, et ce dernier parti semble presque toujours le plus aisé. L'orgueil qui a besoin de dépriser les autres demeure orgueil; celui qui fait seulement qu'on veut s'estimer soi-même finit toujours par devenir vertu.

P. M. G.

LETTRES AU RÉDACTEUR
SUR LA PHYSIQUE ET LA CHIMIE.

(Septième lettre.)

Mon cher ami,

Un voyage que je viens de terminer, m'a forcé d'interrompre mes lettres, pendant quelque temps; mais me voici de retour au milieu de mes instrumens et de mes livres, et je me hâte de reprendre notre correspondance.

Je vous ai déjà parlé des principales propriétés mécaniques de l'air; nous avons trouvé par l'expérience qu'il étoit compressible et élastique, c'est-à-dire qu'on pouvoit le réduire par la pression dans un espace moindre, mais qu'il faisoit toujours effort pour reprendre le volume qu'il occupoit auparavant. Nous nous sommes également assurés que l'air étoit pesant, et nous avons vu que c'étoit le poids de l'atmosphère qui soutenoit le mercure dans le baromètre. Enfin nous avons reconnu que l'air et toutes les substances aériformes se dilatoient par une augmentation de température, et se condensoient par le refroidissement. Nous avons fixé ces effets par le moyen du thermomètre, et nous sommes parvenus à les mesurer.

Maintenant nous connoissons un assez grand nombre

des propriétés mécaniques de l'air et des autres substances aériformes pour savoir comment on peut agir sur elles; il faut profiter de cette connoissance pour les mettre dans des circonstances telles que nous puissions étudier leur nature et leurs propriétés chimiques, c'est-à-dire la manière dont elles agissent à leur tour sur les autres corps quand elles se combinent chimiquement avec eux. Ce sont des protées que nous avons enchaînés; nous pouvons maintenant les forcer de dévoiler leurs secrets.

La plus simple attention suffit pour faire remarquer que la présence de l'air est nécessaire dans une infinité de phénomènes; je n'en citerai que deux, la combustion et la respiration. Pour savoir en quoi l'air y est nécessaire, et comment il y contribue, il faut d'abord examiner par l'expérience ce qui arriveroit dans un espace entièrement privé d'air.

Pour cela il faut nous procurer un ballon de verre fermé par un robinet bien juste, et tâcher d'extraire l'air qui y est renfermé. Quand nous saurons former ainsi un espace vide d'air, nous pourrons y enfermer des animaux qui respirent ou des corps qui brûlent, et nous verrons ce qui se passe alors. On parvient à ce but au moyen d'un instrument que l'on nomme machine pneumatique, et qui sert à pomper l'air comme les pompes ordinaires servent à pomper l'eau. Mais, dans ces dernières, c'est la pression atmosphérique qui pousse l'eau dans le corps de pompe, lorsqu'on y fait le vide en tirant le piston; tandis que dans la pompe à air, c'est l'air lui-même qui, par son propre ressort, se dilate et se précipite dans l'espace vide qu'on lui présente. Il ne reste donc plus qu'à l'empêcher d'en sortir, quand il y est une fois entré. On y parvient par le moyen de soupapes comme dans les pompes ordinaires où les soupapes servent à retenir l'eau qui s'est élevée dans le corps de pompe. Et, de même que dans ces dernières on force l'eau à passer dans un réservoir en le refoulant, de même dans les pompes à air on refoule la portion d'air dilatée qui est entrée dans le corps de pompe, et on la force d'en sortir par un trou latéral muni d'une soupape qui, se refermant d'elle même aussitôt que l'air est dehors, l'empêche pour jamais de revenir. En faisant jouer la pompe une seconde fois, on enlève une nouvelle portion d'air, et en multipliant les coups de piston, on finit par raréfier tellement cet air que le récipient peut être considéré comme presque tout-à-fait vide. Pour plus de simplicité, j'ai supposé qu'il avoit la forme d'un ballon fermé par un robinet; mais cette condition n'est pas du tout nécessaire, et l'on peut faire le vide de la même manière dans toute autre capacité susceptible d'être fermée hermétiquement.

Maintenant que nous avons réussi à cette opération, laçons dans notre récipient, lorsqu'il est encore plein d'air, des animaux vivans et respirans, par exemple, des oiseaux ou quelque petit quadrupède. Cela fait, si nous donnons quelques coups de piston pour leur ôter l'air, nous les verrons s'agiter, se débattre, et donner tous les signes d'une angoisse cruelle qui se termine toujours par la mort. Si ce sont des poissons que nous ayons placés dans un vase plein d'eau, cette eau commence par dégager beaucoup de bulles produites par l'air qui s'y trouve combiné chimiquement et qui est forcé de s'en dégager. On voit aussi de pareilles bulles, mais beaucoup plus grosses, sortir des ouïes du poisson qui sont ses organes respiratoires. Enfin, s'il est muni d'une vessie natatoire remplie d'une substance aériforme, ce qui a lieu dans un grand nombre d'espèces, ce gaz déchargé de la pression de l'air qui le contenoit dans de justes bornes, se dilate, gonfle la vessie, renverse l'estomach de l'animal, le fait sortir par sa bouche, et, le rendant plus léger par cette dilatation énorme, l'entraîne à la surface de l'eau où il vient périr. Si, au lieu d'un animal vivant, nous plaçons dans le récipient un corps embrasé, nous voyons la flamme s'affoiblir de même, à mesure que nous pompons l'air, et bientôt elle meurt comme l'animal lui-même est mort.

La nécessité de l'air pour la respiration et la combustion se trouve incontestablement prouvée par ces expériences; mais nous avons enlevé tout l'air du récipient par le moyen de la pompe; nous ne savons pas si cet air tout entier, ou seulement quelqu'un de ses principes est nécessaire à ces opérations : jusqu'à ce que nous nous en soyons assurés par l'expérience, nous ne pouvons savoir si l'air est une substance composée ou une substance simple; car si elle est composée, il se pourroit que quelqu'un de ces principes fût seul l'agent essentiel de la combustion et de la respiration; et enfin il se pourroit encore que l'air fût composé sans que nous pussions nous en apercevoir par les seules propriétés mécaniques de ce fluide, de même que nous ne saurions pas distinguer par la vue seule l'eau pure, et l'eau pure mélangée, avec les liqueurs qui sont, comme elle, transparentes et incolores.

Pour résoudre ces nouvelles questions, prenons un oiseau ou tout autre animal, et attachons-le sur une rondelle de bois ou de liège qui puisse le soutenir sur l'eau; puis, après avoir posé ce petit navire sur une cuve pleine d'eau, recouvrons-le avec une cloche de verre, dont les bords, plongés dans le liquide, ferment tout accès à l'air extérieur: nous verrons d'abord dans les premiers momens que l'animal soumis à l'expérience, se trouvera à peu près aussi tranquille, aussi bien portant que dans l'air libre; mais peu-à-peu, il commencera à donner des signes de malaise et d'inquiétude; nous le verrons s'agiter, et sa respiration deviendra haletante et précipitée. En même temps nous remarquerons qu'il se fait un vide sous la cloche; car l'eau s'y élève, pressée par le poids de l'atmosphère extérieure; une portion de l'air de la cloche se trouve donc absorbée par la respiration. Cette absorbtion se continue tant que l'animal vit; mais bientôt il meurt, et elle cesse. Cependant il reste encore de l'eau dans la cloche. Cet air n'étoit donc plus propre à entretenir la respiration. En effet, si l'on introduit sous la cloche un autre animal, il ne meurt pas lentement comme le premier; mais il périt à l'instant, et aussi vite que si on le mettoit dans le vide; l'inspection des organes montre qu'il meurt étouffé ou asphixié.

Nous pouvons d'une manière moins cruelle répéter cette expérience, avec des corps embrasés. Si nous les plaçons sur la rondelle de liège à la place de l'animal vivant, ils présentent une série de phénomènes pareils; on les voit d'abord brûler, puis languir, et enfin s'éteindre; en même temps l'eau environnante s'élève dans la cloche comme auparavant. Il y a donc aussi dans cette circonstance absorbtion d'une partie de l'air; et ici, de même que dans les expériences sur la respiration, si l'on plonge un corps embrasé ou un animal vivant dans la portion d'air restante, on le voit s'éteindre et mourir aussitôt.

Néanmoins ceci ne suffiroit pas encore pour nous prouver d'une manière incontestable qu'il faut distinguer dans l'air deux principes ou substances différentes, dont l'une est nécessaire à la combustion et à la respiration, tandis que l'autre est incapable de les entretenir; car on pourroit croire que l'air resté sous la cloche a été vicié par la première respiration ou la première combustion qui s'y est faite, et qu'il s'y est engendré ainsi quelques principes délétères qui lui ont ôté ses propriétés vitales; puisque cela pourroit être, il faut tourner les expériences de manière à savoir si cela est; car dans les sciences on ne doit rien admettre qui ne soit incontestablement prouvé; c'est à quoi nous pourrons parvenir, en observant une autre classe de phénomènes, qui en apparence ont peu de rapport avec ceux que nous venons de considérer, quoiqu'un examen plus approfondi fisse voir qu'ils sont précisément la même chose.

Lorsque l'on chauffe fortement et long-temps à l'air libre du plomb, de l'étain, du fer, du cuivre, ou d'autres métaux, on les voit se couvrir d'une pellicule colorée de diverses manières; c'est ce que l'on nomme des chaux métalliques; tel est, par exemple, l'ocre rouge qui est une chaux de fer, le minium qui est une chaux de plomb. C'est par un effet pareil qu'une lame de couteau, chauffée graduellement, prend tour-à-tour diverses teintes de bleu, de violet et de rouge, comme on peut s'en assurer par une expérience bien facile à faire; et la preuve que l'air est essentiel à la production de ces couleurs, c'est que si l'on chauffe la lame en la tenant à moitié plongée dans du plomb fondu ou dans du mercure, les couleurs ne se forment que sur la partie qui a le contact de l'air. Maintenant il est facile de prouver que le métal en se calcinant ainsi emprunte quelque chose à l'air; car si on le pèse avant et après l'opération, la chaux métallique qui en résulte se trouve plus pesante que lui; mais si on la chauffe très fortement, elle perd cet excès de poids, et repasse à l'état de métal, ce que l'on appelle se *revivifier* en termes de métallurgie.

L'analogie de ces phénomènes avec la combustion et la

respiration commence maintenant à se faire apercevoir. Pour la développer entièrement il faut l'étudier de plus près. Il faut tâcher d'obtenir à part la portion d'air que le métal absorbe, et celle qui ne se combine pas avec lui. Après quoi nous chercherons à fixer les propriétés caractéristiques de l'une et de l'autre; c'est ce qu'a fait notre illustre Lavoisier.

Il a pris un certain poids d'étain, et il l'a introduit dans un ballon de verre dont l'orifice a été fermé hermétiquement à la lampe d'émailleur. Puis on a pesé de nouveau tout l'appareil, et on l'a exposé graduellement à l'action du feu. Alors, quand l'étain a été fondu on a vu se former à la surface une poudre noire pareille à celle qui est connue dans les arts sous le nom de chaux d'étain. Lorsqu'on a vu qu'il ne se formoit plus de nouvelle chaux, on a arrêté l'opération, on a pesé de nouveau l'appareil; et le poids s'en est trouvé le même qu'auparavant; ainsi rien de pondérable n'y étoit entré du dehors, et rien non plus n'en étoit sorti.

Ceci bien constaté, on a ouvert le col du ballon; alors on a entendu un sifflement tel que celui qui a lieu quand l'air rentre dans le vide; il s'étoit donc fait un vide dans le ballon, et comme cependant la constance de son poids montroit qu'il ne s'en étoit rien échappé, il en résultoit nécessairement que l'étain avoit absorbé une portion de l'air du ballon, en se convertissant en chaux. Pour avoir la mesure de cette absorption on a pesé l'appareil ainsi ouvert avec l'air qui y étoit rentré, et on a trouvé qu'en effet le poids total étoit plus fort qu'auparavant; l'augmentation étoit donc égale à la quantité d'air que l'étain avoit absorbée en se réduisant en chaux. On pesa aussi à part la chaux qui s'étoit formée, et en retranchant le poids de l'air qui étoit entré dans sa composition, on connut la proportion d'étain et d'air nécessaire pour la produire.

Pour avoir encore une plus grande certitude, Lavoisier calcina de même du mercure dans des vaisseaux fermés, et il obtint ainsi la substance connue dans les arts sous le nom de *cinabre*. L'opération dura douze jours. Cette fois, le col du ballon se plongeoit dans une cuve remplie de mercure, et se recourboit sous une cloche pareillement pleine de ce liquide. Par ce moyen, Lavoisier recueillit à part la substance aériforme qui n'avoit point été absorbée, et il put en étudier les propriétés. Elle étoit un peu moins pesante que l'air atmosphérique. Les animaux y mouroient subitement, et les corps embrasés s'y éteignoient; elle avoit toutes les propriétés de l'air qui a été vicié par la combustion et la respiration; on nomma cette substance *gaz azote*, c'est-à-dire incapable d'entretenir la vie.

Il restoit à savoir quelles seroient les propriétés de la portion d'air qui avoit été absorbée. Pour la connoître, Lavoisier prit une assez grande quantité de chaux métallique de mercure; il l'introduisit dans une cornue de verre disposée comme dans l'expérience précédente; et en chauffant cette cornue plus fortement que la première fois, le mercure commença à se revivifier. Dès lors il se dégagea un gaz qui passa en bulles sous la cloche; c'étoit évidemment celui que le mercure avoit absorbé pour se réduire en chaux; ce gaz étant pesé se trouve un peu plus lourd que l'air atmosphérique à volume égal, de manière à compenser ce que l'azote avoit de plus léger. Les animaux qu'on y plongeoit n'y mouroient point subitement; au contraire leurs facultés vitales y paroissoient extrêmement exaltées, et ils n'y périssoient qu'après l'avoir respiré tout entier: les corps embrasés que l'on y plongeoit y brûloient avec une flamme et un éclat extraordinaires; l'intensité de la combustion y étoit si forte qu'en y plongeant de petits fils de fer roulés en spirales, avec un seul petit morceau d'amadou allumé et attaché au bout, tout le reste du fil s'enflammoit avec la plus grande rapidité, comme auroit pu faire une allumette dans l'air libre. On appela ce gaz *air vital* ou *oxigène* : cette dernière dénomination, qui veut dire générateur des acides, tient à ce que l'on regardoit alors comme le principe général de l'acidité ; idée dont il a bien fallu s'éloigner depuis que les observations se sont perfectionuées. On donna aussi aux chaux métalliques un nom particulier qui indiquoit leur composition en rappelant l'idée de l'oxigène, et on les appela *oxides*.

Ces expériences prouvent, de la manière la plus sûre que l'air atmosphérique est un mélange de deux substances aériformes de nature et de propriété diverses ; elles nous montrent qu'une seule de ces deux substances est absorbée par les corps qui brûlent, ou par les animaux qui respirent, ou par les métaux qui se calcinent ; en sorte que ces trois genres de phénomène en apparence si divers, ne forment réellement qu'un seul et même fait aux yeux de l'observateur éclairé. Les chimistes ont trouvé des moyens très-sûrs et très-commodes pour extraire promptement de l'air atmosphérique la partie d'air vital qu'il contient, ce que l'on ne peut pas faire avec exactitude par la respiration et la combustion de la plupart des substances, parce qu'en même temps que l'air vital est absorbé, il se forme d'autres combinaisons gazeuses dont il fait partie, et qui se mêlant avec la portion restante de l'air, changent son volume et altèrent sa nature. Pour obtenir celle-ci parfaitement pure, il faut que le corps qui brûle n'engendre que des combinaisons solides ou liquides, qui se séparent naturellement du résidu gazeux. On obtient cet avantage en employant pour corps combustible une substance aériforme que l'on appelle *hydrogène*, et dont nous parlerons bientôt avec détail. Pour le moment il nous suffira de dire que cette substance, en brûlant avec l'oxigène forme de l'eau liquide, de même que les métaux en brûlant forment des chaux métalliques. Des expériences exactes et multipliées ont appris qu'un volume donné de gaz hydrogène se combinoit ainsi avec la moitié du même volume d'oxigène; et, pour déterminer cette combinaison, il suffit d'échauffer le mélange dans un vase fermé jusqu'à ce qu'il s'enflamme, ou de l'y comprimer rapidement; ce que l'on fait en tirant à travers des étincelles électriques. Alors pour savoir la quantité d'oxigène que contient l'air dans un lieu donné, on introduit un certain volume de cet air dans un tube de verre gradué que l'on appelle un *eudiomètre*. On y introduit aussi un volume d'hydrogène à peu près égal. C'est plus qu'il ne faut pour saturer la quantité d'oxigène qui existe dans l'air atmosphérique. On enflamme le mélange par une étincelle électrique; il se fait une explosion; la portion d'oxigène que contient l'air atmosphérique introduit dans le tube est absorbée et passe à l'état d'eau liquide. Il se fait ainsi une diminution de volume que l'on mesure, et qui est égal au volume d'hidrogène et d'oxigène qui se sont combinés. On sait que le tiers de ce volume doit être de l'oxigène; on conclut donc, d'après sa mesure, la quantité de ce gaz qui existoit dans l'air employé. On a ainsi analysé l'air atmosphérique sur un grand nombre de points de la surface du globe, en France, en Angleterre, en Egypte, en Espagne, en Amérique, dans des îles et sur des continens, sur des montagnes et dans des vallées. On s'est même élevé en aéostat pour aller en puiser dans les plus hautes régions de l'atmosphère. Cet air recueilli dans des lieux si divers s'est toujours trouvé composé exactement des mêmes principes et dans des proportions exactement pareilles; savoir: de vingt-une parties d'oxigène en volume pour soixante-dix-neuf d'azote; on est assuré dans cette analyse d'apprécier jusqu'à des centièmes du volume soumis à l'expérience. Par conséquent si l'air dans certains lieux se charge quelquefois de principes malfaisans qui le rendent nuisible aux animaux qui le respirent, les quantités de ces principes qui peuvent y exister sont moindres que des centièmes, et échappent par leur petitesse à notre analyse. On sera peut-être étonné que de pareils atômes puissent produire des effets si étendus et si délétères, tels par exemple que le sont les fièvres qui existent constamment dans le voisinage des rizières, des marais et des lagunes qui bordent la plus grande partie de la Méditerranée. Mais nous montrerons bientôt par des expériences malheureusement trop certaines, que la susceptibilité de l'économie animale excède infiniment la sensibilité de nos appareils, et que des quantités presque imperceptibles de certains gaz peuvent donner subitement la mort à de très grands animaux.

Ceci me conduit naturellement à vous entretenir des diverses substances aériformes dont la chimie moderne a fait découvrir l'existence, et qui pour la plupart possèdent des propriétés extrêmement importantes. Je me bornerai à celles qu'il est le plus utile de connoître, et je commencerai par vous parler du *gaz hydrogène* qui mérite de nous intéresser avant tous les autres par ces deux circonstances remarquables d'être un des principes constituans de l'eau, et d'avoir fourni des ailes à l'homme pour s'élever dans les airs.   C.

L'EDUCATION.

CONTE.

(Conclusion.)

Cécile étoit depuis huit jours arrivée à la campagne, quand sa mère lui dit : « Et Nanette ? »

« Nous allons reprendre nos leçons », lui répondit Cécile un peu confuse de ne les avoir pas recommencées plus tôt ; « mais vous savez bien, » ajouta-t-elle, qu'en arrivant on a toujours mille » choses à faire, à arranger ; d'ailleurs je crois que » que Nanette n'est pas bien pressée. »

« Ni toi non plus, n'est-ce pas ? »

« Il est sûr que cela ne m'amuse pas beaucoup. »

« Mais cela ne t'amusera pas davantage demain » qu'aujourd'hui ; alors je ne vois pas que tu aies, » pour commencer, plus de raisons demain que » tu n'en as eu tous ces jours-ci. »

« Vous savez bien pourtant, maman, que les » choses sont toujours plus pressées à mesure que » le temps avance, parce qu'il en reste moins pour » les faire. »

« Mon enfant, on n'a jamais assez de temps » devant soi pour faire les choses qui doivent être » faites ; car ce tems-là on n'est jamais sûr de » l'avoir, mille circonstances peuvent nous l'ôter ; » ainsi il faut toujours être pressé de faire ce qu'on » doit faire, comme si on n'avoit devant soi que » le temps juste. Dans l'incertitude où l'on est

DE L'ÉDUCATION.

» toujours de l'avenir, les huit jours que tu as
» perdus pour l'éducation de Nanette étoient aussi
» nécessaires à y employer que les huit jours qui
» vont suivre. »

Cécile ne répondit rien, et se remit à dessiner. Mad. de Vesac reprit son livre. Au bout d'une demi-heure, Cécile s'interrompit avec un grand soupir en disant : « J'ai bien peur de ne pas
» réussir. »

« A quoi ? » lui demanda sa mère.

« A ce que nous disions tout à l'heure », reprit Cécile embarrassée, et qui auroit voulu qu'on l'entendît sans qu'elle s'expliquât, « à l'éducation de
» Nanette. »

« Pourquoi n'y réussirois-tu pas, si tu le veux ? » répondit mad. de Vesac, en continuant sa lecture.

« Je ne peux parvenir à la faire bien étudier. »

« Je ne vois pas de raison pour que tu ne
» puisses pas ce que pourroit une autre. » Et la conversation retomba de nouveau, au grand déplaisir de Cécile qui avoit une idée qu'elle auroit bien voulu, mais qu'elle n'osoit pas trop exprimer. Enfin, au bout d'un quart-d'heure de silence, elle reprit la parole. « Il y auroit un moyen bien simple », dit-elle.

« Pourquoi faire ? » demanda mad. de Vesac, toujours sans interrompre sa lecture.

« Pour élever Nanette », dit Cécile impatientée.

« Ce moyen, c'est, je crois, de lui donner des
» leçons. »

« Maman, je vous assure que cela est très diffi-
» cile, extrêmement difficile; si vous me permet-

» tiez de l'envoyer à l'école du village, elle appren-
» droit à lire : on commenceroit à lui apprendre
» à écrire; vous savez bien que moi je ne peux
» pas lui apprendre à écrire, et quand nous re-
» tournerions à Paris, elle seroit assez avancée
» pour que je pusse la continuer. »

« Cécile, dit mad. de Vesac, s'il ne s'agissoit
» que de toi, je n'y consentirois pas; car il faut
» que tu t'accoutumes à continuer ce que tu as
» commencé, et à savoir supporter les consé-
» quences des choses que tu as voulues; mais
» Nanette en pâtiroit, parce que comme tu n'es ni
» assez raisonnable, ni assez patiente pour t'y
» prendre comme il faut, tu la gronderois de mal
» apprendre ce que tu lui enseignerois mal, et
» ainsi elle seroit mal élevée et malheureuse. Tu
» peux donc la faire aller à l'école. »

Cécile enchantée de la permission, courut bien vite prier Mlle Gérard de prévenir le maître d'école, et de convenir avec lui de la pension de Nanette. Mlle Gérard, que cela contrarioit de se priver de Nanette quelques heures de la matinée, et qui d'ailleurs prévoyoit que cela contrarieroit sa petite élève, prétendit que cela n'étoit pas bien nécessaire, et voulut y trouver des inconvéniens; mais Cécile s'impatienta dès le premier mot, comme on fait toujours quand on n'est pas sûr d'avoir raison, et dit que mad. de Vesac le vouloit; la chose fut donc arrangée, et Nanette envoyée à l'école. Pendant les premiers temps, Cécile s'intéressa à ses progrès, et paya la pension de bon cœur. Le jour de sa fête, où Nanette lui récita un compliment qu'avoit composé le maître d'école, et où elle l'appeloit son *illustre bienfaitrice*. Cécile lui donna une robe neuve que Mlle Gérard se chargea de lui faire. Mais ensuite Cécile eut d'autres fantaisies, et le premier du mois elle se trouva contrariée d'avoir à payer cette pension ; Mlle Gérard eut plusieurs fois à lui répéter que Nanette avoit besoin de souliers, que Nanette usoit et grandissoit, et que le peu qu'elle lui avoit fait de chemises, de bonnets, de jupons dans les premiers momens, ne pouvoit lui suffire. Plusieurs fois mad. de Vesac contribua à l'entretien de Nanette, et Cécile fut un peu honteuse un jour de lui voir un tablier fait d'une vieille robe de Mlle Gérard. Mais ensuite elle en prit son parti, et s'accoutuma à ne plus voir dans Nanette que la protégée de Mlle Gérard. Elle n'y songeoit plus que lorsqu'elle la rencontroit, et elles devinrent presqu'entièrement étrangères l'une à l'autre.

Lorsqu'il fallut repartir pour Paris, Mlle Gérard, dont la santé s'étoit fort dérangée depuis quelque temps, se trouva hors d'état de faire le voyage; en sorte que mad. de Vesac résolut de la laisser à la campagne jusqu'à ce qu'elle fût rétablie. Mlle Gérard, accoutumée à Nanette, et ne pouvant supporter l'idée de s'en séparer, demanda à la garder; Cécile comme on le pense bien appuya la demande; et mad. de Vesac, qui dans ce moment se trouvoit sans femme de chambre, et pour qui Nanette ne pouvoit être qu'un embarras de plus, pensa qu'il étoit raisonnable de la laisser à Mlle Gérard à qui elle étoit utile.

Voilà donc Cécile pour le moment tout-à-fait débarrassée de Nanette, et bien résolue de n'y plus penser que le moins qu'elle pourroit, parce que comme elle sentoit bien qu'elle n'avoit pas fait à cet égard tout ce qu'elle pouvoit faire, c'étoit une pensée qui l'importunoit. Cependant tous les mois arrivoit le mémoire de Mlle Gérard pour la pension de Nanette à l'école, et les petites dépenses qu'il avoit été nécessaire de faire pour elle; puis venoient les demandes de souliers, de linge, etc. Quoique Mlle Gérard fût à cet égard fort économe, et qu'elle entretînt même un peu Nanette sur sa propre garde-robe, Cécile trouvoit tout cela bien cher à prendre sur sa pension. Mad. de Vesac, sans le lui dire, se chargeoit bien de quelques dépenses; mais elle ne vouloit pas se charger de tout, parce qu'elle ne trouvoit pas raisonnable que sa fille crût pouvoir se débarrasser ainsi sur elle d'une chose qu'elle avoit entreprise; et elle tenoit même la main à ce que Cécile ne négligeât pas les demandes de Mlle Gérard. Mais il arriva que M. de Vesac fut blessé à l'armée, et sans l'être dangereusement, de manière à ne pouvoir être transporté. Mad. de Vesac, obligée de partir pour l'aller soigner, et ne voulant pas mener sa fille avec elle, laissa Cécile chez une de ses tantes qui avoit deux filles, avec lesquelles Cécile fut enchantée de penser qu'elle alloit passer quelque temps de suite.

Elle y étoit depuis environ trois jours lorsqu'elle

reçut une lettre de Mlle Gérard. Cette lettre ne pouvoit venir plus mal à propos; Cécile avoit la fantaisie d'acheter un chapeau pareil à ceux que venoient d'acheter ses cousines; et pensant que Mlle Gérard lui demandoit de l'argent: « Ah! dit-elle avec humeur
» lorsqu'elle eût reconnu le timbre et l'écriture,
» j'étois bien sûre que cela ne me manqueroit
» pas; Mlle Gérard a toujours soin de m'écrire
» quand j'ai envie de faire quelque dépense pour
» mon plaisir. » Et elle jeta la lettre sur la cheminée sans l'ouvrir, puis se remit à son dessin en disant : « Je la lirai toujours assez tôt. »

« Il vaut bien mieux t'épargner tout-à-fait la
» peine de la lire, » dit la plus jeune de ses cousines qui étoit fort étourdie; et en disant cela, elle prit la lettre et la jeta au beau milieu du feu. Cécile fit un cri, et se leva précipitamment pour ravoir sa lettre; mais avant qu'elle eût dérangé sa table, qu'elle fût arrivée à la cheminée, et qu'elle eût prit les pincettes, malgré sa cousine qui, riant de toutes ses forces vouloit l'en empêcher, la lettre étoit à moitié en flammes, quand Cécile en la retirant voulut la prendre, la flamme qui gagnoit lui brûla les doigts; elle la laissa tomber, elle tâcha inutilement de l'éteindre avec les pincettes; alors sa cousine, toujours en riant, prit un grand verre d'eau, et le jeta sur la lettre qui alors cessa de brûler; mais le peu qui en restoit tout noirci par la flamme et tout imprégné d'eau, se trouva tellement indéchiffrable qu'il fallut renoncer à le lire. Cécile gronda sa cousine, en disant que cela l'obligeroit d'écrire à made-

moiselle Gérard pour savoir le contenu de sa lettre ; mais en attendant elle acheta son chapeau ; et comme après l'avoir acheté, elle se trouvoit sans argent, et n'étoit pas pressée par conséquent de savoir ce que lui mandoit Mlle Gérard ; elle remit toujours pendant huit à dix jours à lui écrire ; ensuite elle l'oublia pendant près de quinze ; enfin au bout de trois semaines, elle n'avoit pas encore écrit. Elle ne se doutoit guère de ce qui se passoit au château.

Depuis qu'elle en étoit partie, la santé de mademoiselle Gérard avoit toujours été en empirant, ce qui avoit rendu son humeur très chagrine et assez difficile, excepté pour Nanette qu'elle aimoit de tout son cœur, et qui la servoit avec zèle et intelligence. La seule personne demeurée dans le château avec Mlle Gérard étoit le concierge nommé Dubois, vieux domestique bourru et grognon, quoiqu'assez bon homme au fond. Mlle Gérard, comme les autres domestiques, avoit eu plusieurs fois des querelles avec lui ; mais ces querelles avoient fini promptement, parce qu'elle étoit raisonnable ; lorsque la maladie commença à aigrir son humeur, elles devinrent plus vives et plus fréquentes. C'étoit Dubois qui étoit chargé de fournir à mademoiselle Gérard les choses dont elle auroit besoin, et, en allant faire ses provisions à la ville, de faire aussi celles de Mlle Gérard. Mlle Gérard étoit souvent mécontente de ce qu'il lui apportoit, et d'un autre côté, quand elle demandoit quelque chose, il disoit que c'étoit trop cher, et que madame ne vouloit pas qu'on fît tant de dépense. Alors mademoiselle Gérard pleuroit, et disoit qu'elle étoit bien malheureuse d'être abandonnée à un homme comme celui là, qu'il la feroit mourir; elle l'avoit mandé plusieurs fois à mad. de Vesac qui, sachant que ses idées étoient déraisonnables, avoit tâché de la calmer, et de l'engager à prendre patience jusqu'à son retour, et qui en même temps avoit mandé à Dubois de ne pas contrarier Mlle Gérard, parce qu'elle étoit malade. Les jours où Dubois recevoit ces recommandations, il avoit encore plus d'humeur qu'à l'ordinaire, parce qu'il disoit que mademoiselle Gérard l'avoit fait gronder par madame; enfin la brouillerie en vint à tel point, que Dubois ne voulut plus mettre le pied chez Mlle Gérard, qui, de son côté, jura qu'elle n'adresseroit plus de sa vie la parole à Dubois; en sorte qu'elle envoyoit chercher par Nanette les choses dont elle avoit besoin. La pauvre Nanette étoit souvent fort embarrassée, parce que Mlle Gérard, toujours mécontente de ce que Dubois lui envoyoit, ne manquoit pas de se désoler chaque fois que Nanette lui rapportoit ou la viande que Dubois avoit achetée à la ville, ou les légumes et les fruits qu'il avoit fait cueillir dans le jardin. Elle disoit qu'il choisissoit ce qu'il y avoit de plus mauvais pour elle; qu'il vouloit la faire mourir, et telle étoit sa foiblesse qu'alors elle se mettoit quelquefois à pleurer. Nanette qui l'aimoit beaucoup étoit toute troublée de la voir s'affliger ainsi, et restoit debout devant elle à la regarder sans rien dire. Alors Mlle Gérard l'embrassoit en lui disant : « Si je mourois, qui est-ce qui prendroit soin de toi ? » car dans sa foiblesse, il lui sembloit qu'il n'y avoit qu'elle au monde qui s'intéressât à Nanette. Nanette lui rendoit ses caresses, la consoloit à sa manière en lui disant qu'elle ne mourroit pas. Elle ne concevoit guère ses chagrins; mais elle auroit donné beaucoup de choses pour la voir contente. Cependant, quand Mlle Gérard vouloit l'envoyer à Dubois pour se plaindre de ce qu'il lui avoit donné, Nanette lui disoit qu'elle n'osoit pas, parce qu'en effet Dubois qui s'étoit mis deux ou trois fois en colère contre elle, lui faisoit une peur terrible; alors elle redisoit à mademoiselle Gérard, pour la dixième fois, ce que Dubois lui avoit dit le jour où elle lui avoit rapporté des poires molles pour en avoir d'autres. Elle lui racontoit comme quoi le jour où elle avoit été lui dire que les cardes poirées n'étoient pas bonnes, il s'étoit mis si fort en colère en lui disant que les domestiques étoient plus difficiles que les maîtres, il avoit donné un si grand coup de pied contre la porte de son armoire pour la fermer, il avoit jeté si fort de l'autre côté de la chambre une carotte qu'il tenoit à main, qu'elle s'étoit sauvée de peur qu'il ne la battît. Elle lui disoit aussi tout ce que Dubois avoit dit de Mlle Gérard, qu'il ne vivroit pas tranquille tant qu'elle seroit dans la maison, et qu'il donneroit bien cent francs de sa poche pour qu'elle fût si loin, si loin, qu'il n'en entendît jamais parler. Alors Mlle Gérard s'effrayoit de la haine de Dubois, ne pouvoit plus supporter l'idée de se trouver seule avec lui dans le château, disoit qu'elle étoit perdue si madame n'arrivoit pas bientôt; et si dans ce moment elle entendoit Dubois passer auprès de sa chambre, elle couroit fermer ses verroux et barricader sa porte comme s'il eût voulu l'assassiner. C'étoit dans les momens de fièvre que ces idées lui prenoient, et surtout le soir, parce que Dubois logeoit à côté de sa chambre. La seule pensée de passer la nuit si près de lui la mettoit dans un état affreux. Nanette, sans savoir pourquoi, partageoit ses terreurs, et, dès que le jour commençoit à baisser, elle couroit fermer les verroux. Le jour elles étoient plus calmes, et Nanette même s'amusoit à jouer des tours à Dubois.

Il serroit les fruits et les autres provisions dans une chambre basse dont une fenêtre donnoit sur la grande cour du château, et une autre sur des basses-cours. Quand il faisoit beau, Dubois, le matin, ouvroit la fenêtre donnant sur la grande cour, alloit faire sa ronde dans le potager et la basse-cour, puis venoit refermer la fenêtre. Plusieurs fois Nanette avoit épié le moment où Dubois n'y étoit pas, pour grimper sur la fenêtre, entrer dans la chambre, y rapporter les pommes qu'il avoit envoyées à Mlle Gérard, et dont elle n'étoit pas contente, et en prendre de plus belles à la place. Elle avoit soin, pendant qu'elle étoit dans la chambre, de regarder par la fenêtre de la basse-cour si Dubois ne rentroit pas, et, dès qu'elle l'apercevoit de loin, elle se sauvoit. Mlle Gérard la première fois l'avoit grondée doucement d'avoir passé par la fenêtre ; mais quelques jours après, comme depuis qu'elle étoit malade, elle n'avoit plus la force d'être raisonnable sur rien, désolée de ce que Dubois lui avoit donné encore des pommes qu'elle prétendoit être mauvaises, elle dit à Nanette : « Ne pourrois-tu pas m'avoir d'autres pommes ? » Nanette que cela avoit fort divertie la première fois, ne demandoit pas mieux. Elle épia le moment de la sortie de Dubois, grimpa par la fenêtre, et exécuta son entreprise le plus heureusement du monde. Elle raconta ensuite à Mlle Gérard comment elle avoit vu de loin revenir Dubois ; elle contrefit sa démarche, son air grognon ; cela divertit Mlle Gérard pour qui les espiègleries de Nanette devinrent un sujet d'amusement. Nanette qui ne prenoit jamais rien pour elle, et ne faisoit même pour Mlle Gérard que des échanges, n'en avoit pas le moindre scrupule, et Mlle Gérard devenue trop foible de toute manière pour être capable de beaucoup de réflexions, ne songeoit pas qu'elle faisoit prendre à Nanette une mauvaise habitude, et l'exposoit à des soupçons.

Un jour qu'elle avoit fait demander à Dubois des raisins secs, elle prétendit comme à son ordinaire, qu'il avoit choisi pour les lui donner les grains gâtés ; et comme les enfans voient toujours ce qu'ils s'imaginent voir, Nanette assura qu'en effet elle l'avoit vu choisir, et elle offrit à sa bonne amie (c'étoit ainsi qu'elle appeloit Mlle Gérard) d'en aller chercher d'autres dans l'armoire où elle savoit que les serroit Dubois. Mlle Gérard

DE L'ÉDUCATION. 175

y consentit; et Nanette aux aguets, après avoir vu Dubois ouvrir la fenêtre et s'en aller, partit pour son expédition. Elle entra par la fenêtre, trouva la clé à l'armoire, et se mit à faire son choix. Elle en étoit si occupée qu'elle ne songea pas que le battant de l'armoire lui cachoit la fenêtre de la basse-cour, et que par conséquent elle ne pouvoit regarder du coin de l'œil comme elle le faisoit ordinairement si Dubois n'arrivoit pas. Elle quitta bien deux ou trois fois son ouvrage pour aller regarder; mais non pas au moment où il le falloit; en sorte que Dubois passa sans qu'elle l'aperçût, et qu'elle se croyoit encore parfaitement en sûreté, lorsqu'elle entendit une voix de tonnerre qui lui crioit : « Ah! petite voleuse, je vous y prends donc! » et elle vit devant la fenêtre le terrible Dubois qui lui fermoit le chemin de la sortie. Pour le coup, Nanette se crut morte; mais heureusement pour elle que Dubois étoit trop gros et trop lourd pour monter par la fenêtre : il restoit là seulement, à l'accabler de malédictions. Nanette, pâle, tremblante, le cœur serré par la frayeur, ne disoit pas une parole, ne faisoit pas un mouvement. Mais au moment où Dubois voulant entrer, va à la porte pour l'ouvrir, Nanette qui avoit épié l'instant, court à la fenêtre, saute, et se met à courir autour de la cour pour éviter Dubois qui, une baguette à la main, la poursuit le plus vite qu'il peut, en criant après elle, et en allongeant sa baguette pour l'atteindre. Mlle Gérard l'entend, ouvre sa fenêtre; et voyant le danger de sa chère Nanette, elle perd la tête, et se met à crier : « Au secours ! à l'assassin ! » Dubois, furieux, lève la tête, et ne sachant pas plus qu'elle ce qu'il fait, la menace elle même de sa baguette; puis il se remet à poursuivre Nanette qui a gagné l'escalier; il monte après elle et, arrive au moment où Mlle Gérard et elle tâchent de fermer la porte; il la pousse et entre de force, en renversant presque par terre Mlle Gérard, qui alors se met devant Nanette, comme pour empêcher qu'il ne la touche. Encore plus outré de cette action qui suppose qu'il veut faire du mal à cette enfant, et plus méchant en paroles qu'en actions, Dubois s'arrête suffoqué à la fois par la colère et par la course qu'il vient de faire, et ne reprend la respiration que pour débiter tout ce que lui suggère sa passion, et contre Nanette qu'il traite de *coquine*, et contre Mlle Gérard qu'il accuse de l'accoutumer à voler et à *espionner* dans la maison. Mlle Gérard, tremblante à la fois de peur et d'indignation, lui répond que Nanette ne vole point; qu'elle tâche de lui procurer quelque chose d'un peu meilleur que ce que lui envoie Dubois pour *l'empoisonner;* qu'elle est bien malheureuse d'être abandonnée à un *monstre* comme lui, mais qu'enfin madame va arriver, qui lui fera justice de tout cela.

« Ah ! oui, dit Dubois, comptez sur le retour
» de madame ; avant qu'elle revienne, à présent,
» vous aurez le temps, vous, de partir pour l'autre
» monde ! »

Après cette brutalité qui satisfait sa colère, Dubois s'en va. Mlle Gérard est tombée presque sans connoissance, et le chirurgien qui la soigne lui trouve, en arrivant, la fièvre très fort. Il venoit d'apprendre aussi la nouvelle de la blessure de M. de Vésac, et du départ de sa femme ; il en instruit Mlle Gérard, à qui cela explique les paroles de Dubois, et que l'idée de demeurer encore six mois, peut-être, seule au château avec Dubois, remplit d'une terreur et d'une agitation qu'il est impossible de calmer. Comme en ce moment la fièvre lui trouble encore l'imagination, elle dit qu'il tuera Nanette, et comme Nanette déclare qu'elle n'osera plus lui aller rien demander, Mlle Gérard croit qu'elle va mourir de faim et faute de secours. Elle veut partir pour aller chez son frère qui est marchand, et marié dans la ville voisine. C'est inutilement que le chirurgien qui la juge trop malade pour être transportée sans danger, tâche de s'opposer à cette fantaisie. L'agitation et la fièvre de Mlle Gérard augmentent à tel point quand on la contrarie, qu'il voit bien qu'il faut céder. Il envoie chercher à la ferme une charrette attelée d'un cheval ; il y établit Mlle Gérard le moins mal qu'il peut, avec tous ses effets et Nanette ; elle part pour la ville, où elle arrive presque mourante.

Elle fut plusieurs jours dans cet état ; ensuite elle se trouva un peu mieux, mais si foible qu'elle commença à penser qu'il n'y avoit plus pour elle d'espérance de se rétablir. Alors, voulant disposer du peu qu'elle possédoit, elle fit venir un notaire.

Tout son bien consistoit dans une somme de mille écus, fruit de ses économies, qu'elle n'avoit pas voulu placer de peur qu'on ne la trompât, parce qu'elle étoit assez méfiante, et qu'elle portoit toujours avec elle. Elle en légua deux mille quatre cens livres à son frère, et six cents francs à Nanette, avec quelques effets. Ensuite, comme son chirurgien lui avoit dit qu'il croyoit que Cécile étoit restée à Paris, elle lui écrivit pour l'instruire de l'état où elle se trouvoit, en la priant d'en informer mad. de Vesac, et de lui demander, en cas que Dieu disposât d'elle, ce qu'il falloit faire de Nanette. Ce fut cette lettre que brûla la cousine de Cécile. Mlle Gérard ne recevant point de réponse, s'imagina que Cécile n'étoit pas à Paris, et se sentant plus mal, elle fit écrire à mad. de Vesac, par un prêtre qui la visitoit, une longue lettre où elle lui recommandoit Nanette, et où, sans se plaindre de Dubois à qui le prêtre l'avoit engagée à pardonner, elle avoit soin d'expliquer à mad. de Vesac que Nanette n'étoit pas une voleuse, comme Dubois l'en avoit accusée.

Elle mourut peu de temps après avoir fait écrire cette lettre; et la pauvre Nanette se trouva absolument sans appui. Le frère et la belle-sœur de Mlle Gérard étoient des gens intéressés, qui avoient été assez fâchés de voir son affection pour Nanette, parce qu'ils avoient peur qu'elle ne lui laissât ce qu'elle avoit. Ils croyoient qu'elle avoit dû amasser beaucoup d'argent, et le crurent bien davantage encore, quand le lendemain de sa mort, ils trouvèrent dans sa chambre les mille écus. Comme ils savoient qu'elle avoit fait un testament, le mari alla chez le notaire, très empressé de savoir ce qu'il pouvoit contenir; et lorsque le notaire l'eut ouvert devant lui, il fut bien étonné et fort mécontent d'apprendre qu'au lieu d'avoir un legs considérable, comme il l'avoit espéré, il étoit obligé de rendre à Nanette six cents francs des mille écus qu'ils s'étoit déjà appropriés. Il revint chez lui le dire à sa femme qui, encore plus intéressée que lui, fut encore plus en colère. Elle accabla d'injures la pauvre Nanette qui, ne sachant ce que cela vouloit dire, demeuroit toute effrayée, immobile à la même place. Enfin, cette femme qui, tout en se fâchant, rangeoit et balayoit sa boutique, se trouva près d'elle, et lui donna un coup de balai comme pour la faire ranger. Elle se sauva, en pleurant, dans un autre coin de la boutique. Le balai qui alloit toujours son train, sembla l'y poursuivre : elle sauta par dessus et s'enfuit d'un autre côté, mais il se retrouva encore sur son chemin. L'activité de la marchande sembloit croître avec les terreurs de Nanette, et tous ses mouvemens étoient accompagnés d'injures et de menaces. Enfin, ne sachant plus où se fourrer, la pauvre enfant se sauva sur le seuil de la porte; la marchande la poussa dehors avec son balai, en lui disant : « Oui, oui, va-t'en, tu peux être » sûre que je ne courrai pas après toi. » Et elle ferma la porte sur elle. Nanette demeurée dehors, resta quelque temps à pleurer à cette porte; mais ensuite comme elle entendit qu'on mettoit la main sur la serrure pour l'ouvrir, elle crut que c'étoit la marchande qui venoit pour la maltraiter, et se mit à courir de toutes ses forces.

La rue où elle étoit conduisoit à l'entrée de la ville ; quand elle fut arrivée dans la campagne, elle s'assit sur une pierre, en continuant à pleurer et en mangeant tristement le pain de son déjeûner qu'elle tenoit à la main au moment où elle étoit sortie de la boutique. Un petit garçon s'approcha d'elle, et lui demanda ce qu'elle avoit. Nanette d'abord ne répondit point : le petit garçon renouvela sa question ; alors Nanette lui dit qu'elle ne savoit où aller.

« Viens avec moi chez la mère Lapie », dit le petit garçon.

« Qu'est-ce que c'est que la mère Lapie ? » demanda Nanette.

« C'est la mère Lapie ; elle demeure au village
» que tu vois là bas ; mais dans ce moment-ci elle
» est à demander sur le chemin. Viens. » Et le petit garçon voulut la prendre par la main ; mais Nanette la retira. Le petit garçon étoit sale et déguenillé, et Nanette s'étoit accoutumée à la propreté. D'ailleurs les chagrins qu'elle avoit eus depuis la veille, la mort de Mlle Gérard, les injures de la marchande, sa fuite de la boutique, avoient brouillé toutes ses idées, comme il arrive presque toujours aux enfans quand il se passe autour d'eux des choses extraordinaires. Alors comme ils ne savent plus de quelle manière agir, ils n'agissent pas du tout, et restent à la même place sans prendre aucun parti. Nanette demeuroit là sur sa pierre, sans penser à ce qu'elle deviendroit, et uniquement parce qu'elle n'avoit pas assez d'idées dans le

moment pour se déterminer à la quitter. Après plusieurs efforts inutiles, le petit garçon s'en alla, et Nanette resta assise sur sa pierre. Cependant, au bout de quelque temps, en regardant du côté de la ville, elle en vit sortir une femme qu'elle prit pour la marchande, quoique ce ne fût pas elle; cela lui lui fit peur: alors elle se leva, et s'éloigna en suivant toujours le grand chemin.

Elle l'avoit suivi pendant une bonne heure, sans savoir où elle alloit, quand, à un détour qu'il faisoit, elle vit une vieille femme qui étoit assise au pied d'un arbre, et entourée de cinq à six petits enfans de deux à quatre ans. Le petit garçon qui avoit parlé à Nanette, et qui pouvoit en avoir sept ou huit, étoit debout auprès d'elle, et lui parloit. Aussitôt qu'il aperçut Nanette, il la montra à la vieille femme, en lui disant: « Tenez, la voilà; » c'est-elle. » Nanette passa de l'autre côté du chemin; car tout le monde lui faisoit peur: mais la vieille femme se leva, et vint à elle. Nanette voulut s'enfuir; mais la vieille femme la prit par la main, et lui parla doucement, en lui disant de n'avoir pas peur, qu'elle ne vouloit pas lui faire de mal. Elle avoit l'air bonne femme. Nanette, en la regardant, se rassura, et lui dit qu'elle venoit de la ville, d'où elle s'étoit enfuie, parce qu'on avoit voulu la battre.

« C'est votre mère qui a voulu vous battre, » dit la mère Lapie; « eh bien, nous arrangerons cela; » venez, nous lui demanderons pardon, et elle ne » vous battra pas. » En disant cela, elle paroissoit vouloir la ramener du côté de la ville. Nanette très effrayée se mit à crier et à se débattre, en disant que ce n'étoit pas sa mère, et qu'elle ne vouloit pas retourner à la ville. « Eh bien, nous n'irons pas », disoit la mère Lapie, et le petit garçon la retenoit par sa robe, en disant : « Tu viendras avec nous. » Mais Nanette se débattoit toujours pour retirer sa main. La mère Lapie la lâcha, et comme elle s'en alloit, se contenta de la suivre, en lui parlant toujours. « Qui est-ce qui vous donnera à manger » aujourd'hui ? » lui demandoit-elle ; et Nanette en pleurant répondoit : « Je ne sais pas. » — « Où coucherez-vous ce soir ? » disoit la mère Lapie : « Je ne sais pas ? » disoit Nanette toujours en pleurant. « Venez avec moi, disoit la mère » Lapie, je vous promets que nous n'irons pas » à la ville. » — « Viens avec nous », disoit le petit garçon qui la suivoit aussi. Enfin Nanette se laissa persuader. La mère Lapie la conduisit au pied de son arbre, lui donna un morceau de pain noir et une pomme, et Nanette qui commençoit à avoir faim reprit un peu de courage en mangeant.

La mère Lapie étoit une vieille femme à qui les pauvres gens du village donnoient leurs petits enfans à garder pendant qu'ils travailloient aux champs ; elle en avoit toujours quatre ou cinq qu'elle alloit chercher le matin, et qu'elle ramenoit le soir. Le petit garçon qui avoit parlé à Nanette, et qui s'appeloit Jeannot, étoit un enfant qu'elle avoit eu en garde de cette manière ; ses parens étant morts tandis qu'il étoit encore tout petit, la mère Lapie n'avoit pas voulu l'abandonner ; mais comme elle n'avoit pas de quoi le nourrir, elle l'envoyoit demander l'aumône. Elle-même alloit s'asseoir sur le chemin avec les petits enfans, et demandoit aux passans : les parens, ou ne le savoient pas, ou ne s'en soucioient guères, d'autant plus que quand la mère Lapie avoit quelque chose, les enfans en mangeoient au moins la moitié.

Jeannot qui voyoit la mère Lapie recevoir tous les jours des enfans, s'imaginoit que tous ceux qui n'avoient pas d'asile devoient venir chez elle. C'est pourquoi il avoit voulu y mener Nanette, et la mère Lapie rencontrant une petite fille assez proprement vêtue qui couroit les champs toute seule sans savoir où aller, se persuada, quoique lui en eût dit Nanette, qu'elle s'étoit échappée de chez sa mère à qui ce seroit rendre un grand service que de la lui ramener. Elle comptoit, lorsqu'elle auroit pu savoir de Nanette qui étoient ses parens, aller les trouver, et leur promettre de leur rendre leur fille, à condition toutefois qu'ils ne la battroient pas; car la mère Lapie ne pouvoit pas souffrir que l'on fît du mal ou même du chagrin aux enfans. En attendant, lorsqu'elle retourna le soir à son village, elle la fit venir avec elle, et lui donna à conduire deux des enfans, ce qui amusa beaucoup Nanette; mais ce qui l'amusa moins, c'est que le soir la mère Lapie n'eut à lui donner pour son souper que du pain noir, comme elle en avoit eu pour son dîner; et pas de pomme avec. Elle ne se soucioit pas trop non plus de coucher avec la mère Lapie dont le lit étoit bien dégoûtant; cependant il le fallut, et Nanette n'en dormit pas moins d'un bon somme. Jeannot coucha comme à son ordinaire sur de la paille dans un coin de la chaumière.

Dans la nuit la mère Lapie fut prise d'un rhumatisme si terrible qu'elle ne pouvoit remuer aucun de ses membres. Alors comme elle ne pouvoit plus aller à la ville, elle dit à Nanette qu'il falloit qu'elle y retournât et rentrât chez sa mère. Nanette recommença à pleurer, en disant que sa mère n'étoit pas à la ville, que sa bonne amie étoit morte, et qu'il n'y avoit plus que la sœur de sa bonne amie qui avoit voulu la battre; elle ne parla pas du château, parce qu'elle avoit encore plus peur de Dubois que de la marchande. La mère Lapie voulut savoir où étoit sa mère; mais Nanette se souvenoit à peine du nom de son village. Tout ce qu'elle dit là-dessus fut si embrouillé, et elle pleuroit si fort en le disant, que la mère Lapie n'y put rien comprendre, et résolut de la laisser tranquille pour le moment. Plusieurs fois pendant les jours suivans elle essaya de renouveller ses questions; mais ce fut toujours la même chose, et la mère Lapie trop malade pour avoir la force de beaucoup insister, prit le parti d'attendre qu'elle se portât mieux pour aller prendre elle-même des informations à la ville.

En attendant, Nanette lui rendoit mille petits services; elle étoit douce, assez attentive, et aimoit à faire plaisir. L'habitude qu'elle avoit eue de soigner Mlle Gérard, faisoit qu'elle étoit adroite avec les malades. Elle avoit soin aussi des petits enfans qu'on amenoit toujours chez la mère Lapie, et alloit avec Jeannot les promener sur le chemin. Jeannot faisoit ce qu'il pouvoit pour l'égayer; mais Nanette étoit triste. Elle se souvenoit des bons repas que lui faisoit faire Mlle Gérard, et le pain noir la dégoûtoit; cependant elle n'avoit pas autre chose, et même n'en avoit pas toujours assez. Il lui arriva une fois de se coucher sans souper; elle passa une partie de la nuit à pleurer tout doucement, pour que la mère Lapie ne l'entendît pas; car, quand elle la voyoit pleurer de ce qu'elle avoit faim, elle la grondoit un peu de ne pas savoir demander l'aumône comme Jeannot.

On étoit à la fin de l'hiver; le printemps étoit très pluvieux, et quand il pleuvoit, l'eau entroit dans la chaumière de la mère Lapie, qui étoit un peu au-dessous de la rue, ce qui la rendoit malsaine; il étoit d'ailleurs très malsain de coucher, comme le faisoit Nanette, avec la mère Lapie qui étoit malade. Nanette n'étoit pas naturellement forte; la misère dans laquelle elle avoit passé son enfance faisoit que lorsque mad. de Vesac l'avoit prise avec elle, elle étoit en assez mauvais état. Les soins de mademoiselle Gérard l'avoient rétablie, mais pas assez encore pour qu'elle pût supporter cette même misère dans laquelle elle venoit de retomber, et à laquelle Jeannot ne résistoit que parce qu'il étoit d'un tempérament très fort, très gai, très actif, qui le préservoit de l'abattement, au lieu que Nanette douce, tranquille et un peu indolente, succomboit facilement au découragement et à la tristesse qui augmentent tous les maux. D'ailleurs Jeannot étoit aimé des voisins; tout le monde le caressoit et lui donnoit quelque chose; au contraire l'arrivée de Nanette avoit déplu: on trouvoit fort mauvais que la mère Lapie eût reçu chez elle un enfant qu'elle ne connoissoit pas, et qui ne faisoit, disoit-on, qu'une mendiante de plus dans le village; en sorte que quand elle passoit dans les rues, elle entendoit souvent les femmes et les petits garçons crier après elle. Le chagrin, la mauvaise nourriture, la malpropreté la rendirent bientôt malade. La fièvre la prit, et au bout de quelques jours, elle fut horriblement changée. La mère Lapie qui commençoit à pouvoir se lever et soigner les enfans, dit que puisque Nanette ne pouvoit pas demander l'aumône, il falloit au moins qu'elle allât avec Jeannot qui demanderoit pour elle, et qu'en la voyant si malade on donneroit davantage. Jeannot qui étoit plus éveillé et plus avisé qu'elle, la prit sous le bras, et la pauvre Nanette se laissa faire; elle n'avoit plus la force de résister à rien. Quand ils étoient arrivés à un endroit où ils pussent être vus des passans, Nanette s'asseyoit sur une pierre ou contre un arbre, et Jeannot demandoit pour sa petite sœur malade; et en effet elle avoit l'air si malade et si malheureuse, qu'elle excitoit la pitié, et valoit à Jeannot quelques aumônes de plus.

Cependant Cécile avoit enfin pris son parti d'écrire à Mlle Gérard; mais elle avoit adressé sa lettre au château. Dubois qui la reçut fut quelques jours sans avoir occasion de l'envoyer à la ville, et dans l'intervalle il apprit que Mlle Gérard étoit morte, il fut alors un peu fâché de l'avoir traitée si brutalement la veille de son départ; mais pour Nanette, quand on lui dit qu'elle s'étoit sauvée de chez la marchande, et qu'on ne savoit ce qu'elle étoit devenue, il ne s'en inquiéta pas davantage, bien persuadé que Nanette étoit un mauvais sujet dont on étoit trop heureux d'être débarrassé. Il manda toutes ces nouvelles à mad. de Vesac; mais M. de Vesac étant guéri, et ayant repris son service, mad. de Vesac venoit de partir pour retourner à Paris. Elle ne reçut pas la lettre de Dubois, non plus que celle que lui avoit fait écrire Mlle Gérard peu de jours avant sa mort, et qui ayant passé par Paris étoit demeurée assez long-temps en route. Elle ne s'arrêta que peu de jours à Paris, et repartit avec Cécile pour sa terre, sans rien savoir de ce qui étoit arrivé. Elle avoit demandé des nouvelles de Mlle Gérard à Cécile qui, ne pouvant lui en dire, avoit été obligée d'avouer sa négligence; mad. de Vesac l'en avoit sévèrement grondée, sans imaginer les malheurs qu'avoit produits cette négligence.

Elles furent quatre jours en route. Le quatrième, pendant qu'on changeoit de chevaux à l'avant dernière poste, Cécile voulut descendre un moment de voiture. Elle sortit de la cour de la maison de poste pour aller prendre l'air sur le chemin. Alors un petit garçon s'approcha d'elle en lui demandant l'aumône pour sa petite sœur qui étoit malade : en disant cela il la lui montroit; Cécile vit en effet une petite fille assise par terre, l'air mourant et la tête appuyée contre une pierre. Elle dormoit en ce moment; ses vêtemens étoient en lambeaux et si sales qu'ils n'avoient presque plus de couleur. Cécile en la regardant fut saisie de pitié et frappée de sa ressemblance avec Nanette; mais il ne lui vint pas dans l'idée que ce pût être elle. On l'appeloit en ce moment; elle donna une pièce de douze sous au petit garçon, en lui disant que c'étoit pour sa sœur, et remonta en voiture, très occupée de la pauvre petite fille qu'elle venoit de voir, mais sans oser en parler à sa mère, parce qu'elle craignoit en lui rappelant Nanette de renouveler des reproches qu'elle sentoit bien être mérités.

Quelle fut sa consternation, lorsqu'en arrivant au château, elle apprit la mort de Mlle Gérard et la disparution de Nanette ! Pendant que Dubois racontoit ces nouvelles, mad. de Vesac regardoit sa fille, et sa fille tantôt la regardoit d'un air inquiet, tantôt baissoit les yeux. Aussitôt que Dubois fut sorti, Cécile pâle et tremblante, dit à sa mère, en joignant les mains d'un air de désespoir: « Ah, » mon Dieu ! si c'étoit cette petite fille qui avoit » l'air près de mourir, et que j'ai vue auprès de la » poste ! » Sa mère lui demanda sur quel fondement elle pouvoit avoir cette idée; Cécile le lui raconta, et en le lui racontant, elle pleuroit avec amertume; car plus elle y pensoit, moins il lui paroissoit douteux que ce fût la pauvre Nanette. « Je l'ai reconnue, dit- » elle, j'en suis sûre; je me souviens à présent » qu'elle avoit la robe bleue que je lui ai donnée; » elle étoit toute déchirée; on en voyoit à peine » la couleur, mais c'étoit la même j'en suis sûre, » pauvre petite Nanette ! » et en disant cela ses larmes redoublent; elle voudroit qu'on allât sur-le-champ à la poste prendre des informations, mais il est trop tard, et Cécile craint que quelques heures de plus n'empirent l'état de Nanette au point qu'on ne puisse plus la sauver. Chaque instant accroît son agitation. Mad. de Vesac donne ordre qu'on aille le lendemain dès qu'il sera jour à la poste pour savoir si on y connoit la petite fille qui la veille demandoit l'aumône à la porte. Cécile ne dort pas de la nuit et le lendemain, elle est levée avant le jour; elle attend qu'on revienne quand on n'est pas encore parti. On revient, et on ne rapporte aucune nouvelle. Nanette n'étoit venue que cette fois à la poste, et on ne l'avoit pas remarquée; on ne savoit pas ce que cela vouloit dire. Cécile espéra qu'elle y reviendroit ce jour là; on renvoya dans la journée; Nanette n'étoit pas revenue : la poste étoit fort éloignée du village de la mère Lapie, et dans l'état de maladie où elle étoit, cette course l'avoit si fort fatiguée, qu'il lui avoit été impossible d'y retourner. « Mon Dieu, disoit Cécile, » elle est peut-être morte! » Et elle sentoit les plus terribles angoisses de remords. L'agitation où elle étoit lui donnoit presque la fièvre. On envoya à la ville, et la marchande dit que Nanette s'étoit enfuie, et qu'on ne savoit ce qu'elle étoit devenue. Les voisins, à qui l'on s'adressa aussi, qui n'aimoient pas la belle-sœur de Mlle Gérard, et qui avoient entendu parler du testament, dirent que pour ne pas payer les six cents francs, elle étoit capable d'avoir obligé Nanette, par ses mauvais traitemens, à s'en aller de chez elle; et que même elle l'avoit peut-être chassée. On ajoutoit des suppositions, des *on dit*. Les uns assuroient qu'on avoit rencontré la nuit, dans les champs, une petite fille transie de froid; d'autres disoient qu'on en avoit trouvé une sur le chemin, prête à mourir de faim; et quand on leur en demandoit davantage, ils ne savoient dire ni qui avoit vu cette petite fille, ni ce qu'elle étoit devenue, car tout cela, c'étoient de faux bruits, comme il en court toujours sur les événemens malheureux; mais Cécile les croyoit, et ils la mettoient au désespoir. La lettre de Mlle Gérard, étoit arrivée, elle contenoit la justification de Nanette, que Dubois soutenoit toujours être une voleuse;

elle prouvoit aussi que si Cécile avoit écrit aussitôt qu'elle eut la première lettre, Nanette ne se seroit pas perdue. Son chagrin en redoubla. Pour le compléter, il arriva une autre lettre datée du village qu'habitoit la mère de Nanette. C'étoit le curé qui l'écrivoit, parce que cette pauvre femme l'en avoit prié. Elle disoit dans cette lettre qu'elle avoit su plusieurs fois que Mad. de Vesac étoit passée à la poste, mais qu'elle ne l'avoit su qu'après, ce qui l'avoit beaucoup chagrinée, parce qu'elle auroit voulu voir sa fille en passant; mais qu'on l'avoit assurée que les deux dernières fois Nanette n'y étoit pas, ce qui l'inquiétoit beaucoup; et qu'elle prioit Mlle Cécile (à qui la lettre étoit adressée) de vouloir bien lui en donner des nouvelles. Le curé finissoit en disant : « Dieu vous bénira, ma bonne » demoiselle, parce que vous n'abandonnez pas » ses pauvres. »

Cette lettre perça le cœur de Cécile; elle maigrissoit de chagrin et d'inquiétude : chaque fois qu'on ouvroit la porte, elle croyoit qu'on lui apportoit des nouvelles de Nanette ; elle avoit toujours les yeux tournés du côté de l'avenue, comme si elle eût espéré voir arriver Nanette, et la nuit elle se réveilloit en sursaut au moindre bruit, comme s'il lui eût annoncé le retour de Nanette. Enfin, sa mère et elle résolurent de faire elles-mêmes des perquisitions dans tous les villages voisins, de parler à tous les curés, craignant bien cependant qu'il ne fût plus temps. Elles se mirent en route une après-dînée; comme elles approchoient d'un village peu éloigné de la ville, Cécile, qui tournoit avec inquiétude les yeux de tous côtés, jeta un cri. « Maman, c'est elle, la voilà, je la vois, je vois le même petit garçon. » Et elle se jette sur l'habit du cocher pour le faire arrêter plus vite; elle s'élance hors de la calèche, court à Nanette, qui couchée à terre, et la tête appuyée contre un arbre, paroissoit à peine respirer; elle se jette à terre à côté d'elle, lui parle, la soulève, l'embrasse, Nanette la reconnoît, et se met à pleurer. Cécile pleure aussi; elle prend Nanette sur ses genoux, la caresse, l'appelle sa chère Nanette, sa pauvre petite Nanette. Nanette la regarde avec étonnement; une foible rougeur vient animer ses joues. Madame de Vesac arrive; Cécile voudroit tout de suite faire mettre Nanette dans la calèche, et l'emmener; mais madame de Vesac interroge Jeannot qui, étonné, regarde tout cela avec de grands yeux sans y rien comprendre. Pendant que Cécile fait arranger Nanette dans la voiture, mad. de Vesac se fait conduire par Jeannot chez la mère Lapie qu'elle trouve devant sa porte, ne pouvant pas encore marcher, et qui lui raconte tout ce qu'elle sait. Mad. de Vesac lui donne un peu d'argent, et retourne trouver Cécile, qui brûloit d'impatience de voir Nanette arrivée et couchée dans un bon lit : elle y arriva enfin, et fut soignée par Cécile, qui pendant huit jours ne quitta pas son chevet, et qui les nuits se relevoit pour savoir de ses nouvelles. Enfin, le chirurgien annonça qu'elle guériroit; mais elle fut bien long-temps à se rétablir, et plus long-temps encore à revenir de l'espèce de stupidité où l'avoient jetée tant de malheurs et de souffrances. Quand elle se porta tout-à-fait bien, Cécile voulut reprendre son éducation avec plus de suite qu'elle ne l'avoit fait; mais cette édu-

cation étoit devenue encore plus difficile, et Cécile ne pouvoit plus prendre d'autorité sur Nanette; car toutes les fois qu'elle vouloit la gronder, elle se souvenoit de ce que Nanette avoit souffert par sa faute, et n'osoit plus lui rien dire; elle sentoit que pour avoir le droit de faire aux autres tout le bien qu'on voudroit, et de leur ordonner ce qui peut leur être utile, il faut ne leur avoir jamais fait de mal. Elle l'envoya donc à l'école, et économisa sur sa pension de quoi la mettre ensuite en apprentissage. On avoit fait rendre au frère de mademoiselle Gérard les six cents francs de Nanette; mais Cécile voulut qu'on les gardât pour la marier quand elle seroit grande. Mad. de Vésac donna un habit à Jeannot, et la mère Lapie eut la permission d'envoyer chercher toutes les semaines des légumes au château. Mad. de Vésac passa non seulement cet été, mais l'hiver et l'été suivant à la campagne; en sorte que Nanette eut le temps d'apprendre à lire et un peu à écrire. Ce fut une grande joie pour Cécile, qui avoit craint quelque temps que son intelligence ne fût totalement abrutie. Sa mère, à qui elle en parloit lorsqu'elle fut tout-à-fait soulagée de cette inquiétude, lui disoit : » On ne sait
» pas assez à quel point on est coupable quand on
» fait le bien légèrement et uniquement pour son
» plaisir, sans vouloir s'y donner de peine. Le bien
» ne se fait jamais de cette manière : ceux qu'on
» néglige après leur avoir fait espérer des secours,
» se trouvent avoir compté sur vous; et quand
» vous les abandonnez, ils sont dénués de toute
» ressource; en sorte que vous leur avez fait plus
» de mal que si vous ne les aviez jamais aidés. »

P. M. G.

ANNALES DE L'ÉDUCATION.

DE L'ÉTAT DE L'ÉDUCATION
VERS LA FIN DU IVe SIÈCLE DE L'ÈRE CHRÉTIENNE.

(Conclusion.)

Les rhéteurs dont les étudians suivoient les cours jusqu'à l'âge de dix-huit ans, formoient une nation pleine d'insolence et de vanité. Ils mettoient toute leur gloire à embarrasser leur adversaire par des objections captieuses : ne pas savoir soutenir également sur un sujet quelconque les deux opinions opposées, étoit à leurs yeux un déshonneur. Ils ne s'appliquoient qu'à bien construire leurs périodes ; ils étudioient les mœurs des héros d'Homère, et non celles de leurs contemporains : aussi leurs leçons étoient-elles propres à former des déclamateurs habiles à capter les applaudissemens dans l'ombre de l'école, mais non des orateurs capables de parler à la tribune, et moins encore des hommes d'Etat.

Cependant ces hommes, dont l'éloquence verbeuse convenoit au génie de leur siècle, jouissoient de la plus grande faveur auprès du prince, et d'un grand crédit parmi les citoyens. Les paroles de Constance Chlore, lorsqu'il nomma Eumène professeur d'éloquence à Autun, valent la peine d'être

rapportées : « Quelle plus belle récompense, dit-
» il, puis-je accorder aux citoyens de cette ville
» qui ont si bien mérité de moi, que de leur donner
» un trésor que la fortune ne peut ni leur procurer
» ni leur ôter ? C'est pour cela que je t'établis au
» milieu de cet auditoire que la mort a privé de
» son professeur; c'est toi dont l'éloquence, etc. »
Il lui donna un traitement annuel de six cent mille
nummi, (environ vingt-six mille francs). Constantin
le-Grand déclara par une loi, qu'il prétendoit que sa
« faveur se répandît sur tous les esprits adonnés à
» l'étude, comme un ruisseau, qui descend du haut
» d'une colline, arrose et fertilise de ses eaux jaillis-
» santes les campagnes altérées. » Il exempta de toute
taxe les orateurs, les sophistes, leurs femmes, leurs
enfans et leurs biens ; il leur assigna des salaires ; il
infligea une amende de cent mille *nummi* (plus de
quatre mille francs) à ceux qui oseroient traîner
en justice ces personnages sacrés (1). Constance,
marchant sur les traces de son père, veilla avec soin
à ce que l'instruction littéraire (il entendoit par-là
l'éloquence) qu'il appelle la plus grande des vertus,
fût toujours magnifiquement traitée. Enfin on voit
par les constitutions des empereurs suivans, que
des orateurs et des grammairiens avoient été établis
dans toutes les grandes villes de l'empire, et qu'ils
étoient entretenus aux frais des cités (2).

Les rhéteurs ne jouissoient pas auprès des citoyens

---

(1) Cod. Théod. liv. XIII, tit. 13, l. 1.
(2) *Ibid*, liv. XIV, tit. 1, l. 1.

d'une moindre considération. Quand l'un d'eux entroit dans une ville, tous se précipitoient au-devant de lui pour le contempler et le recevoir. Les jeunes gens le regardoient avidement comme un prodige, et se pressoient à ses côtés (1). Il annonçoit qu'au bout de trois jours il prononceroit une *déclamation* publique, et la multitude impatiente se hâtoit d'occuper les siéges du théâtre construit pour cet usage. L'orateur, l'âme agitée par l'incertitude du succès (2), montoit en chaire, étalant son insolence tantôt par la pompe, tantôt par la saleté de ses vêtemens. Après s'être concilié par quelques flatteries la bienveillance de ses auditeurs, il prononçoit d'un ton tragique un discours soit préparé, soit improvisé, sur la colère d'Agamemnon ou la ruse d'Ulysse, ou la déplorable chute de Troie. Quelquefois il développoit longuement ce qu'avoit dû dire Ajax lorsqu'on le priva des armes d'Achille, ce qu'avoit dû penser Ulysse dans l'antre de Polyphème. Son discours avoit-il pour objet de peindre les mœurs? il racontoit le malheur d'un parasite frustré par l'entêtement de son cheval d'un repas splendide où il arrivoit trop tard, ou l'infortune d'un mari si ennuyé du bavardage de sa femme qu'il étoit réduit à se donner la mort (3). Le plus souvent,

---

(1) « Dès que les habitans de la Galatie voient le manteau d'un rhéteur, ils s'y attachent comme le fer à l'aimant. » Themistius, *orat.* 23, p. 299. A.

(2) *Suer comme un sophiste* étoit alors un proverbe populaire.

(3) Tel étoit le sujet d'une célèbre déclamation de

et pour sa plus grande commodité, l'orateur prenoit pour texte les louanges du prince ou du préfet, et amplifioit merveilleusement par la pompe de son éloquence la pauvreté de leurs exploits. Il y en avoit enfin qui choisissoient les sujets les plus stériles pour mieux prouver la fécondité de leur esprit, et épuisoient toutes les fleurs et tout le piquant de l'éloquence attique à faire l'éloge de la fièvre quarte, des têtes chauves, ou la description d'un moucheron (1).

Tant d'efforts ne demeuroient pas sans succès; les fleurs de rhétorique semées dans le cours de la harangue, les phrases concises et piquantes jetées à la fin de chaque paragraphe, excitoient de tels applaudissemens que le théâtre en étoit ébranlé. Après le discours, les auditeurs embrassoient le sophiste; les uns lui baisoient les pieds, d'autres les mains; on l'appeloit un dieu, ou l'image vivante de Mercure, ce protecteur de l'éloquence : enfin, après cette glorieuse journée, on le reconduisoit chez lui en triomphe (2). Les maîtres, pensant qu'ils n'avoient rien de mieux à faire que de placer les jeunes gens

---

Libanius, qui attira non-seulement tous ceux qui s'occupoient de littérature, mais encore des femmes et des ouvriers d'Antioche, qui abandonnèrent leur boutique pour aller l'entendre. Œuvres de saint Basile, ep. 354.

(1) On trouve beaucoup d'exemples de déclamations semblables dans les œuvres de S. Chrysostôme, de Libanius, de Themistius, de Synesius, etc.

(2) Sidon. Apollin. liv. IX, ep. 14. Saint Jérôme, ep. 52. Saint Grégoire de Nazianze, tom. II, p. 5. B.

confiés à leurs soins dans cette route qui les avoit conduits eux-mêmes à tant de gloire, ne se proposoient pour but dans leurs leçons que de former d'habiles déclamateurs; et les jeunes gens les plus richement doués, qui voyoient leurs maîtres obtenir tant de gloire sur des sujets si minces, étoient aisément conduits à ne faire cas que de la rhétorique.

Libanius nous fournira un exemple de la manière dont enseignoient les rhéteurs; en racontant à un de ses amis quel a été l'emploi de son hiver, il lui dit (1) : « J'ai commencé mes leçons pu-
» bliques par attaquer une harangue de Démos-
» thènes, et j'ai réfuté sous divers points de vue
» l'opinion de cet orateur. J'avois d'abord dix-
» sept jeunes gens; dans la suite leur nombre
» s'est accru jusqu'à cinquante. Le recteur de la
» province étant arrivé, je l'ai reçu par un dis-
» cours de peu d'étendue, mais qui a obtenu tous
» les suffrages. J'ai ensuite rendu les derniers de-
» voirs, d'abord par un chant funèbre, ensuite par
» un panégyrique très applaudi, à Zénobius, rhé-
» teur, qui venoit de mourir; mais ce qui m'a
» valu le plus de succès, c'est que dans une dé-
» clamation sur un sujet imaginaire, comme j'é-
» tois au milieu de mon discours, on m'a demandé
» de soutenir aussi bien l'avis opposé. Je l'ai écrit
» à la hâte, et je l'ai récité ensuite avec l'admi-
» ration de tous les assistans. »

Les jeunes gens qui fréquentoient les écoles des

_____
(1) Liban. ep. 407.

rhéteurs, commençoient d'abord, pour acquérir un langage pur et élégant, à écrire des compositions que leur dictoit le maître. Ils employoient quelque temps à lire et à expliquer Homère et d'autres poètes; ils traitoient ensuite des sujets de leur choix, commençant par des discours du genre délibératif, et passant enfin à soutenir des thèses les uns contre les autres. Transportant ainsi dans les bosquets de l'école tout ce qui se faisoit dans les théâtres des sophistes, écoutant, le corps penché et la robe retroussée, la déclamation d'un de leurs camarades, tantôt ils se levoient pour applaudir avec des transports immodérés chaque chute de période, tantôt ils recevoient l'orateur à coups de sifflet, selon qu'ils étoient prévenus en sa faveur ou contre lui (1). Quelquefois ils établissoient entr'eux des discussions, et se plaisoient à écraser de subtilités les moins habiles, faisant ainsi parade, comme leurs maîtres, du puérile talent d'embarrasser un adversaire. Les élèves mous et paresseux, qui dans les jours de travail aimoient mieux s'amuser au ballon ou à la course, qu'employer leur temps à écrire, étoient tirés de leur oisiveté à coups de nerfs de bœuf. Tout nous atteste que les professeurs d'éloquence avoient sur leurs disciples une autorité fort étendue. Les ouvrages même de Libanius, qu'on peut appeler le

---

(1) Quintilien (*Inst. orat.* l. 2, c. 2, 12) et Plutarque (*Op.* T. VI, p. 149 et 160, Leipz. 1777) ont parlé de cet usage, et l'ont sévèrement blâmé.

prince des sophistes de ce siècle, nous peignent le rhéteur placé comme un juge sur une chaire élevée, les sourcils froncés, le regard terrible, l'air sinistre, et ne promettant rien de bon. Le jeune homme tremblant s'approchoit de lui, apportant le discours qu'il avoit composé sur un sujet donné, la déclamation qu'il avoit inventée, ou se disposant à réciter la leçon qu'il avoit apprise par cœur. Si son travail offroit quelque faute, on voyoit le maître irrité l'accabler d'injures, de menaces et de coups. Si au contraire on en étoit satisfait, il devoit regarder comme un grand bonheur de se retirer sans mauvais traitemens : comme le soin de battre les jeunes gens étoit considéré comme un des principaux emplois des rhéteurs, il arrivoit que les parens ne payant pas toujours exactement le prix assez considérable que ceux-ci se faisoient donner pour leurs leçons (outre les étrennes qu'ils recevoient aux kalendes, et les présens qu'on leur faisoit aux Saturnales), les maîtres abusoient honteusement de leur pouvoir sur les élèves, et accabloient de coups les malheureux qui ne pouvoient s'acquitter.

C'étoit dans ces écoles des grammairiens et des rhéteurs, que se terminoit le cours des études libérales. La gymnastique et la musique, jadis si honorées chez les Grecs, n'étoient plus jugées dignes d'un jeune homme bien né et bien élevé; cette jeunesse efféminée se seroit déplue aux exercices de la gymnastique, où elle auroit eu à supporter l'ardeur du soleil ou l'intempérie de l'air : d'ailleurs elle ne croyoit pas que ses bras fussent nécessaires à la patrie, défendue par des bandes de barbares mercenaires. Si les jeunes gens, pour s'amuser plutôt que pour s'exercer, passoient leur temps dans la palestre, les sophistes les tançoient ou les battoient, en leur ordonnant de s'en retirer et de s'adonner tout entiers aux exercices littéraires. Les conseils des prêtres contribuèrent aussi beaucoup à faire abandonner la gymnastique. Occupés surtout de la conservation de la chasteté, ils blâmoient sévèrement ces réunions de jeunes gens nus, que les Grecs eux-mêmes avoient fini par désapprouver.

Quant à la musique, les jeunes Romains de bonne famille la négligeoient depuis long-temps, parce que le talent de jouer d'un instrument n'étoit alors un mérite pour personne; dans ce siècle où les mœurs étoient fort déchues, et la débauche très-commune, ce talent étoit le partage des hommes les plus corrompus, à tel point que les poètes, aussi bien que les prédicateurs, vantoient les banquets où l'on n'entendoit point de cithares. D'ailleurs, la plupart des musiciens étant, ou des joueuses de harpe, filles publiques, ou des joueurs de flûte, accoutumés dès leur enfance à célébrer les solennités payennes, les parens pieux se gardoient bien de prendre à gages de tels maîtres (1). Ainsi cet art que les Grecs avoient chanté dans leurs vers, comme un présent des dieux, fut

---

(1) Œuvres de saint Jérôme, t. I.er, ep. 107, p. 679. E.

réprouvé par leurs descendans comme une ruse de Satan, imaginée pour la damnation des hommes (1).

Les jeunes gens déjà formés étudioient enfin la philosophie : les maisons nobles ne manquoient pas de philosophes attachés à leur service ; par un usage en vigueur à Constantinople, dès que les soins d'un maître fastueux avoient fait acquérir à un esclave quelqu'instruction, on lui donnoit la liberté ; il prenoit arrogamment le nom de philosophe, et fier de ce titre, ajoutant à la bassesse de son ancienne condition, l'orgueil de son nouvel état, il exerçoit sans crainte auprès de son maître tous ses talens pour amasser des richesses, ou jouer le rôle de délateur (2). Un tel homme étoit plus occupé à flatter honteusement son maître moitié ivre, ou à disserter devant lui sur la tempérance, lorsqu'après un banquet crapuleux, il avoit peine à s'endormir, qu'à enseigner à son élève la philosophie, science peu utile, disoit le père, puis-

---

(1) Saint Chrysostôme, tom. III, p. 195, D., bannit de la célébration du mariage les flûtes et les flageolets, comme de honteux divertissemens. Ailleurs, il appelle la musique une invention de Satan, tom. XI, p. 330, B. Saint Jérôme range les chanteuses parmi les suivantes des chœurs du diable, ep. 54, p. 287, E.

(2) Themistius (*Orat.* 21, p. 246-249) porte son indignation contre cette classe d'hommes, jusqu'à affirmer que le fils d'un esclave, d'un cuisinier, d'un boulanger, est, par son origine seule, incapable de devenir un philosophe.

qu'elle ne conduisoit ni à la fortune, ni aux honneurs.

D'autres philosophes, fiers de leur manteau, de leur barbe et de leur bâton, erroient en malheureux affamés, selon l'expression de saint Chrysostôme, dans les provinces et les villes de l'Orient; tout leur désir étoit de pénétrer jusqu'à la cour: quelques-uns se voyoient forcés à se faire grammairiens ou rhéteurs; d'autres recevoient chez eux des jeunes gens qui les payoient fort cher, pour les entendre soutenir gravement que la vertu est préférable aux richesses. Ce n'étoit ni par des mœurs pures, ni par de laborieuses méditations, ni par la supériorité de leurs disciples, qu'ils cherchoient à se distinguer; ils n'aspiroient qu'à l'honneur d'une mémoire étendue, et au talent de savoir les noms d'une infinité de volumes et d'écrivains. Si quelqu'un venoit leur proposer telle ou telle question philosophique, ils l'accabloient d'un déluge de mots tombés en désuétude et de termes si obscurs, que, saisi d'étonnement, il ne pouvoit ni comprendre ni répondre: s'il insistoit, ils alloient chercher des termes encore moins connus; et après s'être ainsi épuisés en réponses évasives, ils s'éloignoient en grande hâte, laissant le questionneur aussi surpris de leur ignorance que de leur bavardage. Comme cette philosophie étoit très-aisée à pratiquer et à professer, comme ceux qui s'y vouoient jouissoient de plusieurs priviléges, il y avoit des philosophes dans tous les bourgs, jusqu'à ce que Valentinien eût défendu, par un

édit, qu'aucun homme se revêtît du manteau et quittât sa ville natale pour aller errer de ville en ville, affranchi de charges et d'impôts; une attestation des principaux de la cité pouvoit seule faire faire exception. « Il est honteux, disoit l'Empe-
» reur, que ceux qui se vantent de pouvoir sup-
» porter les coups du sort, ne puissent supporter
» le fardeau que leur impose la patrie (1)! » Si l'on excepte quelques privilèges, il ne paroît pas que les professeurs de philosophie aient jamais reçu de traitement public jusqu'à l'époque où Théodose le jeune s'avisa d'ajouter aux professeurs de Constantinople un docteur chargé de *sonder les mystères de la philosophie.*

Les sciences philosophiques se divisoient en deux classes; l'une traitoit des choses divines, et l'autre des choses humaines. La première recherchoit longuement d'où venoient les pluies, les vents, la foudre, l'arc-en-ciel; pourquoi tous les astres ne suivoient pas le même cours; quelle étoit la cause de la blancheur de la neige; pourquoi il ne tomboit point de grêle en hiver; pourquoi la mer étoit salée, et autres questions semblables. La seconde s'appliquoit à enseigner comment l'homme pouvoit devenir vertueux; ce qu'il falloit faire pour bien diriger sa maison, ou bien gouverner la république. Peu de gens s'occupoient de cette dernière dont ils trouvoient l'objet trop commun, tandis que l'autre étoit le sujet d'une foule de

---

(1) Cod. Theod. L. XIII, tit. 3, l. 3.

subtilités, sans fondement et sans application. Il y avoit aussi des philosophes qui revendiquoient la logique et la dialectique, dont, à ce qu'il paroît, les sophistes s'étoient emparés, et qui enseignoient par quels moyens on pouvoit persuader ses auditeurs. Mais tous ces docteurs évitoient les lieux publics et les grandes assemblées : loin de se produire hardiment comme les sophistes, ils se bornoient à donner chez eux des leçons particulières. Le premier, et peut-être le seul qui dérogea à cet usage, fut Themistius, qui, pendant plusieurs années, et avec le plus grand succès, donna publiquement à Constantinople d'excellentes leçons sur la philosophie morale.

Ceux qui vouloient pousser très loin leurs études philosophiques, se rendoient à Alexandrie, séjour de la belle Hypatia, qui avoit rempli le monde entier du bruit de ses talens et de son savoir. Elle étoit aussi célèbre que sa ville; mais après que, sur les cruelles instigations de saint Cyrille, Hypatia fut tombée déplorable victime de la fureur populaire, les sciences s'enfuirent d'une ville que déchiroient les discordes civiles, et, dans la suite, tous les efforts des citoyens d'Alexandrie pour conserver la renommée littéraire de leur patrie, se bornèrent à rappeler le souvenir de l'éclat dont les lettres y avoient autrefois brillé. Enfin, les jeunes gens qui, n'ayant point embrassé la religion chrétienne, vouloient absolument étudier une philosophie mystérieuse, alloient à Pergame écouter Œdesius et son disciple

Chrysanthe, les maîtres les plus célèbres dans ce genre de philosophie. Partisans zélés de la religion de leurs pères, de ses mystères et de ses oracles, et redoutant l'animadversion des chrétiens, entre les mains desquels étoit le pouvoir, ceux-ci faisoient observer dans leurs écoles une discrétion et un silence devenus nécessaires. Les disciples qui les avoient suivis depuis leur enfance, ne parvenoient pas, avant vingt ans, à être instruits de leur véritable doctrine. Cette doctrine, assez semblable à celle des anciens gymnosophistes orientaux, s'appliquoit aux choses célestes et à l'étude des différens ordres de divinités ou d'esprits. Ces philosophes acquirent une telle réputation, qu'ils passoient pour capables de lire dans le livre des destinées, et de s'animer d'une inspiration divine (1). Leurs crédules disciples prétendoient qu'on les avoit vus, au milieu de leurs prières, tantôt s'élever de plus de dix coudées au-dessus de terre et resplendir de toutes parts de rayons dorés; tantôt en murmurant de certaines paroles, et pendant que ceux qui les écoutoient baissoient la tête, évoquer des séjours sacrés les génies célestes. Mais lorsque Théodose eut renversé les autels des dieux, on éloigna les jeunes gens, même payens, de ces doctrines qu'on traitoit de magie et de divination criminelle (2). Les chrétiens fuyoient avec horreur tout commerce avec les esprits, qu'ils regar-

---

(1) Eunap. *Iambli.* p. 24. *Ædes.* p. 36.

(2) Cod. Theod. L. XVI, tit. 10, l. 7, 9, 12.

doient comme des Démons ; et ces écoles, renversées, non par une saine philosophie, mais par une superstition nouvelle, n'eurent bientôt plus de sectateurs.

On ne peut assigner exactement combien d'années ou quelles années de leur vie les jeunes gens consacroient à ces études philosophiques. La plupart, pressés d'avancer dans la carrière qui conduisoit aux honneurs, négligeoient complètement cette science, ou en prenoient, à l'âge de dix-neuf ans, une légère teinture. Le petit nombre de ceux qui s'y vouoient tout entiers, après avoir étudié long-temps auprès du même maître, entreprenoient ensuite de longs voyages. Ainsi Eunape, après avoir suivi, depuis son enfance jusqu'à l'âge de seize ans, les leçons de Chrysanthe, passa ensuite cinq années à Athènes, d'où il partit pour aller parcourir l'Egypte. Themistius, après avoir employé vingt-trois ans à lire les livres de la bibliothèque de Constantinople, voyagea long-temps dans un grand nombre de pays pour étendre ses connoissances.

Les jeunes gens arrivoient ainsi à l'âge où, si leur naissance ne les obligeoit pas à succéder aux fonctions de leur père, ils pouvoient se choisir une carrière, et en faire le but de leur vie. Un grand nombre d'entr'eux, séduits par l'édit de Constantin, se vouoient à l'architecture : les priviléges qui leur étoient accordés, les soins que prenoient les empereurs pour orner leur nouvelle capitale, et le luxe des édifices particuliers, leur assuroient une existence aisée. D'autres s'adonnoient à la littérature, ou étudioient la médecine, pour être reçus dans le collége des *archiâtres*, et jouir ainsi des immunités et du traitement public qui leur étoient accordés (1). Quelques-uns se fiant à leur habileté dans l'art de la parole, cherchoient à s'illustrer par des déclamations, afin d'être choisis, soit par les principaux des villes, soit par l'empereur lui-même, pour aller remplir dans les provinces les fonctions de grammairiens ou de rhéteurs. Un petit nombre, nés de familles nobles, et d'un père militaire, étoient, malgré les supplications d'une mère chrétienne (2), envoyés dans les camps: là corrompus bientôt par la mollesse et la débauche de leurs compagnons d'armes, sans égards pour les malheureux citoyens, et ne refusant rien à leurs passions ou à celles des soldats, ils devenoient les fléaux des provinces. A la première irruption des barbares, ces hommes, le plus souvent déshonorés par de honteuses friponneries, ou par d'autres crimes, abandonnoient lâchement le poste qui leur avoit été confié, ou livroient sans

---

(1) Cod. Theod. L. XIII, tit. 5, l. 8 et *passim*. Le motif pour lequel le gouvernement assuroit aux médecins un traitement, est remarquable: *Ut honesté obsequi tenuioribus mallent quam turpiter servire divitibus.*

(2) On voit dans Isidore de Peluse (L. Ier, ep. 390) combien les prêtres désapprouvoient le service militaire: « *Aiunt nonnulli te ita insanire ut puerum quem Deus omnis eruditionis capacem fecit, ad vilem et despiciendam militiam ducere velis.*

résistance à l'épée des ennemis des corps énervés par les plaisirs, et incapables de supporter le poids du casque ou de la cuirasse.

Mais la plupart des jeunes gens de ce siècle, embrassant le parti qui, avec un peu de bonheur, pouvoit ouvrir à tous la route des honneurs et de la fortune, se vouoient à l'étude de la jurisprudence et à l'explication de ces lois innombrables et embrouillées qui formoient le droit romain; cette science n'étoit enseignée dans toute l'étendue de l'empire que par deux professeurs à Rome, autant à Constantinople, et quatre à Beryte. Ils donnoient tous leurs leçons en latin : quiconque auroit entrepris d'enseigner la jurisprudence dans d'autres provinces, auroit été puni de sa témérité par une amende considérable; aussi les jeunes gens de l'Occident se rendoient-ils tous pour cette étude à Constantinople, et surtout à Rome. Le nombre de ceux qui dans l'Orient alloient étudier à Beryte, étoit encore beaucoup plus grand : aussi les sophistes se plaignoient-ils que leurs disciples abandonnoient trop tôt les cours d'éloquence pour se rendre en Phénicie. Quiconque n'y étoit pas allé ne passoit jamais pour un habile avocat, et on ne parvenoit guères à la charge d'assesseur des juges dans les provinces, si l'on n'avoit visité cette mère des lois; cependant, pour empêcher qu'à la faveur de la célébrité de l'école, après en avoir suivi peu de temps les cours et s'y être légèrement instruits, les jeunes gens ne passassent trop tôt à décider de la vie et des biens des citoyens, une loi de Dioclétien, reçue dans le code de Justinien, défendit d'appeler aux fonctions publiques aucun élève de l'école de l'académie de Béryte avant l'âge de vingt-cinq ans. L'ardeur de la jeunesse avoit ainsi le temps de se calmer, et cette précaution étoit nécessaire; car les jeunes gens entassés dans cette ville se portoient à de tels désordres, qu'on regardoit comme des prodiges ceux qui, en y faisant leurs études, ne prenoient pas part à la corruption générale. Le code Justinien nous prouve que les mœurs ne s'y améliorèrent pas; car il défend sévèrement aux élèves de se conduire honteusement et indignement dans leurs jeux, et de se rendre coupables de crimes malheureusement trop communs, soit envers leurs professeurs, ou envers leurs camarades, ou surtout envers les jeunes écoliers. Les lois donnoient aux professeurs, de concert avec le président de Phénicie et l'évêque de la ville, le droit de sévir contre les jeunes gens qui se conduiroient mal.

Jusqu'ici nous nous sommes occupés des études des jeunes gens qui embrassoient une carrière publique ou civile; mais il arrivoit souvent qu'un enfant étoit, à l'insu de son père, remis aux moines par une mère dévote, ou qu'il tomboit entre leurs mains. Saisi alors d'une sorte de fureur sacrée, il prenoit en aversion les plaisirs et les occupations de ce monde: tandis que le père irrité maudissoit les moines qui lui enlevoient toutes ses espérances, l'enfant, fuyant la maison paternelle et le tumulte des villes, se rendoit, même avant l'âge de puberté, dans les montagnes et les déserts, horrible demeure des cénobites : là, le jeune homme autrefois beau, maintenant maigre et pâle, les pieds nus, n'ayant que la terre pour lit, au milieu de prières continuelles et de chants nocturnes, passoit son temps à planter, à porter de l'eau, à arroser, à s'acquitter de tous les emplois les plus vils (1). Si peu de gens avoient le courage de l'imiter, tous lui prodiguoient les plus grands éloges : se rendoit-il quelquefois à la ville ? il étoit entouré d'un cercle nombreux; jamais les riches dévots n'auroient osé lui refuser l'argent qu'il demandoit, ou pour ses frères, ou pour les pauvres. D'autres jeunes gens qui avoient fini leurs études, qui s'étoient déjà distingués dans le barreau, renonçant à toute occupation mondaine, se vouoient quelquefois à la vie la plus dure, soit qu'ils crussent ainsi se rendre agréables à Dieu, soit qu'ils voulussent expier les erreurs de leur jeunesse, soit enfin qu'ils aspirassent au titre d'évêque. Toutes les fois, en effet, que dans l'élection de ces pasteurs, on n'étoit séduit, ni par l'illustration de la race, ni par la richesse, ni par le degré de parenté, ni par la flatterie, ce qui à la vérité étoit rare, c'étoit parmi ceux qui joignoient à une certaine éloquence l'honneur d'avoir mené une vie monastique sévère, que les évêques étoient choisis.

_____

(1) OEuvres de saint Chrysostôme, tom. Ier, p. 59. Rutilius, v. 443.

Miseram fortunam metuunt dum damna serentur.
Quisquam sponte miser ne miser esse queat.

JOURNAL

ADRESSÉ PAR UNE FEMME A SON MARI, SUR L'ÉDUCATION DE SES DEUX FILLES.

Numéro XXXIII.

Sophie devient disputeuse : nous avons été près de deux jours sans pouvoir nous accorder sur la couleur du schall que votre sœur a donné à Zéphirine. Avant-hier Sophie est revenue de la promenade en me disant qu'elle avoit rencontré sa cousine, à qui sa tante avoit donné un beau schall rouge. Je lui ai fait observer qu'elle se trompoit, et que le schall de Zéphirine étoit giroflée. — Mais, maman, vous ne l'avez pas vu, et moi je viens de le voir.

Moi. Je l'ai vu quand ta tante l'a acheté.

Sophie. Apparemment que ce n'est pas le même; elle l'a peut-être changé contre un autre; car celui qu'avoit Zéphirine est rouge.

Moi. C'est le même; car ta tante, qui sort d'ici, m'a dit qu'elle l'avoit donné à Zéphirine, qui en avoit été enchantée.

Peut-être, a dit Louise qui, tout-à-fait désintéressée sur la couleur du schall, vouloit concilier les opinions, Zéphirine n'avoit-elle pas mis, pour aller à la promenade, le schall neuf que ma tante lui a donné.

Sophie. Elle l'avoit; car elle me l'a dit, et je vous assure, maman, qu'il étoit rouge.

« Comment, tu crois qu'il est de la couleur de nos robes de mérinos? » s'est écriée Louise, dont la discussion commençoit à rappeler les idées.

« Je ne sais pas, a répondu Sophie embarrassée d'un rapprochement si direct; mais je suis sûre qu'il étoit rouge. » Vainement je lui ai représenté que, ne sachant pas si le schall de sa cousine étoit de la même couleur que sa robe, elle ne pouvoit savoir de quelle couleur il étoit : Sophie n'a pas manqué de bonnes raisons pour me répondre. Je lui ai demandé si elle croyoit bien parfaitement tout ce qu'elle me disoit; elle m'a assuré que oui. Dans la disposition où elle étoit, plus d'insistance de ma part n'auroit fait que l'exciter à plus d'entêtement, et je ne pouvois éclairer sa conscience qu'aux dépens de sa véracité; car, en la forçant à reconnoître la vérité, je ne l'aurois pas forcée à me la dire.

Ce matin Zéphirine est venue avec le schall giroflée. Sophie étoit refroidie, et ne se soucioit pas beaucoup d'en reparler; mais Louise, qui suivoit son affaire, est allée chercher sa robe de mérinos, l'a placée à côté du schall, et s'est écriée en éclatant de rire : « Ah! voyez donc, maman; vois donc, Sophie, comme cela se ressemble! » « Cela n'empêche pas, a dit Sophie avec humeur et en regardant à peine, que le schall de Zéphirine ne soit rouge; il y a différentes nuances de rouge. » Je lui ai fait voir que la couleur du schall de sa cousine approchoit autant du bleu que du rouge. « Oui, m'a-t-elle dit; mais il y a du rouge qui paroît bleu : ainsi, on peut dire que c'est un schall rouge. »

Je n'ai pu m'empêcher de rire de la force de ce raisonnement. « Tais-toi, lui ai-je dit, ma pauvre enfant, car tu déraisonnes. »

Sophie. Parce que ce n'est pas votre avis.

Moi. Et que ce n'est pas le tien non plus : tu ne penses pas un mot de ce que tu nous dis là.

Sophie. Ah ! par exemple, maman, vous ne pouvez pas le savoir mieux que moi.

Moi. Aussi, suis-je bien sûre que tu le sais tout aussi parfaitement que moi.

Sophie. Eh bien, maman, si je le pouvois, je dirois aussi que vous ne croyez pas ce que vous me dites là.

Moi. Tant qu'il te plaira, mon enfant ; je suis toute résignée à t'entendre dire dans ce moment le contraire de ce que tu penses.

Sophie n'a répondu que par un geste d'humeur ; mais elle ne pouvoit plus s'abuser ni espérer de me convaincre ; elle voyoit d'autant mieux qu'elle avoit tort, que le cours de ses idées s'étoit détourné du premier objet de son entêtement. Elle en seroit peut-être venue à convenir que le schall n'étoit pas rouge, si on eût voulu lui accorder qu'elle avoit soutenu cette opinion de bonne foi ; mais je voulois d'abord qu'elle s'avouât, pleinement et sans équivoque, cette espèce de mauvaise foi qui se glisse en nous imperceptiblement à la suite d'un premier entêtement, et qui, à mesure qu'elle devient plus évidente, nous devient aussi plus honteuse et plus pénible à reconnoître en nous-mêmes. Je vouloirs de plus, qu'elle fût obligée d'en convenir avec moi : contre un semblable défaut, on n'a de ressource que l'aveu du coupable. Je pouvois être obligée d'attendre long-temps l'occasion ; elle s'est présentée plutôt que je ne l'espérois.

Après le départ de Zéphirine et du malheureux schall, on apporte le déjeûner. Sophie, que l'humeur qui lui restoit de la dispute mettoit en train de malice et de taquinerie, a trouvé plaisant, tandis que toute l'attention de Louise étoit concentrée sur une lecture qui l'intéressoit, de prendre doucement sa main posée sur la table, et de l'appliquer sur une bouilloire à thé, remplie d'eau bouillante. Moitié surprise, moitié douleur, Louise a jeté un grand cri, et a fait un mouvement qui a pensé renverser la table. J'ai grondé Sophie, qui m'a soutenu que Louise étoit une douillette, et que cela ne brûloit pas assez pour la faire crier si fort ; et pour preuve, elle passoit et repassoit son doigt sur la bouilloire. Louise s'est écriée avec indignation qu'il étoit bien différent de toucher la bouilloire en passant, ou d'appuyer bien fort dessus. Sophie a prétendu que c'étoit la même chose, et que si la bouilloire brûloit, elle devoit la brûler toutes les fois qu'elle la touchoit.

« Sophie, lui ai-je redemandé, pensez-vous bien sérieusement ce que vous nous dites-là ? »

« Mais, maman, a-t-elle repris avec impatience, vous me faites toujours la même question. »

« C'est que je veux savoir si vous me direz une

fois la vérité quand vous vous êtes mis une chose dans la tête. »

« Je la dis la vérité; » et en même temps elle repassoit d'un air de dépit son doigt sur la bouilloire.

« Eh bien, lui dis-je, en prenant sa main, je vais appliquer votre main sur la bouilloire. »

Sophie résista : je ne forçai point sa résistance. Ce n'étoit pas d'une douleur physique que je voulois l'occuper en ce moment; mais je retins sa main qu'elle vouloit retirer; et je lui dis un peu sévèrement: « Il faut ou que vous me laissiez appliquer votre main sur la bouilloire, ou que vous conveniez que vous n'avez pas dit la vérité. » Je ne sais si, avec un autre, Sophie n'auroit pas au moins fait mine de risquer la brûlure; mais pour moi, avec qui elle ne se gêne pas sur ses défauts; elle n'en est pas à ce point de fierté; elle a retiré sa main que j'ai laissée aller en lui disant : « Je vois maintenant à quel point je dois vous croire quand vous m'assurez que vous pensez ce que vous dites. »

Sophie étoit humiliée : elle est très-vraie quand l'envie d'avoir raison ne bouleverse pas toute sa petite cervelle. Le reproche de mauvaise foi lui paroît le plus cruel de tous; les larmes lui en sont venues aux yeux. « Maman, m'a-t-elle dit, je vous
» assure que je le croyois d'abord; et je n'ai cessé
» tout-à-fait de le croire, que quand vous avez
» voulu approcher ma main de la bouilloire. »

Moi. Qu'est-ce qui vous a fait changer d'avis

dans ce moment-là ? vous n'aviez pas alors plus de raison pour en changer que l'instant auparavant.

Sophie. C'est que dans ce moment-là j'ai eu peur.

Moi. Pour avoir peur, il falloit donc que vous sussiez d'avance que cela faisoit du mal.

Sophie. Maman, je ne croyois pas le savoir.

Moi. C'est-à-dire que vous ne vouliez pas le savoir.

Sophie. Mais comment puis-je être la maîtresse de croire une chose, quand je ne la crois pas, de la savoir quand je ne la sais pas ?

Moi. Vous êtes la maîtresse de chercher à savoir la vérité, au lieu que vous faites tout ce que vous pouvez pour n'y pas penser, de peur d'être obligée d'en convenir. Vous souvenez-vous de l'autre jour où vous vouliez faire voir à votre sœur, qui vous soutenoit le contraire, que mon gobelet étoit plus grand que le vôtre ; vous mettiez les deux gobelets à côté l'un de l'autre devant ses yeux, et elle tournoit la tête à droite et à gauche pour ne pas le voir. Vous trouviez cela bien ridicule ; eh bien, vous en avez fait autant toute la matinée.

Sophie. Ah, maman, cela étoit bien différent : puisque Louise ne vouloit pas regarder les gobelets, il est bien sûr qu'elle savoit qu'elle avoit tort ; ce n'est pas moi qui tourne mes pensées comme elle tournoit sa tête.

Moi. Vous pouviez aussi bien qu'elle vous arrêter à considérer si ce qu'on vous disoit étoit vrai, au lieu de vous occuper à chercher de quoi répondre, sans vous embarrasser si cela étoit raisonnable ou non.

Sophie. Maman, une chose qu'on voit est bien plus claire, bien plus facile à apercevoir qu'une chose qu'on pense. Je ne vois pas mes pensées là devant mes yeux, comme Louise voyoit les deux gobelets.

Moi. Si on avoit trouvé moyen de te les faire voir aussi clairement, tu aurois de même tourné la tête pour ne pas les voir.

Sophie. Oh, maman, je vous assure que non.

Moi. Et moi je t'assure que si, car tu n'as pas fait autre chose toute la matinée. Ainsi, par exemple, réponds-moi en conscience et comme une fille d'honneur; si dans ce moment-ci, sans que tu eusses jamais entendu parler du schall de Zéphirine, on te l'apportoit pour la première fois et à côté de ta robe de mérinos, imaginerois-tu de dire qu'il est rouge ?

Sophie, en souriant. Je ne sais pas.

Moi. C'est-à-dire que tu ne crois pas : cependant tu as les mêmes yeux que tantôt; tu devois voir alors comme tu verrois à présent. Si tu n'as pas vu de même, c'est que tu ne le voulois pas, ce qui est absolument la même chose que de tourner la tête.

Sophie. J'ai bien vu que cela étoit différent ; je disois seulement....

Moi. Une chose qui n'avoit pas le sens commun, que tu n'aurois pas dite devant des étrangers, de peur de leur paroître ridicule : tu savois donc bien qu'elle étoit ridicule; cela est aussi clair, aussi incontestable, aussi facile à voir que la différence des deux gobelets. Eh bien; supposé que j'eusse voulu t'y faire penser dans le moment, en serois-tu convenue ? parle.

Sophie. Mais, maman, vous voulez toujours me faire dire sur moi des choses désagréables.

Moi. Pas du tout, ma fille; ce sera, si tu veux, une question générale où nous ne parlerons pas de toi, mais de Mlle Toinette ou de Mlle Fanchon. Mlle Fanchon est donc excessivement têtue. Supposons, lorsqu'elle est dans un moment d'entêtement, que je la défie de répéter devant un autre que moi les absurdités qu'elle enfile pour avoir le dernier, elle me répondra hardiment, tu en es bien sûre, qu'elle est prête à dire la même chose devant tout le monde, quoiqu'il soit également sûr qu'elle n'en fera rien; ainsi Mlle Fanchon, qui ne veut pas penser à ce qu'on lui donne les moyens de voir clairement, est aussi absurde que Louise qui ne veut pas regarder ce qu'on lui montre.

Louise. Mais, maman, donnez-moi un nom aussi comme à Sophie, si vous me dites des injures.

Sophie. Oh! moi, j'aime bien mieux que maman m'appelle par mon nom; car elle en dit bien plus quand elle m'appelle autrement.

Moi. Je n'aurois jamais osé dire que tu fusses aussi ridicule que cette Mlle Fanchon; mais si tu en conviens, je te demanderai quel avantage tu y trouves : pensois-tu que Louise gagnât quelque chose à ne pas vouloir regarder ce que tu lui montrois ?

Sophie. Oh ! non, sûrement ; car elle ne faisoit que me prouver qu'elle n'avoit plus de bonnes raisons à me donner.

Moi. Et quand tu me dis des absurdités, qu'est-ce que tu me prouves ? espères-tu qu'elles me persuaderont, et que je ne m'apercevrai pas que ce sont des absurdités, quand tu le sens toi-même ?

Sophie. Je ne le sens pas tout-à-fait, maman, je vous assure : je ne le sens pas du moins assez pour le dire, ou même pour y penser.

Moi. A quoi penses-tu donc ? ce n'est pas à avoir raison ; car si tu veux être de bonne foi, tu conviendras que dans ces cas-là, la chose dont tu te soucies le moins, c'est d'être raisonnable.

Sophie. Je ne pense pas à être raisonnable, ni à ne pas l'être.

Moi. Ainsi tu disputes sans avoir envie de prouver que tu as raison : qu'espères-tu donc qui te reviendra de la dispute ?

Sophie. Mais rien, maman.

Moi. Comment, c'est pour rien que tu prends tant de peine à chercher de mauvaises raisons, et que tu t'exposes à dire des bêtises ?

Sophie. Mais, maman, quand on a envie d'une chose, on ne pense pas si c'est avantageux ou non.

Moi. Sûrement ; mais pour en avoir envie, il

faut que cela fasse quelque plaisir; et quel plaisir peux-tu trouver à disputer sur une chose qui ne te fait rien, sur la couleur du schall de ta cousine, par exemple?

Sophie. Maman, vous voulez toujours que je vous explique les choses qui me font plaisir.

Moi. T'ai-je jamais dit quel plaisir tu trouvois à aller voir ta cousine ou tes amies? Je vois que quand tu y es, tu ris, tu causes, tu sautes; je suis bien sûre que tu as du plaisir; mais, par exemple, quand tu veux absolument que ta sœur te rende tout de suite les ciseaux que tu lui as prêtés, et dont tu n'as que faire; quand tu lui interdis absolument de toucher à ton livre dans le moment où tu ne prends pas ta leçon, je te demande quel avantage tu trouves à cette désobligeance.

Sophie. Je n'aime pas qu'on dérange mes affaires.

Moi. Tu les déranges bien, toi, pour t'en servir.

Sophie. Il faut bien que je m'en serve.

Moi. Eh bien! tu t'en sers d'une manière, elle d'une autre; chaque chose a différens usages.

Sophie. J'ai bien le droit de vouloir qu'on ne se serve de ce qui m'appartient que pour les usages qui me conviennent.

Moi. A la bonne heure; je voudrois seulement savoir quel plaisir tu trouves à l'exercice de ce droit.

Sophie. Maman, comme à rire, à sauter chez

ma cousine, je ne peux pas plus expliquer ce plaisir-là que l'autre.

Moi. Un plaisir qui n'a nul inconvénient, ni pour soi, ni pour les autres, est toujours une bonne chose; ainsi on peut le prendre sans regarder d'où il vient; mais si on ne peut l'avoir sans se faire tort, ou sans tourmenter les autres, encore faudroit-il être bien sûr que ce fût un plaisir.

Sophie. Certainement, maman, on ne le feroit pas sans cela.

Moi. Il faut bien, je l'avoue, qu'on trouve quelque plaisir à contrarier les autres sans nécessité; car autrement ce seroit une grande peine. Il faut bien aussi qu'on trouve quelque plaisir à se rendre ridicule; car sans cela on en seroit bien fâché. Je voudrois seulement qu'on examinât bien si on n'auroit pas plus de plaisir encore à agir raisonnablement.

Sophie. Le beau plaisir vraiment !

Moi. Si beau, ma fille, que toutes les fois qu'on y pense, on ne peut pas s'en passer : voudrois-tu me soutenir encore que le schall de Zéphirine est rouge, ou que le bouilloire ne brûloit pas ?

Sophie. Oh, maman, à présent !

Moi. Sûrement, parce que tu sais à présent que cela est déraisonnable.

Sophie. Mais aussi c'est que je n'en ai plus envie.

Moi. L'autre jour tu avois envie d'acheter un ruban qui te paroissoit joli; tu as fait tout ce que tu as pu pour me prouver et à toi aussi que tu en avois besoin ; car pour avoir du plaisir à l'acheter, il falloit que cela te parût raisonnable ; et quand après y avoir bien réfléchi, tu as vu que cela ne l'étoit pas, tu y as renoncé.

Sophie. Je le trouvois pourtant bien joli.

Moi. Aurois-tu trouvé encore du plaisir à l'acheter ?

Sophie. J'aurois eu du plaisir à l'avoir ; mais j'aurois été fâchée de dépenser mon argent à cela, ce qui auroit tout-à-fait gâté mon plaisir.

Moi. Mais si tu en avois eu besoin, aurois-tu regretté cette dépense ?

Sophie. Oh ! pas du tout.

Moi. Tu ne l'aurois donc regrettée que parce qu'elle étoit déraisonnable, et c'est le chagrin d'avoir fait une chose déraisonnable qui auroit troublé ton plaisir, comme il les trouble tous.

Sophie. Il y a pourtant, maman, bien des gens qui font des choses déraisonnables.

Moi. Sûrement parce qu'ils n'y pensent pas, parce qu'ils n'y veulent pas penser comme toi, de peur d'être obligés à un petit effort pour vaincre la fantaisie qui les domine dans le moment ; et remarque cependant qu'ils ont un tel besoin de se croire raisonnables, qu'ils cherchent de mauvaises raisons pour se justifier envers eux-mêmes, exactement pour s'empêcher de penser qu'ils sont déraisonnables. Ils font comme tu faisois tout-à-l'heure, comme faisoit Louise l'autre jour ; ils tournent la tête pour ne pas voir : c'est ce qu'on appelle la mauvaise foi envers soi-même ; et c'est bien de la mauvaise foi ; car on a un sentiment confus qui vous avertit, et on ne veut pas l'écouter de peur d'être obligé de convenir de la vérité.

Sophie. C'est que cela est quelquefois bien désagréable.

Moi. Jamais quand on y a pensé, puisqu'on a le désir de se croire raisonnable. On doit sentir du plaisir à reconnoître la raison ; cela t'est arrivé quelquefois à toi-même. Quand tu refuses à Louise une chose que tu pourrois lui accorder sans qu'il t'en coûtât rien, et que je te dis que cela n'est pas raisonnable ; quelquefois après y avoir réfléchi un instant, tu fais ce qu'elle désire : cela te fait-il alors beaucoup de peine de convenir de cette manière que tu avois eu tort de le refuser ?

Sophie. Oh non ; mais c'est bien autre chose quand on dispute.

Moi. Pas du tout : ne dispute-t-on pas avec les autres pour leur prouver qu'on n'est capable de leur soutenir que des choses raisonnables ? dès qu'on s'aperçoit qu'on n'en a plus que de déraisonnables à leur dire, ne doit-on pas être bien pressé de se taire ?

Sophie. Mais le difficile c'est de s'en apercevoir.

Moi. Pense toujours à l'envie d'être raisonnable, tu t'apercevras bien vite quand tu y manques.

Sophie. Et comment y penser toujours ?

Moi. En tâchant de te représenter si bien combien il est fâcheux et ridicule d'être déraisonnable, que tu en aies toujours peur. Pense, par exemple, aux bêtises que tu m'a dites aujourd'hui et hier.

Sophie. Cela sera agréable.

Moi. Cela n'aura rien de désagréable quand tu y penseras avec la résolution de les éviter; et la première fois que tu auras eu le courage de dire *je me suis trompée*, pense alors à tes anciens entêtemens, et tu verras si cela ne te fera pas plaisir. Il y a un moyen sûr de pouvoir penser avec plaisir à nos défauts, c'est de nous en corriger.

P. M. G.

LETTRE AU RÉDACTEUR

SUR LA PHYSIQUE ET LA CHIMIE.

(Huitième Lettre.)

Dans ma dernière lettre je vous ai fait analyser avec exactitude le phénomène général de la combustion. Malgré les apparences extrêmement diverses sous lesquelles le phénomène se présente, nous avons vu qu'il consiste toujours dans une combinaison de l'oxigène avec la substance combustible; et cette définition s'applique également aux corps qui brûlent et aux animaux qui respirent. Nous avons vu aussi que lorsque cette combinaison de l'oxigène étoit une fois faite, on pouvoit quelquefois la défaire, et *débrûler*, si on peut se servir de ce terme, la susbtance que l'on avoit brûlée. C'est ainsi que nous avons enlevé l'oxigène aux chaux métalliques en les exposant à une chaleur plus forte que celle qu'il avoit fallu

DE L'ÉDUCATION.

employer pour combiner le métal avec le principe. Mais nous avons déjà eu l'occasion de remarquer que la chaleur écarte les particules des corps, et tend à les séparer les unes des autres avec d'autant plus d'énergie qu'elle est plus intense. Si donc il faut accroître cette énergie pour enlever l'oxigène aux métaux, c'est une preuve qu'ils le retiennent avec une certaine force; et cette force d'adhérence ou de combinaison est ce que l'on nomme en chimie *l'affinité*. D'après cela nous devons regarder les métaux, et en général les substances combustibles, comme autant de corps qui sont continuellement disposés à se combiner avec l'oxigène, qui sont prêts à l'absorber partout où il se trouve, et qui doivent même l'enlever aux combinaisons dont il peut faire partie, lorsque la force avec laquelle ils l'attirent surpasse celle avec laquelle il y est engagé. Alors il est naturel de se servir de ces corps pour découvrir la présence de l'oxigène dans les composés qui le contiennent, et dans lesquels il se trouve disséminé par la combinaison. En effet, cette méthode est une de celles que les chimistes ont le plus habilement et le plus heureusement employées.

Qui croiroit, par exemple, que l'eau liquide, incolore et sans saveur qui se trouve partout dans la nature, qui circule dans tous les corps organisés, et leur donne la souplesse nécessaire à leur mode d'existence; qui croiroit dis-je, que ce liquide n'est qu'un composé de deux substances aériformes dont l'une est précisément l'oxigène, en sorte que l'eau est véritablement un corps brûlé? C'est pourtant ce qui est vrai et ce qui se prouve par des expériences incontestables; car on peut décomposer cette eau, lui enlever son oxigène, et mettre en liberté l'autre substance avec laquelle il est combiné. Pour cela il faut faire passer l'eau à l'état de vapeur sur des morceaux de fer rouge; ce fer se convertit en oxide comme si on le chauffoit dans du gaz oxigène, et il se dégage une substance aériforme d'une nature particulière que l'on nomme l'hydrogène. Mais comment s'assurer que cette substance provient réellement de l'eau ou de ses principes constituans? On y parvient en mesurant et en pesant tous les principes que l'on emploie et tous les produits que l'on recueille. On pèse d'abord l'eau que l'on destine à être réduite en vapeur, et le fer qui doit la décomposer. On met cette eau dans une cornue dont le col est luté au tube de porcelaine si exactement qu'aucun atome de vapeur ne peut s'échapper. L'autre bout de ce tube communique à un long tube métallique entouré d'eau et de glace pour condenser la vapeur que le fer rouge n'auroit pas décomposée. Enfin, le dernier tube communique à une cloche remplie de mercure sous laquelle on recueille le gaz hydrogène qui se dégage. Lorsque l'opération est terminée, on pèse d'abord la quantité d'eau qui n'a pas été décomposée, on la retranche de celle que l'on avoit employée, et la différence donne le poids de l'eau qui a réellement subi l'action du fer rouge. Ce fer lui-même a augmenté de poids à cause de l'oxigène qu'il a absorbé. On le pèse aussi pour connoître la quantité de cet oxigène. On pèse également le gaz hydrogène qui s'en dégage. La somme de ces deux produits se trouve exactement égale au poids de l'eau qui a subi l'action du fer. Ce sont donc là les deux principes qui composoient cette eau, et l'on en déduit les proportions dans lesquelles chacun d'eux y entre. Ainsi cent parties d'eau en poids contiennent 11 $\frac{7}{10}$ d'hydrogène et 88 $\frac{3}{10}$ d'oxigène.

Le gaz hydrogène dégagé de sa combinaison avec l'oxigène est invisible et incolore. Les animaux y meurent, et les corps embrasés s'y éteignent subitement comme dans le gaz azote. Mais son poids n'est que la troisième partie de celui de l'air atmosphérique à volume égal, dans les mêmes circonstances de pression et de température, tandis que le poids du gaz azote est à fort peu de chose près le même que celui de l'air atmosphérique; ce qui forme une distinction saillante et caractéristique entre le gaz azote et l'hydrogène.

Non seulement on peut résoudre l'eau comme nous venons de le dire en oxigène et hydrogène; mais on peut la recomposer en déterminant la combinaison de ces deux principes : pour cela on forme un mélange d'hydrogène et d'oxigène dans lequel chacun de ces gaz entre dans la même proportion où il se trouve dans l'eau liquide. On enflamme ce mélange soit en élevant sa température, soit en rapprochant vivement et subitement ses parties par la pression ou par l'étincelle électrique; aussitôt il se fait une violente détonation, il y a un grand dégagement de chaleur et de lumière. Les deux gaz se combinent; et le produit de la combustion est de l'eau liquide dont le poids est égal à celui des volumes de gaz employés. Cette belle expérience a été faite pour la première fois en 1781 par Cavendish avec l'exactitude nécessaire pour en pouvoir tirer une conséquence; et cette conséquence que Cavendish n'hésita pas à en déduire, fut que l'eau était une combinaison d'hydrogène et d'oxigène dans certaines proportions qu'il assigna, et qui sont celles que nous avons rapportées. Lavoisier répéta en grand cette expérience, et en vérifia l'exactitude. Il en donna le complément dans l'expérience de la décomposition de l'eau par le fer, qu'il fit en 1783.

Ce résultat de Lavoisier sur la décomposition de l'eau par le fer est même beaucoup plus général que nous ne l'avons dit d'abord. Mais dans l'exposé des découvertes, il vaut mieux suivre l'ordre naturel des idées, que l'ordre des temps. Nous avons vu que le fer rouge décompose l'eau en vapeur, s'oxide, et dégage l'hydrogène; mais sans chauffer ce métal, si on le mettoit en contact avec de l'eau dans des circonstances telles qu'il dût nécessairement s'oxider, il est extrêmement vraisemblable qu'il se décomposeroit également pour lui enlever l'oxigène nécessaire à sa réduction en oxide; ce qui produiroit un dégagement d'hydrogène. Or, pour placer le fer ou tout autre métal dans cette circonstance, il suffit de le faire dissoudre dans un autre acide, tel, par exemple que l'acide sulfurique; car c'est un fait général que toutes les fois que l'on retire un métal de sa combinaison avec un acide, en lui enlevant ce dernier par un affinité très forte, on trouve qu'il est oxidé; d'où il paroît que pour qu'un métal puisse être dissous dans un acide, c'est une condition nécessaire qu'il passe d'abord à l'état d'oxide; et par conséquent, si la dissolution s'opère dans un acide étendu d'eau, il faudra que l'eau soit décomposée pour fournir de l'oxigène; ce qui produira de l'hydrogène libre qui se dégagera. L'expérience confirme parfaitement ces aperçus. Si l'on jette du fer ou du zinc en petites parcelles dans de l'acide sulfurique étendu d'eau, il se fait aussitôt un dégagement d'hydrogène, et c'est même là le moyen le plus commode et le plus ordinaire de se procurer ce gaz. On emploie le fer ou le zinc à cause de la grande quantité d'oxigène qu'ils exigent pour passer à l'état d'oxide; ce qui produit un plus grand dégagement d'hydrogène.

Voilà donc déjà trois substances aériformes que nous connoissons, et qui diffèrent essentiellement par leur poids et leurs propriétés chimiques; ce sont l'azote, l'oxigène et l'hydrogène. Nous verrons dans peu qu'il en existe bien d'autres distinguées par des caractères aussi certains.

aussi évidens. Je vous parlerai, dans ma première lettre, de celles qui sont les plus remarquables; mais dès à présent les notions que nous venons d'acquérir vont nous conduire à une des expériences les plus brillantes que les hommes aient jamais tentées.

Parmi les diverses substances gazeuses, il en est qui sont plus légères que l'air atmosphérique à volume égal. Concevons qu'un volume donné d'une de ces substances, par exemple de gaz hydrogène, soit enfermé dans une enveloppe sans pesanteur, et abandonné à lui-même dans l'atmosphère, il tendra à descendre par son propre poids; mais il sera poussé en haut par une force égale au poids du volume d'air qu'il déplace. Ainsi ce volume de gaz s'élèvera dans l'air jusqu'à ce qu'il arrive dans des couches dont la densité soit inférieure à la sienne. On pourra même, en lui donnant un grand volume, rendre sa force ascensionnelle assez grande pour enlever une enveloppe pesante, et même une nacelle et des hommes. Tel est le principe des ballons aérostatiques, dont l'invention, l'une des plus belles du dix-huitième siècle, est due à Montgolfier.

Le premier ballon fut lancé par Montgolfier et son père, à Annonay, en 1782. Il étoit sphérique, et avoit cent dix pieds de circonférence; l'enveloppe étoit de papier, et la substance aériforme employée étoit l'air atmosphérique lui-même, dilaté par la chaleur d'un fourneau placé sous l'orifice inférieur du ballon. Il s'éleva à la hauteur de mille toises.

Bientôt l'expérience fut répétée à Paris. Des hommes hardis osèrent monter dans une frêle nacelle, et entretenir eux-mêmes le feu qui servoit à les élever. Jusque-là le ballon étoit retenu par des cordes. Enfin, Pilate-des-Rosiers et Darlandes partirent à ballon perdu, et parcoururent en dix-sept minutes une distance de quatre mille toises.

Ce genre de ballon, appelé *montgolfière*, du nom de son inventeur, étoit d'un maniement dangereux et difficile ; dangereux, parce que le feu entretenu dans la nacelle pouvoit se communiquer à la nacelle elle-même ou aux parois du ballon ; difficile, par la nécessité d'augmenter le feu quand on vouloit s'élever, de le diminuer quand on vouloit descendre ; opérations qui, par leur nature, ne peuvent pas être réglées exactement.

M. Charles eut l'heureuse idée d'employer pour substance aériforme le gaz hydrogène dont la densité, n'étant qu'environ un quinzième de l'air atmosphérique, devoit donner une force ascensionnelle considérable et toujours constante, sans qu'il fût besoin d'aucun travail pour l'entretenir. La difficulté étoit de trouver une enveloppe qui fût peu pesante, et pourtant impénétrable à ce gaz. Après diverses expériences, M. Charles choisit le taffetas enduit d'un vernis fait avec la gomme élastique dissoute à chaud dans l'huile de térébenthine. Ce procédé réussit parfaitement. MM. Charles et Robert s'élevèrent ainsi les premiers aux Tuileries, dans un aérostat de vingt-six pieds de diamètre, et parcoururent en peu de minutes un espace de neuf lieues. Alors M. Robert descendit, et M. Charles, resté seul dans la nacelle, s'élança de nouveau dans les airs avec la rapidité d'une flèche jusqu'à la hauteur de dix-sept cents toises.

Dans les ballons à gaz hydrogène, le voyageur modère à son gré sa hauteur. Pour cela, il emporte avec lui quelques sacs remplis de sable. Veut-il s'élever ? il jette une partie de ce sable, et devient plus léger. Veut-il descendre ? il laisse échapper une petite quantité du gaz que son aérostat renferme, et il devient plus lourd. Pour faciliter cette manœuvre, le sommet du ballon est muni d'une soupape qui s'ouvre par le moyen d'une corde dont l'extrémité pend dans la nacelle. Cette corde est le salut du voyageur, car s'il ne pouvoit ouvrir la soupape, il seroit le jouet de son ballon, et courroit le danger de le voir s'élever à des hauteurs où il crèveroit par la dilatation du gaz. Il faut donc s'assurer soi-même que cette corde est forte, bien attachée à la soupape, et qu'on l'ouvre et la ferme facilement. Il est même prudent, pour plus de précautions, d'avoir deux cordes pareilles attachées à la même soupape.

De plus, à quelque hauteur que l'on désire s'élever, il ne faut jamais se défaire de tout son lest; car, lorsqu'on a ouvert la soupape pour redescendre, le ballon, devenu plus lourd, descend en effet par l'excès de son poids, et descend comme un corps pesant. Il n'est retardé dans sa chute que par la résistance de l'air; si on l'abandonne à lui-même, il acquiert ainsi une vitesse qui devient dangereuse quand on vient heurter la terre; c'est alors qu'il faut jeter peu à peu le lest que l'on a conservé. Cette diminution successive de poids compense en partie l'accélération de la pesanteur, et vous amène doucement vers la terre, ou même vous permet de vous arrêter à une petite distance de sa surface, si le lieu où l'aérostat descend vous semble offrir quelque danger.

Au moment où l'on part, il est inutile et même dangereux d'enfler entièrement l'aérostat; car à mesure que l'on s'élève dans l'atmosphère, on arrive dans des couches d'air où la pression est moindre qu'à la surface de la terre. En conséquence, le gaz contenu dans l'aérostat se dilate, et si le ballon en étoit gonflé d'abord, il seroit nécessaire de le faire sortir. Au lieu de cela, supposez que le ballon, à la surface de la terre, ne soit qu'à moitié rempli, et que cependant il ait une force ascensionnelle suffisante pour vous enlever avec votre nacelle et tout ce qu'elle contient ; à mesure que vous vous élèverez, le gaz intérieur se dilatera pour se mettre à la même pression que l'air extérieur. Ainsi, celui-ci devient à la vérité moins lourd ; mais le volume du ballon augmente précisément dans le même rapport, et compense ainsi cette diminution. Par conséquent, votre force ascensionnelle dans cet air raréfié est encore la même qu'à l'instant du départ. Elle ne sera pas non plus altérée par la diminution de température qui se fait sentir à mesure qu'on s'élève, puisque tous les gaz se dilatent également, et qu'ainsi l'effet sera le même sur le gaz contenu dans le ballon et sur l'air atmosphérique qui l'environne, en supposant la température la même.

Cette remarque sur l'inutilité de gonfler les ballons en partant a, je crois, été faite pour la première fois par M. Gay-Lussac ; et il en a profité dans le voyage aérostatique qu'il a fait avec M. Biot, pour des recherches de physique dont je parlerai plus tard. Leur force ascensionnelle, au moment du départ, étoit très foible ; seulement celle qu'il falloit pour les enlever avec leurs instrumens. On la mesuroit par le moyen d'une romaine placée sous la nacelle, et attachée à terre. Ils prirent du lest ce qu'il en falloit pour l'amener au degré qu'ils avoient projeté, et qui étoit, je crois, de deux ou trois kilogrammes : alors ils s'abandonnèrent à cette force, qui les éleva lentement à quatre mille mètres de hauteur. Une seconde ascension faite avec le même ballon, par M. Gay-Lussac seul, l'éleva à la hauteur de sept mille mètres, la plus grande à laquelle l'homme soit jamais parvenu.

L'aérostat à gaz hydrogène est aujourd'hui le seul en usage. Quelques modifications que l'on a essayé d'y faire n'ont pas été heureuses. Pilate-des-Rosiers voulut, on ne sait pourquoi, combiner ce moyen avec celui de l'air dilaté par le feu. Il employoit deux ballons, placés l'un au-dessus de l'autre, et dont l'un étoit rempli de gaz hydrogène, l'autre d'air atmosphérique : c'étoit établir un fourneau sous un magasin à poudre. Pilate-des-Rosiers a péri avec Darlandes, victime de son invention. Un autre physicien italien, Zambeccari, est mort aussi après plusieurs tentatives constamment malheureuses. Malgré ces funestes exemples, on peut être assuré qu'en observant soigneusement le petit nombre de précautions que j'ai tout-à-l'heure expliquées, les voyages aérostatiques n'ont plus absolument aucun danger aujourd'hui.

Les aérostats ont déjà rendu plusieurs services à la physique. On les a employés pour aller puiser de l'air dans les hautes régions de l'atmosphère, et pour reconnoître l'attraction magnétique du globe qui produit la direction constante, et la boussole subsiste encore quand on a quitté la terre. On a voulu les faire servir aux reconnoissances militaires; heureusement on n'en a pas tiré le parti qu'on en attendoit. Je dis heureusement; car l'invention d'une nouvelle machine de guerre n'est jamais un bien pour l'humanité. On a jusqu'ici vainement essayé de les diriger, et il faut être monté même à ballon perdu pour concevoir combien la variété infinie de leurs mouvemens rend cette exécution difficile. Cependant comme elle n'est pas impossible en elle-même, on ne peut pas dire qu'on n'y réussira jamais. Alors les aérostats deviendront un moyen de transport extraordinairement prompt, et on pourra les employer à une infinité d'usages utiles. Il n'est rien que l'on ne doive attendre du temps et de d'expérience. Malheureusement tout le monde n'a pas cette patience; et dès que les sciences ont fait une découverte nouvelle, il ne manque pas de gens qui croient faire un grand effort d'esprit en demandant aussitôt quelle application en résultera. Dans le temps que l'invention récente des aérostats étonnoit l'Europe, quelqu'un s'avisa de dire à Franklin : « Mais, M. Franklin, à quoi bon les ballons? » — « A quoi bon, répondit le philosophe, l'enfant qui vient de naître? »

C.

PLAN D'UNE UNIVERSITÉ,

OU D'UNE ÉDUCATION PUBLIQUE DANS TOUTES LES SCIENCES, PAR DIDEROT.

(Continuation.)

(Diderot donne d'abord le plan d'une université telle qu'il la voudroit ; mais ensuite, réduisant ce plan pour le rendre praticable, il partage son université en quatre facultés : 1°. la faculté des arts ; 2°. la faculté de médecine ; 3° la faculté de jurisprudence ; 4°. la faculté de théologie. Ces trois dernières facultés ayant pour objet des sciences et des professions particulières, c'est dans la première, la faculté des arts, que se trouve compris l'ensemble des études applicables à la généralité de ceux qui étudient.

Cette faculté se divise en trois cours d'études à suivre parallèlement. Le premier cours, divisé en huit classes, comprend les sciences mathématiques, les sciences naturelles, les sciences logiques, les langues et la rhétorique.

Le second cours, divisé en deux classes, comprend les premiers principes de la métaphysique, la morale, la religion naturelle et révélée, l'histoire, la géographie, les premiers principes de la science économique.

Le troisième cours ne se compose que d'une classe où l'on enseigne le dessin et les principes de l'architecture.

A ces trois cours, il avoit ajouté, dans le premier plan, un cours d'exercices.)

Je le supprime, dit-il, parce qu'il n'est pas d'usage dans les universités d'y enseigner la musique, la danse, l'escrime, le manége ou l'équitation, non plus que l'art de nager. Si ces talens qui distinguent le galant homme, l'homme du monde du pédant...., ont si peu d'importance à nos yeux qu'on ne les ait jamais fait entrer dans aucune institution publique, c'est sans doute une des suites du défaut invétéré de notre éducation monacale....

(Il explique ensuite les raisons particulières qu'il a eues de retrancher de son premier plan l'école de politique ou des affaires étrangères, l'école de génie ou de l'art militaire, et l'école de marine.)

Il ajoute :

Je cède bien ridiculement à l'usage, et il faut que je sois étrangement subjugué par la routine pour supprimer l'école de l'agriculture et du commerce, les deux objets les plus importans de la société ; l'art qui donne le pain, le vin, les alimens ; qui fournit la matière première à toute industrie, à la consommation, aux échanges de citoyen à citoyen, et aux échanges de société à société.

Toutes ces écoles supprimées sont plus ou moins nécessaires ; qu'elles fassent ou ne fassent point corps avec celles de l'université, un jour elles ne s'en établiront pas moins dans les villes de l'empire, mais isolées, mais sans être assujéties à aucune méthode raisonnée d'enseignement, ce qui n'en sera pas mieux.

(Diderot reprend ensuite article par article son plan, réduit et développe les raisons du rang qu'il a assigné à chaque objet d'étude.)

PREMIER COURS D'ÉTUDE.

PREMIÈRE CLASSE.

L'arithmétique, l'algèbre, le calcul des probabilités, la géométrie.

Je commence l'enseignement par l'arithmétique, l'algèbre et la géométrie, parce que, dans toutes les conditions de la vie, depuis la plus relevée jusqu'au dernier des arts mécaniques, on a besoin de ces connoissances. Tout se compte, tout se mesure. L'exercice de notre raison se réduit souvent à une règle de trois. Point d'objets plus généraux que le nombre et l'espace.

Savoir de la géométrie ou être géomètre, sont deux choses très diverses. Il est donné à peu d'hommes d'être géomètres; il est donné à tous d'apprendre de l'arithmétique et de la géométrie. Il ne faut qu'un sens ordinaire; et l'enfant de treize ans qui n'est pas capable de cette étude n'est bon à rien; il faut le renvoyer.

Je crois qu'il est plus aisé d'apprendre l'arithmétique et la géométrie élémentaire qu'à lire; les lettres de l'alphabet ont fait verser aux enfans plus de larmes comme caractères de l'écriture, qu'elles ne leur en feront verser comme signes algébriques.

Les enfans apprennent des jeux qui demandent

plus de mémoire, de combinaison et de finesse que la géométrie.

L'usage journalier de la vie les a tous disposés, depuis le premier instant de leur naissance jusqu'au moment de leur entrée dans l'école, à l'arithmétique et à la géométrie. Ils n'ont cessé d'ajouter, de soustraire, de mesurer.

L'algèbre, dont le nom n'effraie plus, n'est qu'une arithmétique plus générale que celle des nombres, aussi claire et plus facile; ce ne sont que les mêmes opérations, mais plus simples.

Les exemples d'enfans initiés à l'âge de quinze ou seize ans aux élémens de la géométrie transcendante et du calcul infinitésimal, ne sont point rares......

Pascal avoit trouvé un certain nombre de propositions d'Euclide à l'âge où l'on appelle un cercle un *rond*, une ligne une *barre*; et pourquoi un autre enfant n'entendroit-il pas ce que Pascal inventa?.....

On ne peut commencer trop tôt à rectifier l'esprit de l'homme, en le meublant de modèles de raisonnement de la première évidence et de la vérité la plus rigoureuse. C'est à ces modèles que l'enfant comparera dans la suite tous ceux qu'on lui fera, et dont il aura à apprécier la force ou la foiblesse, en quelque matière que ce soit.

C'est surtout en mathématiques que toutes les vérités sont identiques; toute la science du calcul n'est que la répétition de cet axiome, un et un font deux; et toute la géométrie n'est que la répétition de celui-ci, le tout est plus grand que sa partie.

La géométrie est la meilleure et la plus simple de toutes les logiques, la plus propre à donner de l'inflexibilité au jugement et à la raison....

Si l'on croit que l'étude des mathématiques dessèche le cœur et l'esprit, cela ne peut être vrai que d'une étude habituelle; encore, cela est-il vrai ?....

J'ai ajouté à l'arithmétique, à l'algèbre et à la géométrie la science des combinaisons ou le calcul des probabilités, parce que tout se combine et que, hors des mathématiques, le reste n'est que probabilité; que cette partie de l'enseignement est d'un usage immense dans les affaires de la vie; qu'elle embrasse et les choses les plus graves et les choses les plus frivoles; qu'elle s'étend à nos vues d'ambition, à nos projets de fortune et de gloire, et à nos amusemens, et que les élémens n'en sont pas plus difficiles que ceux de l'arithmétique....

La science des probabilités a lieu jusque dans les matières de législation. On peut demander, par exemple, quelle est la durée de l'absence après laquelle un citoyen peut être censé mort civilement....

C'est elle qui règle tout ce qui appartient aux assurances, aux tontines, aux loteries, aux rentes constituées sur une ou plusieurs têtes, à la plupart des objets de finance et de commerce.

C'est elle qui indique le parti le plus sûr ou le moins incertain, et qui console lorsque l'événement ne répond pas à une attente bien fondée.

Toute notre vie n'est qu'un jeu de hasard ; tâchons d'avoir la chance pour nous.....

DEUXIÈME CLASSE.

Les lois du mouvement, la chute des graves libres ou sur des plans inclinés, les forces centrifuges et d'attraction, la mécanique et l'hydraulique.

Les lois du mouvement et de la chute des corps, perpendiculaire ou oblique, sont des connoissances préliminaires de la mécanique, science de première utilité. Il n'y a pas un seul art qui n'en sente la nécessité. Nous ne faisons pas un pas dans la société, dans les rues, à la ville, à la campagne, sans y rencontrer des machines.

Le traité de l'équilibre et du mouvement des fluides a des applications immenses.

On n'entreprend rien de grand et de petit sans les connoissances de l'hydraulique qui dirigent les canaux, les pompes, les aqueducs, les moulins, etc.

L'art d'employer l'air, l'eau, la terre ou la pesanteur et le feu, est l'art d'épargner le temps et les bras de l'homme qui en fait ses domestiques.

Ici la liaison des sciences et leur utilité concourent à fixer le rang que j'ai donné à la mécanique et à l'hydraulique, après l'arithmétique, l'algèbre et la géométrie.

TROISIÈME CLASSE.

La sphère et les globes, le système du monde, le calcul des éclipses, le mouvement des corps célestes ou l'astronomie, la gnomonique.

L'homme de mer ne peut se passer des connoissances qui précèdent, et moins encore de celles-ci. Elles sont essentielles aux géographes par état. Le voyageur en doit être plus ou moins instruit.

Il seroit honteux pour un homme élevé de ne rien savoir ni du globe sur lequel il marche, ni de la voûte sous laquelle il se promène.

Si le Créateur n'a marqué plus fortement nulle part la grandeur de sa puissance que dans l'ordonnance des cieux, l'homme n'a marqué nulle part plus fortement l'étendue de son esprit que dans les progrès de l'astronomie.

Rien de plus simple et de plus ingénieux que l'art de construire des cadrans, de tracer une méridienne, d'élever un gnomon, de construire des globes et des sphères; des planisphères qui indiquent à chaque instant l'état du ciel, l'œuvre principale du Créateur, imité et réduit par la créature dans un espace de quelques pieds.

J'avouerai toutefois que je pourrois bien avoir oublié ici la raison de l'utilité plus ou moins générale, pour céder à la liaison des connoissances.

Les études de cette classe sont purement géométriques. Les élèves ont appris tout ce qu'il faut pour s'y appliquer. Le temps qu'ils y emploieront ne sera pas long, c'est l'affaire de quelques mois.

D'ailleurs il y a deux remèdes, l'un de faire passer tout de suite un certain nombre d'élèves de la seconde classe à la quatrième; l'autre de détacher ces études du premier cours, et de les renvoyer au second, qui se fait en même temps, marcher sur la même ligne, et où elles se lieront très bien à la géographie et à la chronologie. Cependant, j'incline à les laisser où je les ai placées.

QUATRIÈME CLASSE.

L'histoire naturelle, la physique expérimentale.

Rien de plus utile et de plus intéressant que l'histoire naturelle, point de science plus faite pour les enfans ; c'est un exercice continu des yeux, de l'odorat, du goût et de la mémoire.

Entre les conditions subalternes de la société, il n'y en a point à laquelle l'histoire naturelle ne fût plus ou moins utile ; tout ce qu'on voit, tout ce qu'on touche, tout ce qu'on emploie, tout ce qu'on vend, tout ce qu'on achète, est tiré des animaux, des minéraux ou des végétaux.

C'est le catalogue des richesses que la nature a destinées à nos besoins et à nos fantaisies. Les animaux nous servent ou nous nuisent, et ils sont bons à connoître et pour les avantages que nous en retirons, et pour les dommages que nous en avons à craindre. Les minéraux et les métaux sont employés dans tous nos ateliers ; ils nous défendent sous la forme d'armes, ils abrégent nos travaux comme instrumens, ils nous sont commodes comme ustensiles. Les végétaux nous alimentent ou nous récréent.

C'est en étudiant l'histoire naturelle que les élèves apprendront à se servir de leurs sens, art sans lequel ils ignoreront beaucoup de choses, et ce qui est pis, ils en sauront mal beaucoup d'autres; art de bien employer les seuls moyens que nous ayons de connoître; art dont on pourroit faire d'excellens élémens, préliminaires de toute espèce d'enseignement.

La physique expérimentale est une imitation en petit des grands phénomènes de la nature, un essai de ses principaux agens, l'air, l'eau, la terre, le feu, la lumière, les solides, les fluides, le mouvement. Point de mécanique sans géométrie, point de physique expérimentale sans quelque teinture de mécanique.

La physique expérimentale s'introduit encore dans presque tous les ateliers des artistes. L'étude en est utile, agréable et facile. Point de machines sans calcul de la solidité et de la fragilité, de la pesanteur et de la légèreté, de la mollesse et de la dureté, de la roideur et de la flexibilité, de l'humidité et de la sécheresse, du frottement et de l'élasticité. Les élèves verront les phénomènes, mais ils en ignoreront la raison sans les connoissances préliminaires des deux premières classes.

CINQUIÈME CLASSE.

La chimie, l'anatomie.

L'histoire naturelle introduit à la chimie, de même que la physique expérimentale, la mécanique et l'hydraulique, à l'étude du corps humain, la plus belle des machines, ainsi que la plus essentielle à connoître pour nous, dont elle est une bonne portion......

Le chimiste Becker a dit que les physiciens n'étoient que des animaux stupides qui léchoient la surface des corps, et ce dédain n'est pas tout-à-fait mal fondé. Rien n'est simple dans la nature; la chimie analyse, compose, décompose; c'est la rivale du grand ouvrier. L'Athanor du laboratoire est une image fidèle de l'Athanor universel. C'est dans le laboratoire que sont contrefaits l'éclair, le tonnerre, la cristallisation des pierres précieuses et des pierres communes, la formation des métaux, et tous les phénomènes qui se passent autour de nous, sous nos pieds, au-dessus de nos têtes.

Quel est l'art mécanique où la science du chimiste n'entre pas?

L'agriculteur, le métallurgiste, le pharmacien, le médecin, l'orfèvre, le monnoyeur, etc., peuvent-ils s'en passer?

S'il n'y avoit que trois sciences à apprendre, et que le choix s'en fît pour nos besoins, ils préféreroient la mécanique, l'histoire naturelle et la chimie.

Les arts mécaniques sont stationnaires par l'ignorance des ouvriers; ils dégénèrent par leur intérêt mal entendu.

Le professeur en anatomie et physiologie seroit obligé de finir son cours par quelques leçons sur l'art de fortifier le corps et de conserver sa santé;

et de ne pas oublier la longue liste de souffrances que l'homme intempérant se prépare.

Et puisque l'idée qui suit se présente à ma pensée, il vaut encore mieux que je l'indique que de l'omettre.

Je désirerois que le professeur, en quelque genre que ce fût, terminât son cours par un abrégé historique de la science, depuis son origine jusqu'à l'endroit où il aura laissé les élèves. Poussé plus loin, ils ne l'entendroient pas.

(*La suite au prochain Numéro.*)

LE PETIT DOMINIQUE,

CONTE TRADUIT DE L'ANGLAIS (1).

LE petit Dominique, né à Fort-Reilly, n'avoit encore étudié nulle part, quand, à dix ans, on

---

(1) Ce conte est tiré d'un petit ouvrage de M. R.-L. Edgeworth et de Mlle Maria Edgeworth, intitulé *Essay on Irish-Bulls*, dans lequel, avec beaucoup d'esprit et de politesse, on venge les Irlandais de ce préjugé qui leur fait attribuer en Angleterre beaucoup de sottises, de naïvetés, de bévues, en faisant voir qu'on en pourroit citer autant des Anglais. Cet ouvrage, fort plaisant et fort agréable, n'a point été traduit, et n'est pas susceptible de l'être. C'est dans le chapitre intitulé *Poetical Bulls*, qu'on trouve cette anecdote sur le grand Newton. Il avoit pratiqué une chatière à la porte de son cabinet, pour laisser à une chatte qu'il aimoit beaucoup, la facilité d'entrer et de sortir quand elle le vouloit. Sa chatte ayant eu un petit chat, Newton fit pour lui, dans sa porte, un petit trou à côté du grand.

DE L'ÉDUCATION. 245

l'envoya au pays de Galles, pour se former, et apprendre la grammaire à l'école de M. Owen ap Davies ap Jones. Ce maître avoit toute raison de se croire le plus grand homme du pays ; car sur sa cheminée étoit une généalogie bien enfumée qui le faisoit descendre en droite ligne de Noé. De plus il étoit proche parent de ce savant étymologiste qui écrivit, sous le règne d'Elisabeth, un infolio pour prouver que la langue dont s'étoient servis Adam et Eve dans le Paradis terrestre, étoit le welsh pur. C'en étoit bien assez pour excuser M. Owen ap Jones, lorsqu'il sembloit oublier parfois qu'un maître d'école n'est qu'un homme. Il oublioit aussi quelquefois qu'un enfant n'est qu'un enfant, et cela lui arrivoit le plus ordinairement par rapport au petit Dominique.

Tous les matins le pauvre enfant étoit fouetté, non pas pour des fautes dans sa conduite, mais pour des fautes de langage ; et tous ses camarades se moquoient de lui pour quelques absurdités qui tenoient à son idiome. Comme il étoit le seul Irlandais dans cette école, qu'il se trouvoit loin de ses parens, il n'avoit pas un ami qui partageât ses chagrins, ou qui prît son parti ; il étoit devenu pour tous un objet de dérision. Il ne pouvoit pas dire une phrase qui ne fût une bêtise, réunir deux mots qui ne fussent mal d'accord, ni en articuler un seul qui ne décélât son patois. Cependant comme il se sentoit de l'énergie, le petit Dominique étoit toujours prêt à faire face à ses ennemis et à se mesurer même avec les plus grands; il se hasardoit même quelquefois, pour se venger de son tyran, à le singer assez plaisamment, en répétant d'après Owen ap Jones, et en contrefaisant son accent welsh : « Tieu me pénisse, je ne fiendrai » chamais à pout de mondrer la crammaire anclaise » à cet impécille là. »

Le moderne Denis en eut connoissance, et notre petit héros n'en fut que plus maltraité.

Les fêtes de Pâques approchoient; mais il craignoit bien qu'il n'y eût pas de fêtes pour lui. Il avoit écrit à sa mère que les petites vacances de Pâques commenceroient le 21 du mois, et lui demandoit une prompte réponse; il n'en reçut point.

Il y avoit près de deux mois qu'il n'avoit entendu parler de sa mère ni d'aucun de ses amis d'Irlande. Ses chagrins multipliés commençoient à abattre son courage; il dormoit peu, ne mangeoit guère, et ne jouoit plus du tout. Ses camarades continuoient à le regarder comme un être, sinon d'une autre espèce, au moins d'une autre caste.

Le triomphe de M. Owen ap Jones sur le petit Irlandais étoit complet; car le pauvre enfant avoit le cœur presque brisé, quand il lui arriva un nouveau camarade; quelle différence d'avec les autres! Edward, fils d'un gentilhomme du voisinage, avoit beaucoup de noblesse dans le caractère. Quand il vit combien le pauvre Dominique étoit persécuté, il le prit sous sa protection; il se batioit pour lui avec les petits welshes, et au lieu de se moquer de son jargon irlandais, il se mit à lui apprendre à parler bon anglais. Les deux premières réponses du petit Dominique à Edward firent éclater de rire tous les autres; mais Edward essaya de le justifier. D'abord lui ayant demandé, « qui est ton père? » Dominique avoit répondu en soupirant, « je n'ai pas de père; je suis orphelin, je n'ai que ma mère. » Edward cita un passage d'Homère qui étoit tout-à-fait en faveur de son petit ami (1):

« Avez-vous, » lui demanda-t-on ensuite, « des » frères et des sœurs? »

« Non; je voudrois bien en avoir; car peut-être » ils m'aimeroient, et ne se moqueroient pas de » moi, » dit Dominique les larmes aux yeux; « mais je n'ai de frère que moi. »

Un jour M. Jones entre dans la classe, une lettre ouverte à la main. « Voilà une lettre de votre mère, » petit impécille. »

Le petit Irlandais s'élance de sa place en jetant sa grammaire, et en sautant plus haut que ni lui ni aucun autre de son école n'avoient pu faire. « De ma mère! » s'écria-t-il. « Est-ce que je la re» verrai donc? est-ce que j'irai chez elle à Pâques? »

« Il n'y a pas de tanger, » dit M. Owen ap Jones, « vodre mère, en femme sage, et de l'afis de » vodre dudeur qu'elle va ébouser, m'égrit qu'elle

_____

(1) Andromaque dit à Hector : « Vous rendrez votre fils orphelin et votre femme veuve. » Il. l. 6, v. 432.

» ne vous fera pas venir en Irlande que vous ne
» sagiez barfaitement vodre crammaire anclaise. »

Puis, l'ayant fait approcher de son redoutable bureau, il lui montra une page de l'Hermès, de Harris, en lui ordonnant de lire ce passage, et de l'entendre s'il pouvoit.

Le petit Dominique lisoit; mais il ne pouvoit comprendre.

« Lisez haut, impécille. »

« Rien ne paroît être aussi évidemment un
» objet de notre seule intelligence que le *futur*,
» puisque nous ne pouvons trouver ailleurs de
» place convenable à son existence; en y pensant
» bien nous reconnoîtrons qu'on en doit dire
» autant du *passé*. »

« Eh pien! gondinuez; — qui arrêde donc cet
» impécille? »

« J'essayois d'entendre; et il me sembloit que
» si j'avois dit pareille chose, on eût appelé cela
» une balourdise irlandaise. »

Le pauvre enfant en punition de son impertinente observation, fut condamné à apprendre trois pages de l'Hermès.

Le petit Dominique un peu effrayé d'une tâche aussi longue, se contenta de dire : « J'espère que
» si je peux vous répéter cela sans manquer un mot,
» vous ne rendrez pas de moi un mauvais témoi-
» gnage à ma mère. »

« Rébétez-le sans manquer un mot, et che

» verrai ce que ch'aurai à dire, » répondit monsieur Owen ap Jones.

Encouragé par cet oracle, l'enfant s'appliqua si bien que le soir il put répéter sa tâche sans manquer un mot à son ami Edward, et la dit de même le lendemain à son maître.

« Ainsi donc, Monsieur, » dit l'enfant, la tête haute, « vous écrirez à ma mère ? et j'irai la voir ? »

« Tites-moi t'abord si vous ententez tout ce que » vous afez abris si fite, » dit M. Owen ap Jones.

Notre héros, qui ne s'étoit point engagé à cela, perdit toute son assurance, et convint qu'il ne l'entendoit pas parfaitement.

« Che ne puis donc égrire un bon témoignage » te vous ; ma gonscience me le rebrocheroit, » dit le consciencieux M. Owen ap Jones.

Il n'y eut point de prières capables de l'émouvoir. Dominique ne vit point la lettre écrite à sa mère ; mais il en éprouva les conséquences. Elle lui écrivit qu'elle étoit bien fâchée de ne pouvoir l'envoyer chercher ; mais que M. Jones avoit rendu de lui un compte bien défavorable, et qu'elle se reprocheroit d'interrompre ses études.

Le petit Dominique soupira quand il vit tous ses camarades faire leurs paquets, et versa quelques larmes quand il les vit par la fenêtre monter l'un après l'autre sur leurs chevaux, et s'éloigner en galopant.

« Je n'ai point de maison où je puisse aller, »

dit-il. « Si fait, tu en as une, » lui dit Edward;
« et nos chevaux sont à la porte qui nous attendent. »

« Pour me mener en Irlande ? » dit le pauvre
enfant tout troublé.

« Eh non; des chevaux ne peuvent pas te mener
» en Irlande, » dit Edward, riant de tout son
cœur; « mais tu as une maison en Angleterre. J'ai
» demandé à mon père qu'il me permît de t'ame-
» ner avec moi; mon bon père le veut bien, et il a
» envoyé des chevaux. Allons, partons. »

« Mais M. Jones me laissera-t-il aller ? »

« Oui, oui; il n'oseroit refuser; car mon père
» a un bénéfice à sa nomination, dont Jones a
» bien envie, et il ne l'aura pas, s'il ne change de
» manière avec toi. »

Le petit Dominique ne put proférer une parole,
tant son cœur étoit plein. Il n'y eut pas d'enfant
aussi heureux que lui pendant cette vacance. Son
âme que des traitemens durs avoient contrainte et
glacée, reprit toute son énergie naturelle.

Quelles que fussent ses raisons, on put voir que
M. Owen ap Jones dès ce moment changea de
conduite avec le petit Irlandais. Il ne l'appeloit
plus *impécille*, et un jour il auroit puni un petit
Welsh pour l'avoir appelé ainsi, si le petit *impécille* irlandais n'eût demandé grace pour lui.

Le petit Dominique avança rapidement dans
ses études, et surpassa bientôt tous les autres
écoliers, excepté son ami Edward; son tuteur le

mit dans une école plus élevée; Edward eut un précepteur chez lui; les deux amis furent donc séparés. Ensuite des professions différentes les entraînèrent dans des pays fort éloignés, et ils furent bien des années sans se voir ni entendre parler l'un de l'autre.

Dominique, non plus le petit Dominique, alla dans l'Inde comme secrétaire particulier d'un de nos commandans en chef. Nous n'avons pas su exactement comment il parvint à ce poste, et par quels degrés il s'avança dans le monde ; tout ce que nous savons, c'est qu'il se fit connoître fort avantageusement par un écrit très estimé sur les affaires de l'Inde, que les dépêches du général dont il étoit le sécrétaire étoient bien écrites, et que Dominique O'Reilly écuyer revint en Angleterre après plusieurs années d'absence, avec une fortune, non pas immense, mais conforme à ses désirs. Ses désirs n'étoient point insensés ; son ambition se bornoit à retourner dans son pays natal avec une fortune qui le mit à même de vivre indépendant, particulièrement de quelques parens qui n'avoient pas bien agi avec lui. Sa mère n'étoit plus.

En arrivant à Londres, la première chose qu'il fit fut de lire les papiers irlandais; il y vit avec une joie inexprimable que la terre d'O'Reilly étoit à vendre, la même qui avoit autrefois appartenu à sa famille. Il court aussitôt chez un procureur chargé de cette vente.

Quand ce procureur lui eut déroulé le plan du

manoir qu'il connoissoit si bien, avec une estimation de cette maison dans laquelle il avoit passé les plus heureuses de son enfance, son cœur fut si touché qu'il fut sur le point de payer plus cher une vieille ruine qu'il n'en auroit coûté pour bâtir une bonne habitation. Le procureur attaché aux intérêts de son client saisit ce moment pour lui montrer le plan des écuries et des basses-cours, qui étoient, comme cela arrive quelquefois, en Irlande, d'un style beaucoup meilleur que la maison. Notre héros étoit transporté. Il imaginoit des améliorations, des plantations, pendant que le procureur donnoit à un clerc quelques ordres relatifs à une autre affaire. Tout à coup le nom d'*Owen ap Jones* frappe son oreille; il écoute.

« Qu'il attende en bas, » dit le procureur; « son » argent n'est pas prêt; quand il laissera pourrir » M. Edward en prison.... »

« Edward! juste ciel! en prison! Quel Edward? » s'écrie notre héros.

C'étoit son ami Edward.

Le procureur lui dit que M. Edward s'étoit mis dans un grand embarras, parce qu'il s'étoit chargé des dettes que son père avoit faites en exploitant une mine dans le pays de Galles; qu'aucun des créanciers n'avoit refusé de s'arranger, excepté un curé welsh qui devoit à M. Edward père son bénéfice, et que c'étoit M. Owen ap Jones qui avoit fait mettre le jeune M. Edward en prison.—

« Combien demande ce coquin-là? il va être payé

» tout à l'heure, » s'écria Dominique, en jetant à terre le plan d'O'Reilly. « Faites-le monter, que » je le paie à l'instant. »

« Ne ferions-nous pas mieux de finir d'abord » notre affaire de la terre d'O'Reilly, » dit le procureur.

« Non, Monsieur, au diable la terre d'O'Reilly, » s'écria-t-il, repoussant tous les plans, et ramassant les billets qu'il avoit commencé à compter pour son acquisition. « Je vous demande pardon, » Monsieur; si vous saviez bien de quoi il s'agit, » vous m'excuseriez. Pourquoi donc ce drôle-là » ne monte-t-il pas, que je le paie? »

Le procureur tout stupéfait de cette vivacité irlandaise, n'avoit pas encore eu le temps d'ôter sa plume de sa bouche, et restoit cloué sur son fauteuil. O'Reilly court au haut de l'escalier, et d'une voix de Stentor : « Allons donc, M. Owen ap Jones; » venez donc vous faire payer tout de suite, ou » vous ne le serez jamais. »

Le vieux maître d'école monta tout essoufflé aussi vite que la goutte et la bière le lui permettoient : « Tieu me pénisse, cette voix.... » commença-t-il à dire.

« Où est votre billet? » dit le procureur. « Il » est ici, crasse à Tieu, » dit Owen ap Jones tout interdit, en tirant de sa poche, d'abord, un mouchoir bleu, puis une vieille grammaire que O'Reilly fit voler d'un coup de pied à l'autre bout de la chambre.

« Mon pillet est dans la crammaire » dit-il, en la ramassant; puis la feuilletant avec son pouce, il en tira enfin la précieuse pièce.

O'Reilly s'en saisit, lut la somme, paya entre les mains du procureur, déchira le timbre, puis sans regarder le vieux Jones qu'il ne pouvoit prendre sur lui d'envisager, il enfonça son chapeau, et se précipita hors de la chambre. Il fut pourtant obligé de revenir pour demander où il trouveroit Edward.

« Au banc du roi, Monsieur, » dit le procureur; « mais faut-il que je pense, » ajouta-t-il en lui présentant la carte de la terre d'O'Reilly, « faut-il que
» je pense que vous renoncez à cette acquisition? »
« Oui, — non, — je veux dire qu'il faut que vous
» pensiez.... que je m'en vais.... » répliqua notre
» héros, sans regarder derrière lui. « Je m'en vais;
» — cela est clair... »

Arrivé à la prison du banc du roi, il grimpe à la chambre où étoit détenu Edward. Les portes s'ouvrent; les porte-clés eux-mêmes sembloient partager l'empressement de notre héros. « Eh bien!
» cher Edward, comment cela va-t-il? je viens te
» donner un à-compte de ce que je te dois pour
» mon éducation. Ne me fais point de questions
» inutiles; hâtons-nous de quitter cette demeure
» indigne de toi. Notre vieux coquin est payé,
» Owen ap Jones, tu sais. Quoi! comme il me
» regarde! pourrois-tu bien ne pas me reconnoître?
» faut-il que je te parle en patois? » continua-t-il,

prenant l'accent de son enfance. « Faut-il que le
» jargon irlandais te rappelle ton *petit Dominique ?* »

Quand son ami Edward fut sorti, et que notre
héros eut le loisir de s'occuper d'affaire, il retourna
chez le procureur pour s'assurer qu'on avoit rempli les formalités nécessaires avec M. Owen ap
Jones.

« Monsieur, » dit le procureur, « le créancier est
» satisfait ; mais je dois vous dire, » ajouta-t-il avec
un sourire un peu méprisant, « que vous autres
» Messieurs irlandais mettez trop de précipitation
» dans les affaires : les affaires, Monsieur, doivent
» être conduites posément pour être bien faites. »

« J'irai maintenant aussi posément qu'il vous
» plaira ; mais quand mon ami étoit en prison, je
» pensois que plus tôt je l'en tirerois, mieux ce seroit.
» Maintenant si j'ai fait quelque méprise, montrez-
» la moi, je vais la réparer à l'instant. »

« A l'instant ! — Vous êtes bien heureux, Mon-
» sieur, d'avoir affaire à un homme rare suivant le
» préjugé reçu, je veux dire un procureur honnête
» homme. Voilà une somme assez forte en billets
» de banque qui vous appartient. Vous aviez fait
» une jolie étourderie ; vous laissiez ici le montant
» de la sentence au lieu du principal du billet.
» C'étoit justement le double de ce qu'il falloit. »

« C'étoit le double de ce qu'il falloit ; mais non
» pas le double de ce que j'aurois voulu faire,
» pas même la moitié. Au reste, j'ai agi sans étour-
» derie ; car je vous ai jugé un honnête homme ;

» et vous voyez qu'en cela je ne me suis pas trompé.
» Je pensois bien que vous ne donneriez à Jones
» que ce qui lui étoit dû, et mon intention étoit
» que le reste demeurât entre vos mains à la dispo-
» sition de mon ami Edward; je craignois qu'il ne
» voulût pas le recevoir de moi; c'est pour cela que
» je vous l'ai laissé. Tirer mon ami de prison pour
» l'y laisser rentrer le lendemain faute de moyens de
» se tirer d'affaire, eût été une grande étourderie;
» mais les Irlandais sont incapables d'en faire de
» pareilles. Si on leur reproche bien des bévues, il
» n'en est aucune qu'on puisse reprocher à leur
» cœur ! »

Ce Journal, composé de quatre feuilles *in-8°*, paroît le 15 de chaque mois.

Le prix de l'Abonnement est de 18 fr. pour l'année, et de 10 fr. pour six mois.

On s'abonne chez LE NORMANT, Imprimeur-Libraire, rue de Seine, n°. 8, près le pont des Arts.

Les lettres et les envois doivent être adressés francs de port.

ANNALES DE L'ÉDUCATION.

DE LA SECONDE ÉDUCATION
DE LA JEUNESSE.

Il est peut-être plus dangereux qu'utile d'insister beaucoup auprès des jeunes gens sur l'influence et la violence des passions : c'est leur préparer une excuse pour succomber, plutôt que des moyens pour se défendre ; c'est leur raconter la force de l'ennemi avant qu'ils aient eu le temps de connoître la leur ; c'est, ou les exciter à une témérité imprudente, ou les jeter dans une foiblesse dangereuse. Tant que vous parviendrez à vous en faire écouter, appuyez-vous de leur propre expérience. Ne leur parlez que des foiblesses auxquelles ils auront déjà succombé, ou risqué de succomber. Sur le reste, ils ne vous croiront pas, parce qu'ils ne vous comprendront pas. La naissance même des passions ne fera que les aveugler sur leur danger. Ces premiers momens appartiennent aux jouissances, aux désirs que la raison ne réprime point encore ; aux espérances que la crainte vient à peine balancer ; chaque minute qui s'écoule, semble écarter pour nous, le rideau qui cachoit une perspective charmante ; chaque instant de la vie ressemble au réveil d'un être heureux dans une belle matinée de printemps. Sera-ce alors qu'on pourra faire naître l'idée du trouble et de la douleur? faire entrer l'épouvante dans des âmes où vient de s'épanouir cette première fleur de jeunesse que rien encore n'a resserrée ni ternie? Elle vit dans l'avenir, et tout lui promet un avenir; la confiance est son premier besoin, elle se livre à la première apparence d'amitié comme à la plus foible lueur d'espérance. Ignorante sur tout, la jeunesse ne soupçonne pas qu'on puisse lui rien apprendre; chaque jour, frappée d'une nouvelle découverte, elle se croit chaque jour parvenue au terme de ses connoissances. Il faut s'être plusieurs fois trompé pour savoir douter.

Quelle que soit l'instruction qu'on a reçue, les lumières ne passeront jamais l'expérience; c'est la pratique de la vie qui nous forme à vivre. L'élève, en sortant des mains du maître, est donc encore tout neuf pour recevoir les leçons du monde, des écueils qu'il y rencontrera, des peines qu'il y pourra éprouver, des fautes qu'il sera exposé à y commettre. De toutes ces leçons, la plus utile sera celle des fautes; on ne peut guère espérer qu'il les évite; il faut seulement le préparer à les sentir; et alors il ne faut pas craindre qu'elles deviennent graves: la plus légère déviation frappe celui qui a mis son honneur et son plaisir à marcher droit. Etonné de ce sentiment nouveau de honte et de remords qui remplace la confiance avec laquelle il s'avançoit, il s'arrête, s'examine, et apprend plus d'un seul faux-pas que mille autres de la multiplicité de leurs chutes. Celui qui n'a fait qu'une faute, s'en souvient toute sa vie; ceux qui en font tous les jours les oublient l'instant d'après.

Cependant il ne faut pas trop laisser le jeune homme porter à lui seul cette première impression des remords d'une faute; si elle est trop forte, il pourra chercher à s'en délivrer, ou par des résolutions prises sans examiner s'il est capable de les tenir, ou bien par un prompt oubli : il dira comme les enfans : *Je ne le ferai plus*, pour faire cesser la réprimande, ou, comme eux, il chantera pour ne pas l'entendre. Il faut, au contraire, qu'il l'entende long-temps, qu'il se la répète souvent; mais pour cela il faut la lui rendre supportable, il faut le soulager d'une partie de son poids en lui offrant où le déposer. Le jeune homme qui a fait une faute, et qui la sent, est dès ce moment comme émancipé; il jouit de son bien, ses sottises lui deviennent personnelles : il ne faut plus prétendre à les arrêter par l'autorité, à les punir par d'autres châtimens que ceux qui viennent de lui-même; il faut seulement travailler à lui rendre ces châtimens utiles. On ne peut plus être ni père ni maître, mais seulement ami.

L'ami sage d'un jeune homme ne peut être le confident que de ses peines; c'est par elles qu'il arrivera à l'aveu de ses fautes : les fautes de la jeunesse sont presque toujours accompagnées d'embarras et de chagrins. Jamais calculées, jamais modifiées par la prévoyance, elles ne manquent guère de précipiter le jeune homme

sans défense au milieu des maux qu'elles ont dû
amener, et dont la première atteinte contribue si
puissamment à réveiller le remords; il voit à la
fois et le mal qu'il s'est fait et le mal qu'il a fait; il
n'ose gémir de peur qu'on ne l'entende, mais il
ne sait pas se déguiser, on le voit souffrir: il faut
alors l'encourager à se plaindre pour le conduire
à s'accuser; et quand il racontera ses peines, il
faut que l'indulgence l'empêche de songer à déguiser ses torts. Cependant cette indulgence doit
le plaindre sans l'excuser; mais il ne faut lui faire
sentir la force du blâme qu'il mérite, que quand
il aura retrouvé la force de la vertu qui peut réparer; il ne faut pas humilier encore l'être abattu,
mais attendre qu'on puisse faire rougir l'homme
courageux d'avoir été foible: la honte n'est utile
qu'à celui qui se sent capable de ne la plus mériter. Si ses fautes ont pour lui des suites longues
et fâcheuses, il ne faudra pas à chaque privation,
à chaque douleur, lui rappeler d'où elle lui vient,
mais tourner son attention sur le courage avec lequel il peut la supporter; il est toujours meilleur
de l'occuper de sa force que de sa foiblesse. Si sa
confiance renaissoit trop vite, il ne faudra pas
chercher à l'abattre par d'humilians souvenirs:
l'humiliation n'est bonne que quand elle vient du
dedans de nous-mêmes, de la honteuse comparaison que nous faisons de ce que nous avons été
avec ce que nous aurions dû être; venant des
autres, elle n'est reçue que comme une injure, et
ne produit que l'aigreur: mais il faudra l'avertir

des dangers auxquels il s'expose de nouveau, l'effrayer sur les suites d'une nouvelle foiblesse, lui rappeler ce qu'il a senti, la situation où il s'est trouvé, tout ce qu'il sait, mais qu'il oublie, et sans vouloir troubler le bonheur qu'il éprouve à se sentir débarrassé du poids de sa faute, lui faire comprendre que dans le souvenir des autres, il ne peut l'anéantir qu'à force de vertus. En lui laissant apercevoir qu'on ne peut encore être aussi sûr de lui qu'il paroit l'être lui-même, il faudra lui montrer combien on désire qu'il ait l'occasion de donner des preuves de sa force; pour lui rappeler qu'il ne les a pas encore données, on lui remettra sous les yeux, non ce qu'il a été, mais ce qu'il est actuellement; on l'occupera, non des torts qu'il a eus, mais de ce qui lui manque encore de mérites pour les réparer.

L'important seroit de saisir, pour le conduire à l'habitude de la réflexion, le moment où la tristesse a éteint la vivacité mobile de son imagination; si à ses peines se mêle le regret d'un bien perdu, d'une espérance trompée, gardez-vous de vouloir le détourner: il ne faut jamais craindre que la jeunesse regrette trop long-temps. Ce retour sur des sentimens qui ne peuvent plus agir, conduit à les connoître et à les juger. L'âme ainsi remuée se sent forcée d'en produire de nouveaux plus solides et mieux appuyés : c'est une terre riche; en la creusant, on la fertilise. Ses récoltes cependant ne seront pas d'abord abondantes, le premier moment d'un malheur appartient à la foiblessé. Toutes les forces de la vie s'étoient portées sur un point ; ce point manque : il semble que la force tout entière soit tombée en même temps. Aux transports d'une violente douleur succède un vide affreux ; il vient encore moins de ce que vous avez perdu de bonheur, que de ce que vous avez perdu d'énergie. Vous ne sentez plus ce qui vous reste de vous-même ; vous êtes nul pour votre propre consolation : c'est à vous-même que doit vous rappeler celui qui veut vous consoler, il faut qu'il tâche de faire renaître un mouvement, un désir, une occupation d'esprit. Mais un seul objet peut vous occuper : qu'il l'emploie, qu'il vous en parle, et ce sujet vous fournira bientôt de nouvelles idées. Vous croirez ne penser qu'à la même chose, et mille autres se seront déjà présentées à votre esprit. Un même sentiment les colorera, mais la variété de leurs formes se fera déjà sentir : elle distraira l'attention quelque temps fixée sur un point unique, immobile ; vous aurez repris la faculté de vivre, et les opérations de la vie se continueront d'elles-mêmes. C'est alors que la réflexion devient facile ; des sentimens douloureux remplissent votre âme, la réflexion les change en idées sérieuses qui ne les contrarient point, qui les expliquent et les calment en vous occupant à les expliquer ; elle peut les changer en idées fortes qui vous consolent ; elle ne tranche point avec votre disposition, elle ne cherche point à vous y arracher avec violence, elle vous en tire pour vous conduire à une disposition analogue, quoique différente. En ces momens, tout essai de distraction seroit un supplice, ou s'il réussissoit, pourroit avoir un danger, surtout pour la jeunesse toujours si prompte à reprendre à l'espérance et au bonheur.

Le malheur dont on est parvenu à se distraire, a passé sans être connu, sans avoir fructifié. Il ne laisse rien après lui qu'une place vide qu'il faut remplir; il donne le besoin de nouveaux plaisirs, de nouvelles passions qui se succèderont, sans se prêter aucune lumière; car il n'en restera que le souvenir des jouissances qu'elles ont procurées : on aura secoué la douleur qu'elles traînent à leur suite. Ces jouissances deviendront chaque jour plus nécessaires, car elles empêcheront d'en connoître d'autres. Le malheur qu'aura adouci la réflexion, laissera avec le trésor de réflexions qu'il aura fait naître, la connoissance d'un plaisir nouveau, inépuisable, celui que donne le travail de l'esprit; l'acquisition d'un fonds de force et de ressources, celles qu'on trouve dans la juste appréciation des choses et de soi-même. Le jeune homme qui aura éprouvé un sentiment profond, qui en aura souffert, et qui aura supporté cette souffrance jusqu'à ce que la réflexion ait détourné le cours de ses idées sans l'interrompre, et calmé son imagination sans l'étourdir, ce jeune homme connoîtra bien et le malheur tel qu'il est, et ce qu'il a de forces à lui opposer ; il le verra venir de loin, et songera à le prévenir ou à s'armer contre son attaque. Parce qu'il l'a éprouvé, il craindra de se l'attirer; mais parce qu'il en est sorti, il saura, s'il est nécessaire, le supporter. Il ne faut pas apprendre à la jeunesse à rien oublier, pas même les peines, car les fautes seront pour elle des peines, et elle les oubliera; mais il ne faut pas non plus lui apprendre à rien exagérer, pas même le repentir; l'exagération du repentir décourage de la vertu. Le coupable qui n'espère plus réparer, ne l'essaie pas, il se soumet à son humiliation, et sera bientôt près de se résigner à sa foiblesse. Le sentiment de la honte passe enfin, il ne peut durer toujours; mais on a perdu le moment qui pouvoit le faire tourner au profit de l'honneur; on a employé à écraser, la force qui devoit servir à relever; on a éteint, par le souvenir du mal, cette ardeur du bien qu'il pouvoit redoubler; on a détaché de sa propre estime, celui chez qui le désir de la regagner pouvoit enfanter des miracles. Il faut apprendre, il faut répéter aux hommes qu'on peut toujours réparer ou se corriger; qu'il n'est pas un moment de leur vie, jusqu'au dernier, qui ne puisse être employé à les conduire vers la perfection, ou à les ramener vers la vertu.

JOURNAL

ADRESSÉ PAR UNE FEMME A SON MARI, SUR L'ÉDUCATION DE SES DEUX FILLES.

Numéro XXXIV.

Votre sœur se plaint de la coquetterie que commence à montrer sa fille, et je ne crois pas qu'elle prenne les meilleurs moyens pour la réprimer. L'autre jour Zéphirine racontoit à ses cousines les présens de noce qu'a reçus une de ses amies, et disoit : « Pour moi je veux, quand je me marierai, » qu'on me donne une parure de perles fines, je » trouve cela bien plus joli que les diamans. »

Sa mère l'entendit, et lui dit : « Il n'est pas » du tout sûr que vous vous mariiez, il faut pour » cela trouver quelqu'un qui veuille vous épouser ; » ce qui n'arrivera certainement pas si vous con- » tinuez à faire des mines. »

Je ne sais si cette leçon convaincra bien parfaitement Zéphirine du danger des mines ; mais j'ai bien peur qu'elle ne la confirme dans l'idée qu'il faut plaire pour trouver à se marier, et ce n'est probablement pas sa mère qu'elle en croira sur le choix des moyens. Le désir de se marier n'est pas le premier motif de la coquetterie d'une jeune fille, mais il s'y joint bientôt, et ce désir est long-temps un enfantillage comme la coquetterie. Je n'ai eu dans aucun temps de ma jeunesse autant d'envie de me marier qu'entre quatorze et quinze ans, après avoir vu le trousseau d'une de mes amies : ce trousseau neuf, cette variété de parures, ces présens, ce mouvement d'une noce où la mariée joue le premier rôle, cette liberté d'une jeune femme qui le lendemain de son mariage va se trouver seule dans son appartement, maîtresse de son temps et de ses occupations, qui va avoir une femme de chambre, des domestiques à ses ordres ; il y a vraiment de quoi tourner la tête ; et tant que dans le mariage une jeune fille n'a pas vu autre chose, pardonnez-lui si tout son sang s'agite d'ivresse et de plaisir, à l'approche de chaque jeune homme de qui elle pourra espérer le beau titre de *madame*; et n'espérez pas l'empêcher d'employer, pour s'en faire remarquer, tous les petits moyens bien gauches et toutes les petites finesses très-peu fines de son ignorante coquetterie. A mesure qu'elle avance, cette coquetterie devient moins banale; elle s'occupe moins du mariage, et davantage du mari : tous ne lui conviendroient plus également. Elle commence à démêler quelles qualités seroient plus propres à faire son bonheur, quelles autres lui en promettroient moins; ses soins pour plaire deviennent presque des préférences, et par cette raison elle les déguise mieux. Ses desseins commençant à devenir plus particuliers, elle a plus à craindre qu'on ne les découvre. Quand elle ne songeoit qu'à se faire remarquer, elle se montroit; dès qu'elle remarque elle-même, elle se cache: aussi la coquetterie peut-elle donner des manières inconvenantes à une fille de quinze ans, rarement à une fille de dix-huit; il faut donc en retarder le développement le plus qu'il sera possible, et tâcher que l'envie de plaire ne prenne bien fort à une jeune fille qu'au moment où il pourra s'y mêler quelques motifs raisonnables.

J'ai toujours trouvé qu'on ne cherchoit pas assez à tourner l'esprit des jeunes personnes vers ces motifs raisonnables; on leur dit bien, comme votre sœur à

Zéphirine, que pour trouver à se marier, il ne faut pas faire des mines, qu'il faut être simple, douce et modeste; mais, de peur de trop éveiller leur imagination sur une attente positive, on leur présente généralement le mariage comme un avantage incertain : cette incertitude les engage à redoubler de soins et d'industrie pour parvenir à un but si important, et prolonge le temps, où elles s'occuperont du mariage plus que du mari, où elles songeront à obtenir plutôt qu'à choisir.

Je sais que dans nos mœurs, dans les habitudes surtout des classes supérieures, une jeune fille choisit peu son mari, mais elle n'en conserve pas moins l'idée qu'elle peut être choisie. Tout ce qui fortifiera cette opinion augmentera en elle le desir de plaire; et pour plaire, une jeune fille compte surtout sur ses agrémens. Il est cependant excessivement rare parmi les gens jouissant de quelque fortune, que les agrémens, ou même les qualités d'une jeune personne entrent pour quelque chose dans les arrangemens qui déterminent un mariage. Le mariage, tel qu'il est généralement parmi nous, n'offre point l'idée de deux âmes qui se cherchent, mais celle de deux destinées qui s'associent : il ne se fonde point pour l'ordinaire sur les sentimens qu'ont ajoutés aux rapports des deux sexes nos habitudes de société et le développement de notre faculté de sentir, mais beaucoup plutôt sur la disposition naturelle qu'ont à se rapprocher deux êtres dont l'un a besoin de société et de soins, dont l'autre a besoin d'appui. Ce n'est point parmi nous *tel homme* et *telle femme* qui s'unissent, c'est un homme et une femme dont les espérances de bonheur se fondent sur le devoir prescrit à tous les deux de porter chacun de leur côté dans cette union tout ce qu'ils possèdent de qualités et de moyens propres à établir, entretenir, augmenter le bonheur d'une vie qui va leur être commune. Ce bonheur dépend de l'un et de l'autre, en proportions non pas tout-à-fait égales, mais assez rapprochées; et une personne vraiment raisonnable, soit homme, soit femme, aura toujours en sa faveur le plus grand nombre des chances, parce qu'outre les chances ordinaires, elle aura encore ce qu'apportera dans la communauté la supériorité de sa raison.

L'espérance raisonnable d'un bonheur modéré, mais suffisant, voilà donc ce que présente le mariage tel qu'il existe parmi nous, mais ce n'est pas celui que s'en promet une jeune personne. La jeunesse veut de bonheur tout ce qu'elle en peut concevoir, et ce qu'elle en conçoit se mesure beaucoup plus sur la faculté de sentir que sur les choses qui doivent l'exercer. Une jeune fille voit se marier son amie, sa compagne; au milieu de ces préparatifs, ou brillans ou joyeux, au milieu de cet air de fête qui se répand sur tous les détails du grand événement, et dont son imagination ne peut que recevoir un mouvement très-vif, se place une idée plus douce, plus pénétrante, s'éveille et s'anime un sentiment dont elle a déjà commencé à pressentir le charme. Ce jeune futur, si occupé de la jeune prétendue, l'embarras naïf, satisfait et confiant de celle-ci, tout ce plaisir ravissant de plaire, ces soins si doux, qu'il est permis de recevoir, ces paroles de tendresse qu'il est permis d'entendre, cette sécurité de l'innocence qui se mêle aux émotions naissantes de l'amour; enfin cet avenir tout rempli de momens charmans, de sentimens délicieux dont on goûtera, dont on épuisera l'une après l'autre toutes les douceurs, sans crainte de les perdre, sans nécessité de les hâter : voilà ce qu'offrent aux regards, aux méditations d'une jeune fille, les premiers temps d'un mariage, et son imagination ne se porte pas au-delà. Un ménage de trois ou quatre ans n'attire déjà plus son attention, et le bonheur d'une femme à qui dix ans d'affection, de raison, de complaisance ont assuré la tendresse et la confiance de son mari, n'est pas un bonheur auquel elle ait jamais pensé, ni dont elle puisse se faire une idée. Ainsi du mariage elle n'a vu, elle n'a regardé que la noce, et cet amour qui est aussi de la noce, que la jeunesse y amène presque toujours, sentiment aussi sujet à s'user, que les chapeaux et les parures de la mariée, si on ne prend soin de même de le renouveler, et qu'une jeune femme au bout de quelque temps ne retrouvera peut être pas plus dans son ménage, que la magnificence de sa corbeille.

C'est donc sur l'amour et sur la corbeille qu'il faut, s'il se peut, empêcher une jeune fille de se trop monter l'imagination, et pour cela il faut s'occuper d'autre chose : mais de quoi l'occupera-t-on? des avantages du célibat? ce ne seroit pas le moyen d'obtenir une grande confiance. Une jeune fille peut dire aux autres, et se dire à elle-même, qu'elle renonce par raison à ce qu'il lui paroît trop difficile d'espérer, chercher dans sa position les moyens de bonheur qu'elle y peut trouver, s'y attacher même avec la passion d'une âme qui a besoin d'employer toutes ses forces d'un côté, de peur qu'elles ne l'entraînent de l'autre; mais tout cet appareil de résolution se démentira à la première espérance d'un bonheur plus fait pour elle, plus conforme à sa véritable destination, et cette possibilité d'espérer, cachée malgré elle, à son insu, dans le fond de son âme, y entretiendra toujours une agitation fatigante et dangereuse. Aussi, bien loin d'écarter des jeunes filles qui commencent à grandir l'idée du mariage, je voudrois qu'on les y ramenât habituellement, mais le plus qu'il se pourra sans incertitude, en leur disant, non pas: c'est ainsi qu'il faut être pour trouver à se marier, mais: c'est ainsi qu'il faut être pour vivre heureuse en ménage. Je voudrois que, sans les occuper des difficultés qui ne les regardent pas, on les occupât du but qui ne regarde qu'elles. Confiantes dans la volonté de leurs parens, rassurées sur leur avenir qu'elles sauront qu'on travaille à leur rendre tel qu'elles le peuvent désirer, elles s'y transporteront avec calme et satisfaction; et si ensuite leur espérance étoit trompée, elles n'en seroient pas plus malheureuses pour l'avoir attendu sans inquiétude, que pour l'avoir désiré avec agitation. Quelle mère, dans quelque situation que ce soit, n'espère pas parvenir un jour à marier sa fille ? qu'elle communique donc ses espérances, et ne garde pour elle que ses craintes : c'est ainsi qu'elle pourra maîtriser à un certain point une imagination qu'il ne faut pas espérer de calmer entièrement, et la porter sur celle des parties de ce grand événement dont il est important qu'elle s'occupe de préférence.

Qu'une jeune personne sache de bonne heure à quel degré d'aisance ou de médiocrité elle doit s'attendre en se mariant; qu'elle ne regarde pas le mariage comme une augmentation des jouissances de fortune auxquelles elle est accoutumée. Il n'y a presque pas de jeune fille pour qui, *quand je serai mariée*, et *quand je serai riche*, ne soient des phrases à peu près synonymes : tout-à-fait ignorante sur l'usage de la liberté, elle ne la conçoit qu'indéfinie, sans se représenter ni les devoirs, ni même les obstacles naturels qui pourroient en restreindre l'emploi. Pouvoir dépenser comme on veut, équivaut pour elle à pouvoir dépenser tant qu'on veut. Il faut que des calculs journaliers, fondés sur l'aperçu de ce qu'elle peut attendre de fortune dans un mariage à peu près égal, lui apprennent à régler ses désirs ; qu'elle s'accoutume à établir ses espérances sur l'économie, et non sur la dépense, à regarder le plaisir de se passer une fantaisie comme une récompense de la sagesse avec laquelle elle s'en sera refusé plusieurs. Avec une pareille manière de voir, ce luxe, presque toujours disproportionné à la fortune, dont on s'efforce d'environner le jour du mariage, ne parviendra pas à l'éblouir; elle sentira ce que va prendre sur son aisance ce qu'on veut accorder à sa vanité; et chez elle la vanité, pour jouir à son aise des plaisirs qu'on lui offre, et auxquels elle ne pourra cesser d'être sensible, aura besoin que du moins la raison n'en soit pas trop mécontente.

Mais cette raison, capable d'écarter les idées frivoles, le sera-t-elle également de repousser les idées romanesques? Quand Sophie verra sa cousine, plus riche qu'elle, choisir en se mariant entre les diamans et les perles, quelqu'intérêt qu'elle puisse trouver à un pareil choix, je ne crois pas qu'en s'en occupant pour sa cousine, elle vienne à penser que les perles ou les diamans soient d'une grande importance pour le bonheur du mariage. Ils ne seront point entrés dans l'idée qu'elle s'en sera faite pour elle-même, et c'est le bonheur qu'elle aura imaginé qui lui sera nécessaire; non celui qu'elle aura vu à une autre; mais quand elle recevra les innocentes confidences de Zéphirine, si occupée, sans vouloir le paroître, de ce jeune homme si empressé auprès d'elle; quand, les yeux constamment fixés sur elle tandis qu'il lui parlera, elle la verra sourire et rougir à des paroles qu'elle voudra feindre de ne pas écouter, et auxquelles elle ne manquera jamais de répondre; lorsqu'ensuite elle apercevra la confiance qui commence à s'établir, les intérêts qui commencent à devenir communs, alors c'est le bonheur qu'elle aura imaginé, qui se représentera à elle tout vivant, tout parlant, qui fera tressaillir son cœur d'un mouvement bien plus vif encore que celui qu'ont jamais pu produire les rêves de son imagination. Ces rêves s'animeront d'un nouveau degré d'espérance de réalité : qu'aurai-je à y opposer ? comment pourrai-je trouver dans sa raison de quoi affoiblir le charme que promet un pareil moment ; et quand je le pourrois, comment le voudrois-je ?

Non, non, quand leur tour viendra, que rien, s'il est possible, ne manque pour elles à la fête, qu'elles en jouissent de cet aimable enfantillage de l'amour, qu'il se prolonge, s'il se peut, dans le mariage, que je les voie heureuses, enivrées de tout le bonheur que peut donner leur âge. Je ne veux qu'empêcher, autant que je le pourrai, ce bonheur passager d'usurper dans leur imagination la place destinée à préparer un bonheur plus durable. Je veux, s'il est possible, à ces aveugles penchans de la jeunesse, trop capables de les entraîner du côté où se présenteront les premières espérances, opposer, si je le puis, pour contre-poids les penchans plus réfléchis qu'inspirent les qualités estimables ; je tâcherai d'attirer leur attention sur des ménages heureux après une longue suite d'années, et je leur ferai observer quelles vertus dans la femme, quel mérite chez le mari ont consolidé cette bienheureuse union ; je leur ferai sentir avec quel orgueil une femme raisonnable doit porter le nom, partager la destinée de l'homme qu'elle voit jouir de l'estime publique. Si un homme se distingue par une action qui les frappe, je leur parlerai de sa femme; et je veux, si elles remarquent quelque sentiment noble ou vertueux, qu'elles le désirent au mari à qui elles appartiendront : mais je leur montrerai surtout comment on mérite d'appartenir à un homme estimable. Mon ami, réunie à vous, comme j'espère l'être bientôt, je n'aurai pas à leur donner l'exemple de beaucoup de sacrifices; mais dans les soins, les complaisances mutuelles qu'exige un lien aussi intime, j'aurai encore l'occasion de leur apprendre ce que chacun doit apporter pour sa part dans le bonheur du ménage : elles verront par notre exemple à tous deux, qu'on peut souvent céder sans peine, et trouver du plaisir à échanger son désir contre celui d'un autre. Par la différence de nos occupations et des services que nous pouvons rendre chacun à la communauté, elles comprendront que puisque les affaires, les fatigues, les soins extérieurs sont le domaine du mari, le soin d'écarter de l'intérieur toute peine, toute inquiétude et toute contrariété, est au nombre des premières obligations de la femme : elles vous verront cependant me tenir compte de la moindre attention, du plus léger sacrifice, et me remercier d'avoir rempli mon devoir; elles me verront jouir avec orgueil de cette reconnoissance que je ne devrai qu'à votre bonté, à votre affection pour moi. Obtenir le suffrage de l'homme qu'on estime et qu'on aime, deviendra, j'espère, à leurs yeux, le bien le plus grand, le plus désirable dont elles puissent se former l'idée ; et je crois, mon ami, qu'ainsi préparées, elles échapperont sans beaucoup de peine aux dangers d'une coquetterie banale. Averties de ce qu'il leur faut réellement, elles ne se laisseront jamais entièrement séduire par ce plaisir irréfléchi qui naît de l'instinct de la jeunesse, du désir de plaire, de l'orgueil d'être remarquée. Peut-être, à la vérité, en éloigneront-elles avec plus de dégoût le parti avantageux, où ne se trouveroient pas les élémens du genre de bonheur qui leur paroîtra nécessaire; mais il ne faut jamais craindre qu'une jeune fille se rende difficile, jusqu'à l'exagération, sur le choix d'un mari, et mon empressement à établir les miennes, n'ira jamais jusqu'à leur souhaiter un sot. Peut-être aussi cette idée qu'elles se seront formée d'un bonheur que tous ne seroient pas également capables de leur donner, portera-t-elle leurs vœux avec plus de passion du côté où elles pourroient espérer de le trouver; et si ces vœux étoient inutiles, méconnus, trompés!... Ah, mon ami!... mais à vingt ans on a bien des moyens de se consoler même d'un grand malheur; et si le bonheur arrive dans toute sa plénitude, tel qu'on a pu, tel qu'on a dû le concevoir et le désirer, à vingt ans combien n'a-t-on pas de facultés pour en jouir !

P. M. G.

PLAN D'UNE UNIVERSITÉ,

OU D'UNE ÉDUCATION PUBLIQUE DANS TOUTES LES SCIENCES, PAR DIDEROT.

(*Continuation.*)

SIXIÈME CLASSE.

La logique et la critique, la grammaire générale et raisonnée.

LA logique est l'art de penser juste, ou de faire un usage légitime de ses sens et de sa raison, de s'assurer de la vérité des connoissances qu'on a reçues, de bien conduire son esprit dans la recherche de la vérité, et de démêler les erreurs de l'ignorance ou les sophismes de l'intérêt et des passions : art sans lequel toutes les connoissances sont peut-être plus nuisibles qu'utiles à l'homme, qui en devient ridicule, sot ou méchant.

C'est assurément par la logique qu'il faudroit commencer, c'est-à-dire par la perfection de l'instrument dont on doit se servir, si cet enseignement abstrait étoit à la portée des enfans ; mais parvenus jusqu'ici, ils y auront été préparés par un suffisant exercice de leur raison.

La critique est l'art d'apprécier les différentes autorités, assez souvent contradictoires, sur lesquelles nos connoissances sont appuyées.

Il y a l'autorité des sens et celle de la raison.

L'autorité de l'expérience et celle de l'observation.

Le danger de l'analogie.

L'examen des témoins, le témoin oculaire ; l'historien contemporain, l'historien moderne de faits anciens : les écrivains en tout genre, les philosophes, les orateurs, les poëtes, les nations, la tradition.

L'examen des faits naturels ou prodigieux.

Le traité de la probabilité, de l'existence, de l'évidence, de la vraisemblance, de la certitude, de la persuasion, de la conviction, du doute.

L'examen des opinions et des systèmes.......

Les élémens de la logique et de la critique conduisent à l'étude de l'histoire et des belles lettres; et la grammaire générale raisonnée est l'introduction à l'étude de toutes les langues particulières.

Quelque variété apparente qu'il y ait entre les langues, si l'on examine leur objet d'être la contre-preuve de tout ce qui se passe dans l'entendement humain, on s'apercevra bientôt que c'est une même machine soumise à des règles générales, à quelques différences près, de pure convention, dont une langue par gestes trouveroit les équivalens.

Le traité de ces règles générales s'appelle grammaire générale raisonnée; celui qui la possède a la clef des autres, et il est prêt à étudier avec intelligence, et à apprendre avec rapidité quelque langue particulière que ce soit.

J'ai placé cette étude après la logique, qui

s'occupe des mots, de leurs acceptions, de leur ordre dans la proposition, et de l'ordre de la proposition dans le raisonnement, parce que la grammaire générale raisonnée n'est qu'une application très-subtile de la logique, ou de l'art de penser, à la grammaire ou à l'art de parler......

Si l'on jugeoit à propos de reléguer la grammaire générale raisonnée après l'étude des grammaires et des langues particulières, ou du moins jusqu'au moment où les élèves posséderont une langue étrangère ancienne ou moderne, avec laquelle ils pourroient comparer la syntaxe de la leur, je ne m'y opposerois pas ; la méthode qui remonte des faits particuliers aux premiers principes, est peut-être à préférer ici à la méthode qui descend des premiers principes aux cas particuliers.

Mais lorsque je considère qu'il ne s'agit point d'un objet entièrement nouveau, que nous possédons tous une langue maternelle, que le long exercice de la parole nous dispose dès notre enfance à l'étude de ces principes, ou à leur application à l'idiome qui nous est familier, et dont nous avons appris les élémens de nos parens, lorsqu'ils environnoient notre berceau, ou qu'ils nous portoient dans leurs bras; lorsque je vois la liaison étroite de cette science avec la logique, je la laisse où je l'ai placée.

(La septième classe est consacrée à l'étude de la langue maternelle; Diderot ne connoissant pas la langue russe, ne donne aucun précepte à cet égard.)

Je remarquerai seulement, dit-il, que chez toutes les nations, la langue a dû ses progrès aux premiers génies : c'étoit le résultat des efforts qu'ils faisoient pour rendre fortement et clairement leurs pensées. C'est Rabelais, Marot, Malherbe, Pascal et Racine qui ont conduit celle que nous parlons au point où elle est.

Si la précision et la clarté sont les deux qualités principales d'une langue, toutes doivent prendre pour modèle la langue française ; si c'est l'énergie, c'est autre chose....

HUITIÈME CLASSE.

Le grec et le latin, l'éloquence et la poésie, ou l'étude des belles-lettres.

La gloire littéraire est le fondement de toutes les autres : les grandes actions tombent dans l'oubli ou dégénèrent en fables extravagantes, sans un historien fidèle qui les raconte, un grand orateur qui les préconise, un poëte sacré qui les chante, ou des arts plastiques qui les représentent à nos yeux. Personne n'est donc plus intéressé à la naissance, aux progrès et à la durée des beaux arts, que les bons souverains.....

Ce sont les livres et les monumens qui marquent les intervalles des siècles qui se projetteroient les uns sur les autres, et ne formeroient qu'une nuit épaisse à travers laquelle l'avenir n'apercevroit plus que des fantômes exagérés, sans les écrits des savans qui distinguent les années par le récit des actions qui s'y sont faites. Le passé n'existe que par eux; leur silence replonge l'univers dans le néant; la mémoire des aïeux n'est pas; leurs vertus restent sans honneur et sans fruit pour les neveux, le moment où ces cygnes paroissent, est comme l'époque de la création.

Cependant il y a bien de la différence entre celui qui agit et celui qui parle, entre le héros et celui qui le chante: si le premier n'avoit pas été, l'autre n'auroit rien à dire. Certes, la belle page est plus difficile à écrire que la belle action à faire; mais celle-ci est d'une bien autre importance.

Les beaux arts ne font pas les bonnes mœurs; ils n'en sont que le vernis.

Il faut qu'il y ait des orateurs, des poëtes, des philosophes, de grands artistes; mais, enfans du génie bien plus que de l'enseignement, le nombre n'en doit et n'en peut être que fort petit. Il importe surtout qu'ils soient excellens moralistes; condition sans laquelle ils deviendront des corrupteurs dangereux. Ils préconiseront le vice éclatant, et laisseront le mérite obscur dans son oubli. Adulateurs des grands, ils altéreront, par leurs éloges mal placés, toute idée de vertu: plus ils seront séduisans, plus on les lira, plus ils feront de mal.

Voilà une des raisons pour lesquelles je relègue l'étude des belles-lettres dans un rang fort éloigné. J'en vais exposer beaucoup d'autres: je m'élève contre un ordre d'enseignement consacré par l'usage de tous les siècles et de toutes les nations, et j'espère qu'on me permettra d'être un peu moins superficiel sur ce sujet.

Objections.

Voici les objections de ceux qui s'obstinent à placer l'étude du grec et du latin à la tête de toute éducation publique ou particulière.

1°. Il faut, disent-ils, appliquer à la science des mots l'âge où l'on a beaucoup de mémoire et peu de jugement.

2°. Si l'étude des langues exige beaucoup de mémoire, elle l'étend encore en l'exerçant.

3°. Les enfans ne sont guère capables d'une autre occupation.

Réponse.

A cela je réponds qu'on peut exercer et étendre la mémoire des enfans aussi facilement et plus utilement avec d'autres connoissances que des mots grecs et latins; qu'il faut autant de mémoire pour apprendre exactement la chronologie, la géographie et l'histoire, que le dictionnaire et la syntaxe; que les exemples d'hommes qui n'ont jamais su ni grec ni latin, et dont la mémoire n'en est ni moins fidèle, ni moins étendue, ne sont pas rares; qu'il est faux qu'on ne puisse tirer parti que de la mémoire des enfans; qu'ils ont plus de raison que n'en exigent des élémens d'arithmétique, de géométrie et d'histoire; qu'il est d'expérience qu'ils retiennent tout indistinctement; que quand ils n'auroient pas cette dose de raison qui convient aux sciences que je viens de nommer, ce n'est point à l'étude des langues qu'il faudroit accorder la préférence, à moins qu'on ne se proposât de les enseigner comme on apprend la langue maternelle, par usage, par un exercice journalier, méthode très-avantageuse sans doute, mais impraticable dans un enseignement public, dans une école mêlée de commensaux et d'externes; que l'enseignement des langues se fait par des rudimens et d'autres livres, c'est-à-dire qu'elle y est montrée par principes raisonnés, et que je ne connois pas de science plus épineuse; que c'est l'application continuelle d'une logique très-fine, d'une métaphysique subtile, que je ne crois pas seulement supérieure à la capacité de l'enfance, mais encore à l'intelligence de la généralité des hommes faits, et la preuve en est consignée dans l'Encyclopédie à l'article *Construction*, du célèbre Dumarsais, et à tous les articles de grammaire; que si les langues sont des connoissances instrumentales, ce n'est pas pour les élèves, mais pour les maîtres; que c'est mettre à la main d'un apprentif forgeron un marteau dont il ne peut ni empoigner le manche, ni vaincre le poids; que si ce sont des clefs, ces clefs sont très-difficiles à saisir, très-dures à tourner; qu'elles ne sont à l'usage que d'un très-petit nombre de conditions; qu'à consulter l'expérience et à interroger les meilleurs étudians de nos classes, on trouvera que l'étude s'en fait mal dans la jeunesse; qu'elle excède de fatigue et d'ennui; qu'elle occupe cinq ou six années, au bout desquelles on n'en entend pas seulement les mots techniques;

que les définitions rigoureuses des termes génitif, ablatif, verbes personnels, impersonnels, sont peut-être encore à faire; que la théorie précise des temps des verbes ne le cède guère en difficulté aux propositions de la philosophie de Newton, et je demande qu'on en fasse l'essai dans l'Encyclopédie, où ce sujet est supérieurement traité à l'article *Temps*; que les jeunes étudians ne savent ni le grec ni le latin qu'on leur a si long-temps enseigné, ni les sciences auxquelles on les auroit initiés; que les plus habiles sont forcés à les réétudier au sortir de l'école, sous peine de les ignorer toute leur vie, et que la peine qu'ils ont endurée en expliquant Virgile, les pleurs dont ils ont trempé les satires plaisantes d'Horace, les ont à tel point dégoûtés de ces auteurs, qu'ils ne les regardent plus qu'en frémissant : d'où je puis conclure, ce me semble, que ces langues savantes propres à si peu, si difficiles pour tous, doivent être renvoyées à un temps où l'esprit soit mûr, et placées dans un ordre d'enseignement postérieur à celui d'un grand nombre de connoissances plus généralement utiles et plus aisées, et avec d'autant plus de raison qu'à dix-huit ans on y fait des progrès plus sûrs et plus rapides, et qu'on en sait plus et mieux dans un an et demi, qu'un enfant n'en peut apprendre en six ou sept ans. Mais accordons qu'au sortir des écoles, les enfans possèdent les langues anciennes qu'on leur a montrées : que deviennent ces enfans? Ils se répandent dans les différentes professions de la société : les uns se font commerçans ou militaires, d'autres suivent la cour ou le barreau, c'est-à-dire que les dix-neuf vingtièmes passent leur vie sans lire un auteur latin, et oublient ce qu'ils ont si péniblement appris.

Mais ce n'est pas tout : si les principes de la grammaire ne sont aucunement à la portée des enfans, ils ne sont guère plus en état de saisir le fond des choses contenues dans les ouvrages sur lesquels on les exerce.

Je sais qu'on a recours à la glose interlinéaire, à la construction directe, et à d'autres petits moyens de soulager l'imbécillité des élèves; mais j'ignore encore le fruit de ces méthodes tant prônées par les inventeurs; et le préservatif des mœurs, à l'aide des éditions mutilées, me paroît insuffisant, si à chaque ligne le maître ne fait pas sentir le vice d'un caractère, le danger d'une maxime, l'atrocité ou la malhonnêteté d'une action, peine qu'il ne se donnera jamais. Si l'étude des anciens auteurs étoit réservée pour un temps où la tête fût mûre, et les élèves avancés dans la connoissance de l'histoire, il me semble qu'ils y rencontreroient moins de difficultés, et qu'ils y prendroient plus de goût, les faits et les personnages dont Thucydide, Xénophon, Tite-Live, Tacite, Virgile les entretiendroient, leur étant déjà connus.

L'enseignement d'une science, quelle qu'elle soit, pouvant être faite dans la langue de la nation, je conçois bien l'inconvénient; mais je suis encore à sentir l'avantage d'ajouter à la difficulté des choses celle d'un idiome étranger; dans lequel il est souvent difficile, quelquefois impossible, de s'expliquer sans employer des tours et des expressions barbares. Si le maître parle un latin pur et correct, il ne gâtera pas le goût des élèves, mais ils fatigueront à l'entendre; s'il parle un latin barbare, comme il est d'usage et de nécessité dans une langue morte à laquelle il manque une infinité de termes correspondans à nos mœurs, à nos lois, à nos usages, à nos fonctions, à nos ouvrages, à nos inventions, à nos arts, à nos sciences, à nos idées, il sera entendu, mais ce ne sera pas sans danger pour le goût.

Et puis je demanderai : à qui ces langues anciennes sont-elles d'une utilité absolue ? J'oserois presque répondre : à personne, si ce n'est aux poëtes, aux orateurs, aux érudits et aux autres classes des littérateurs de profession, c'est-à-dire aux états de la société les moins nécessaires.

Prétendra-t-on qu'on ne puisse être un grand jurisconsulte sans la moindre teinture de grec et avec une très-petite provision de latin, tandis que tous les nôtres en sont là ? J'en dis autant de nos théologiens et de nos médecins : ces derniers se piquent de bien savoir et de bien écrire le latin, mais ils ignorent le grec; et la langue de Gallien et d'Hippocrate n'est pas plus familière à nos *iatres* (1) que l'hébreu, idiome dans lequel les livres saints sont écrits, ne l'est à nos hiérophantes.

Mais tant pis, dira-t-on : — et pourquoi tant

---

(1) Du mot grec *iatros*, médecin.

pis ? en possèdent-ils moins bien l'anatomie, la physiologie, l'histoire naturelle, la chimie et les autres connoissances essentielles à leur profession? leurs anciens auteurs n'ont-ils pas été traduits et retraduits cent fois? Mais quand je conviendrois de l'avantage de ces langues pour certains états, la question n'en resteroit pas moins indécise, car il ne s'agit point ici de leur utilité, mais bien du temps où il convient de les apprendre : est-ce lorsqu'on est enfant et écolier, ou lorsque soustrait à la férule, on se propose d'être maître? Entre les connoissances, est-ce dans le rang des essentielles ou des surérogatoires qu'il faut les placer ? essentielles ou surérogatoires, en faut-il occuper l'âge de l'imbécillité, l'âge où leur difficulté est au-dessus de la portion de jugement que la nature nous accorde ? Quand on les posséderoit de bonne heure, sans la multitude des connoissances antérieures au rang d'enseignement que nous leur avons assigné, en entendroit-on mieux les auteurs? On étudieroit donc à cinq ou six ans ce qu'on ne sauroit bien apprendre, et ce qui ne pourroit servir qu'à vingt-cinq ou trente, et peut-être plus tard.....

Ce que je dis du moment où la connoissance du grec et du latin, est utile au médecin, et de l'âge où il convient de se livrer à cette étude, je puis le dire du littérateur même, avec cette différence que sans grec, et à plus forte raison, sans latin, on n'est point un homme de lettres: il faut absolument à celui-ci une liaison intime avec Homère et Virgile, Démosthènes et Cicéron, s'il veut exceller.

De la manière d'étudier les langues anciennes ou modernes.

Je ne suis pas d'accord avec l'usage sur le temps de l'enseignement des langues anciennes ; je ne le suis pas davantage avec les philosophes, tels que Dumarsais et d'autres qui ont porté l'esprit de la logique dans la grammaire, sur la manière de les étudier toutes.

Demandez à Dumarsais comment on apprend le grec et le latin ; il vous répondra, traduire les bons auteurs. — Et quoi encore ? — Traduire, toujours traduire. — D'accord, il faut traduire. Et composer ? — Gardez-vous-en bien. — Et pourquoi ? — C'est que vous doubleriez votre peine, et qu'à la perte du temps, vous ajouteriez celle du goût, en vous accoutumant à des tours vicieux et barbares. — Et quel inconvénient ce vice et cette barbarie de langage et de style, ont-ils pour l'avenir ? — Je ne veux pas qu'on compose, absolument je ne le veux pas ; nos premiers littérateurs, nos anciens auteurs de grammaires et de dictionnaires n'ont pas composé, et personne aujourd'hui ne possède, peut-être, les langues grecque et latine comme ils les ont possédées.

De la version et du thème.

Cependant, quel est le travail de l'esprit en traduisant ? C'est de chercher dans la langue qu'on possède, les expressions correspondantes à celles de la langue étrangère dont on traduit et qu'on étudie.

Et quel est le travail de l'esprit en composant ? C'est de chercher, dans la langue étrangère qu'on apprend, des expressions correspondantes à celles de la langue qu'on parle, et qu'on sait.

Or, il est évident que dans cette dernière opération, ce n'est pas la langue qu'on sait, que l'on apprend; c'est donc celle qu'on ignore.

Il ne l'est donc pas moins que dans la première qui est exactement son inverse, on fait vraiment le contraire (1).

---

(1) Ce qui est surtout évident, c'est que, faute d'un instant de réflexion, Diderot a pris ici la proposition sous un point de vue tout-à-fait faux. Sans doute le travail du thème est de chercher un mot latin pour rendre le mot français; mais s'ensuit-il de ce travail que le mot qu'on trouvera sera nécessairement celui qui convient ? Un écolier aura à rendre cette expression, *maison Cornélienne*, qu'après avoir cherché dans son Dictionnaire le mot *maison*, entre les différentes traductions de ce mot, il s'arrête au mot *domus*; son travail de recherche lui aura été fort peu utile : rien ne le choquera dans la phrase où il insérera ce mot, rien ne l'avertira du ridicule de son choix; comment, avant de savoir le latin, s'apercevra-t-il de la bizarrerie d'une phrase latine de sa composition ? Qu'au contraire il ait à traduire le *gens Corneliana*, s'il est embarrassé entre les différentes acceptions du mot *gens*, il aura, pour se diriger et s'éclairer, le sens du reste de la phrase dont il cherchera à se donner l'explication en français, et sera conduit à choisir la seule traduction du mot *gens* qui puisse entrer dans une phrase française raisonnable. Il me semble qu'on pourroit retourner ainsi la proposition de Diderot : Faire un thème, c'est chercher dans la

Mais si ces deux sortes de versions concourent au progrès de l'étudiant; si la seconde y coopère plus fortement et plus évidemment que la première, pourquoi les séparer?....

(Diderot propose pour les thèmes et les versions, la méthode suivante :)

1°. Traduire les bons auteurs, ou faire la version.

2°. Composer ou faire le thème d'après la méthode suivante.

Je m'explique : prendre une page traduite d'un bon auteur, ou dans sa langue, ou dans quelque autre langue qu'on sache;

Rendre cette page traduite dans la langue de l'auteur, et comparer sa traduction avec le texte original.

C'est ainsi qu'on apprend les mots, la syntaxe, et qu'on saisit l'esprit d'une langue qui s'établit dans la mémoire par la lecture et par l'écriture.

3°. Composer et traduire sur toutes sortes de matières et d'après tous les auteurs, sans quoi la connoissance de la langue restera toujours imparfaite. Rien de plus commun que d'entendre, sans hésiter, Homère et Virgile, et que d'être arrêté

---

langue qu'on ignore les moyens de rendre les paroles de la langue qu'on sait; faire une version, c'est employer la langue qu'on sait à s'expliquer celle qu'on ignore. Lequel des deux offre le plus de facilité et de probabilités d'instruction? Du reste, le genre de thèmes que propose ensuite Diderot me paroît le seul qui puisse avoir quelque utilité. (*Note du Rédacteur.*)

à chaque phrase dans Thucydide ou Tacite. Rien de plus commun que de trouver tous les mots propres à la guerre, à l'histoire et à la morale, et d'ignorer le nom d'une fleur, d'une plante potagère ou d'un ustensile domestique.

AVANTAGES DE L'ÉTUDE.

Des langues grecque et latine.

Les Grecs ont été les précepteurs des Romains; les Grecs et les Romains ont été les nôtres. Je l'ai dit, et je le répète : on ne peut guère prétendre au titre de littérateur, sans la connoissance de leurs langues. La langue grecque ayant beaucoup influé sur le latin, et la grammaire en étant un peu plus difficile, on pense communément que c'est par cette étude qu'il faut commencer; mais l'étudiant n'étant plus un enfant, ayant le jugement fait et la tête meublée d'une assez bonne provision de connoissances élémentaires en tout genre, il est temps qu'il médite et qu'il réfléchisse. J'estime donc que l'étude des deux langues doit marcher de front; celui qui sait le grec, rarement ignore le latin; et il n'est que trop commun de savoir le latin et d'ignorer le grec. Celui qui a appris le latin, ne l'oublie guères (1), et celui qui a su le grec qu'il n'a appris que par la version, l'a bientôt oublié s'il ne le cultive sans relâche. Ces deux langues renferment de si grands modèles

---

(1) Selon Diderot, parce qu'il l'a appris par le thème et la version.

en tous genres, qu'il est difficile d'atteindre à l'excellence du goût sans les connoître. Voyager à Rome pour les peintres, voyager à Rome et à Athènes pour les littérateurs; celui qui a un peu de tact, discernera bientôt l'écrivain moderne qui s'est familiarisé avec les anciens, de l'écrivain qui n'a point eu de commerce avec eux......

Les langues grecque et latine ont aussi de particulier, que telle est leur flexibilité, et conséquemment la variété de style de ceux qui les ont écrites, que celui qui possède parfaitement son Homère, n'entend presque rien de Sophocle, et moins encore de Pindare, et que celui qui lit couramment Ovide et Virgile, est arrêté à chaque ligne de Pline le naturaliste, ou de l'historien Tacite.

C'est d'après l'esquisse légère que je vais donner du style des auteurs grecs et latins, et des sujets qu'ils ont traités, qu'on achèvera de se convaincre combien une connoissance précoce convient peu à la jeunesse.

(Nous ne donnerons pas ici cette appréciation des auteurs grecs et latins, qui ne nous a paru ni assez approfondie, ni assez intéressante pour faire pardonner les inexactitudes et même les erreurs graves dont elle est remplie. Nous transcrirons seulement les réflexions suivantes placées à la fin de l'examen des auteurs latins.)

Presque tous ces écrivains sont peut-être sans conséquence entre les mains d'un homme fait; mais je demande si l'on parle de bonne foi, lorsqu'on assure que la langue de ces auteurs, difficiles pour le style, profonds pour les choses, et souvent dangereux pour les mœurs, peut être la première étude de la jeunesse ; si l'on souffrira sous des yeux innocens et purs, les leçons de Plaute, dont je n'ai point parlé ; celles de Térence que je me rappelle en ce moment, Térence, dont l'élégance et la vérité sont au-dessus de tout éloge, mais dont les peintures n'en sont que plus séduisantes ; les leçons d'athéisme de Lucrèce : j'aimerois encore mieux qu'on exposât les élèves à se corrompre le goût dans le dur, sec et boursoufflé Sénèque le tragique....

Je demande si cette étude ne suppose pas des têtes plus mûres et des connoissances préliminaires ?

Je demande s'il est indifférent d'en aplanir la difficulté par des notions générales sur les mœurs, les usages, les faits ; en un mot, par l'histoire des temps ?

Que signifient ces lettres de Cicéron à Atticus, à Brutus, à César, à Caton, où les replis tortueux de la politique romaine sont développés sous les yeux d'un enfant ?....

Je demande si ces personnages fameux, connus d'avance, on n'en rencontrera pas les noms avec plus d'intérêt dans les ouvrages qui en parleront ; si l'on n'en interprétera pas plus aisément ces ouvrages, si l'on n'en sentira pas mieux le charme, et si les épines de la grammaire n'en seront pas émoussées ?

(Diderot indique ensuite un ordre d'études pour les auteurs latins et grecs.)

Cet ordre, dit-il, est presque celui de nos classes, avec cette différence qu'on débute par ces études en y entrant, et qu'on en sort au bout de cinq à six ans, bien fatigué, bien ennuyé, bien châtié et bien ignorant, sans parler du dégoût qu'on a pris pour ces auteurs sublimes, et dont on revient rarement.

Les étudians ont acquis des connoissances, il s'agit d'en faire usage; ils ont des idées, il s'agit de les rendre; ils ont étudié les grands modèles, il s'agit de les imiter; ils entendent la langue des historiens, des poëtes et des orateurs, il s'agit de leur exposer les principes de la composition, de donner l'essor à leur génie, s'ils en ont, et d'en faire des orateurs et des poëtes.

Les beaux-arts ne sont tous que des imitations de la belle nature. Mais qu'est-ce que la belle nature? C'est celle qui convient à la circonstance.

Ici, la même nature est belle; là, elle est laide. L'arbre qui est beau dans l'avenue d'un château, n'est pas beau à l'entrée d'une chaumière, et réciproquement. Entre les arbres à placer dans l'avenue du château et à la porte de la chaumière, il y a encore du choix.

Ce que je dis de l'arbre, s'étend à tous les objets de la nature, à tous les modèles de l'art, depuis l'astre immense et brûlant qui éclaire l'univers, jusqu'au ruban de la coiffure d'une coquette, jusqu'au moindre pli de sa robe.

Le goût n'est rien, ou il embrasse tout ; s'il y avoit de l'arbitraire dans l'imitation la plus frivole, il y auroit de l'arbitraire dans l'imitation la plus importante....

L'art imite les actions de l'homme, ses discours et les phénomènes de la nature.

L'histoire se conforme rigoureusement à la vérité.

L'éloquence l'embellit et la colore.

La poésie plus soucieuse de la vraisemblance que de la vérité, l'agrandit en l'exagérant.

Il importe donc que les préceptes de l'art oratoire et de la poésie, aient été précédés :

1°. D'un traité du vrai, du vraisemblable et de la fiction, du vrai absolu et du vrai de convenance.

2°. D'un traité de l'imitation de la nature.

3°. D'une exposition de ce que c'est que la belle nature et de son choix, d'après la convenance.

Surtout appuyer ces principes de beaucoup d'exemples.

4°. D'un traité du bon et du beau, qui n'est jamais que l'éclat du bon ; du sublime qui n'est que l'éclat du bien ou du mal, accompagné d'un frisson qui naît, ou de la grandeur, ou du péril, ou de l'intérêt.

On s'occupera ensuite *de l'harmonie*.

De l'harmonie en général et relative à l'organe.

De l'harmonie imitative ou relative aux passions de l'homme et aux phénomènes de la nature ;

harmonie qui contredit quelquefois l'harmonie de l'oreille, et qui la blesse avec succès.

Le mot propre se supplée, l'harmonie ne se supplée jamais. L'harmonie qui flatte l'organe s'apprend ; celle qui naît de la sensibilité ne s'apprend point : le génie la trouve et s'y assujétit sans s'en douter ; celui qui la chercheroit, ou d'imitation, ou d'industrie, se fatigueroit beaucoup pour n'être que maniéré et maussade......

J'ai traité la matière des belles-lettres avec un peu plus d'étendue que les autres, parce que c'est la mienne, et que je la connois mieux. Assez équitable pour ne lui assigner entre les connoissances que le rang qu'elle mérite, j'ai cédé à une tentation bien naturelle ; celle d'en parler un peu plus long-temps peut-être que son importance ne le permettoit.

DEUXIÈME COURS DES ÉTUDES
D'UNE UNIVERSITÉ.

CET objet commencera avec le premier cours, et sera commun à tous les élèves qui le suivront jusqu'à leur sortie de la faculté des arts dont il est la suite.

Suite de la Faculté des Arts.

L'objet du premier cours est de préparer des savans ; l'objet de celui-ci est de faire des gens de bien : deux tâches qu'il ne faut point séparer.

Les élèves reçoivent dans l'une des leçons dont l'utilité devient de moins en moins générale ; les leçons qu'ils reçoivent dans l'autre sont d'une nature qui reste la même.

Inepte ou capable, il seroit à propos qu'un sujet s'y arrêtât pendant un certain intervalle de temps. Homme, il faut qu'il sache ce qu'il doit à l'homme; citoyen, il faut qu'il apprenne ce qu'il doit à la société; prêtre, négociant, soldat, géomètre, ou commerçant, célibataire ou marié, époux, fils, frère ou ami, il a des devoirs qu'il ne peut trop connoître.

Le cours précédent rassemblera les élèves pendant une partie de la matinée : celui-ci les rassemblera pendant une partie de la soirée.

Ils ne finiront l'un et l'autre qu'au sortir de la faculté des arts, ou qu'à l'entrée des facultés de médecine, de jurisprudence et de théologie.

Les classes en seront moins nombreuses, et les leçons moins variées. Le premier cours se distribue en huit classes, celui-ci ne se distribue qu'en trois; mais l'enseignement reçu dans ces trois classes, toujours le même pour le fond des matières, s'étendra de plus en plus, deviendra successivement plus détaillé et plus fort; on n'en sauroit trop approfondir les objets, les élèves n'en peuvent trop écouter les préceptes.

Le premier cours est élémentaire, celui-ci ne l'est pas : on sort des classes de l'un, écolier; des classes de l'autre, il seroit à souhaiter qu'on en sortît maître.

Les leçons sur les sciences suffisent lorsqu'elles ont indiqué au talent naturel l'objet particulier qui deviendra l'étude et l'exercice du reste de la vie. Les leçons sur la morale, les devoirs et la vertu, les lois, la bonne foi, la jurisprudence actuelle, sont d'une tout autre nature.

Il y a un milieu entre l'ignorance absolue et la science parfaite, il n'y en a point entre le bien et le mal, entre la bonté et la méchanceté. Celui qui est ballotté dans ses actions de l'une à l'autre est méchant.

Sans l'histoire, il est difficile d'entendre les auteurs anciens; sans la morale universelle, il est impossible de fixer les règles du goût : et, sous ces deux points de vue, l'enseignement de ce second cours reflète encore sur l'enseignement du premier.

PREMIÈRE CLASSE.

1°. Les premiers principes de la Métaphysique ou de la distinction des deux substances : de l'existence de Dieu, de l'immortalité de l'âme et des peines à venir. 2°. La morale universelle. 3°. La religion naturelle. 4°. La religion révélée.

. . . . On démontrera aux élèves la distinction des deux substances, l'existence d'un Dieu, l'immortalité de l'âme et la certitude d'une vie à venir, comme les préliminaires de la morale ou de la science qui fait découler de l'idée du vrai bonheur, et des rapports actuels de l'homme avec ses semblables, ses devoirs; et toutes les lois justes; car on ne peut sans atrocité m'ordonner ce qui est contraire à mon vrai bonheur, et on me l'ordonneroit inutilement.

La religion n'est que la sanction de la volonté de Dieu, révélée et apposée à la morale naturelle........

On pourroit terminer ces leçons par une démonstration rigoureuse, qu'à tout prendre il n'y a rien de mieux à faire pour son bonheur en ce monde, que d'être un homme de bien, ou par un parallèle des inconvéniens du vice, ou même de ses avantages avec ceux de la vertu.

Si peu d'hommes savent tirer parti de leurs talens, soit pour conserver leur bien, soit pour l'accroître, la misère est une si puissante ennemie de la probité, le renversement des fortunes est si fréquent et a de si funestes effets sur l'éducation des enfans, que j'ajouterois ici les élémens de la science économique, ou de l'art de conduire sa maison; art dont les Grecs et les Romains faisoient si grand cas.

Il seroit difficile de parler de la richesse sans parler, du moins sommairement, de l'agriculture, source de toute richesse......

DEUXIÈME CLASSE.

L'Histoire, la Mythologie, la Géographie et la Chronologie.

JE crois qu'il faudroit commencer l'étude de l'histoire par celle de sa nation; et celle-ci ainsi que toutes les autres, par les temps les plus voisins, en remontant jusqu'aux siècles de la fable, ou la mythologie. C'est le sentiment de Grotius ; en général, dit-il, ne pas commencer par des faits surannés qui nous sont indifférens, mais par des choses plus certaines, et qui nous touchent de plus près, et s'avancer de là peu à peu vers l'origine des temps (1). Voilà ce qui nous semble plus conforme à un véritable enseignement, c'est l'étude des faits soumis à notre principe général : et pourquoi en seroit-elle une exception ?

Sans la mythologie on n'entend rien aux auteurs anciens, aux monumens, ni à la peinture, ni à la sculpture, même modernes, qui se sont épuisées à remettre sous nos yeux les vices des dieux du paganisme, au lieu de nous représenter les grands hommes.

Quelques-uns penseront peut-être que la connoissance de l'histoire devroit précéder celle de la morale. Je ne puis être de leur avis : il me semble qu'il est utile et convenable de posséder la règle du juste et de l'injuste, avant la connoissance des actions, des personnages et de l'historien même, auxquels on doit l'appliquer.

---

(1) Cette idée étoit très-populaire du temps de Diderot ; il nous est impossible de concevoir une manière raisonnable de l'appliquer. Nous avons, au reste, annoncé d'avance que nous étions loin de partager toutes les opinions contenues dans ce morceau ; nous n'avons voulu que les faire connoître, autant que le permettent les convenances que nous nous sommes imposé de respecter.

(*Note du Rédacteur.*)

Lorsqu'on a dit de la géographie et de la chronologie, qu'elles étoient les deux yeux de l'histoire, on a tout dit.

Je désirerois qu'on diminuât la sécheresse de l'étude du globe par quelques détails sur les religions, les lois, les mœurs, les usages bizarres, les productions naturelles et les ouvrages des arts.

Il y a la géographie ancienne et la géographie moderne : il n'en faut point faire des études séparées ; il en coûteroit si peu pour joindre au nom d'une ville ou d'une rivière celui qu'elle portoit autrefois.

TROISIÈME COURS D'ÉTUDES,

Parallèle aux deux autres, et commun à tous les élèves pendant toute la durée de leur éducation.

SUITE DE LA FACULTÉ DES ARTS.

Une classe de Perspective et de Dessin.

LE dessin est d'une utilité si générale, il provoque si naturellement la naissance de la peinture et de la sculpture, et il est si nécessaire pour juger avec goût des productions de ces deux arts, que je ne suis point étonné que le gouvernement en ait fait une partie de l'éducation publique : mais point de dessin sans perspective.

Il me vient une idée que peut-être elle ne dédaignera pas : la plupart de ceux qui entrent dans les écoles publiques, écrivent si mal, ceux dont le caractère d'écriture étoit passable, l'ont si bien perdu quand ils en sortent, et il y a si peu d'hommes, même parmi les plus éclairés, qui sachent bien lire, talent toujours si agréable, souvent si nécessaire, que j'estime qu'un maître de lecture et d'écriture ne s'associeroit pas inutilement au professeur de dessin.

La prononciation vicieuse et la mauvaise écriture sont deux défauts très-analogues; c'est bégayer pour les yeux et pour les oreilles.

On dessine d'après l'exemple, d'après la bosse et d'après la nature ou le modèle.

Le modèle ne me paroît nécessaire qu'à ceux des élèves qui se feront peintres ou sculpteurs par état.

Mais qui est-ce qui n'habite pas une maison? qui est-ce qui n'est pas exposé à bâtir et à être volé par un maçon ou par un architecte? Il n'y a donc pas un citoyen à qui les élémens, je ne dis pas de l'architecture, mais de l'art de bâtir, ne fussent de quelque utilité.

Pour ceux d'architecture, aucun homme puissant ne peut les ignorer, sans consommer un jour des sommes immenses à n'entasser que des masses informes de pierres.

Plus les édifices publics sont durables, plus long-temps ils attestent le bon ou le mauvais goût d'une nation, plus il convient que ceux qui président à cette partie de l'administration aient le goût sûr et grand.......

Ces trois cours d'étude achevés, le petit nombre des élèves qui les auront suivis jusqu'à la fin, se trouveront sur le seuil des trois grandes facultés;

la faculté de médecine, la faculté de droit, la faculté de théologie, et ils s'y trouveront pourvus des connoissances que j'ai appelées primitives, ou propres à toutes les conditions de la société, à l'homme bien élevé, au sujet fidèle, au bon citoyen, toutes préliminaires, et quelques-unes d'entr'elles communes aux études des trois facultés dans lesquelles ils voudront entrer.

(Nous n'avons pas cru devoir transcrire ici les indications données par Diderot sur les différens livres classiques et élémentaires à employer pour chaque partie d'enseignement ; nos richesses en ce genre s'étant infiniment accrues depuis le moment où il écrivoit.

Nous ne le suivrons pas davantage dans les détails où il entre sur les trois facultés de médecine, de jurisprudence et de théologie, et qui, s'appliquant à des professions particulières, n'ont point assez de rapport aux idées générales de l'éducation, pour que ce soit ici le lieu d'exposer et de discuter les opinions plus ou moins justes, les réflexions plus ou moins piquantes de l'auteur sur ces différens sujets.

Le plan général se termine par un tableau de la *police de l'Université*, dont nous extrairons seulement les réflexions suivantes sur les avantages d'un enseignement varié.)

Les étudians n'ont pas une égale aptitude à tout. L'un, doué d'une mémoire prodigieuse, fera des progrès rapides en histoire et en géographie. Un autre plus réfléchi combinera avec facilité des nombres et des espaces, et s'instruira, presque sans travail, de l'arithmétique et de la géométrie. Si l'enseignement n'a pendant toute sa durée qu'un seul et unique objet, l'étudiant à qui la nature n'aura donné que peu ou point d'aptitude à cette étude, sera constamment humilié et découragé; mais si l'enseignement embrasse plusieurs objets à la fois, après son moment de honte viendra son moment de triomphe et de gloire, et ses parens s'en retourneront de l'exercice public avec quelque consolation.

Dans nos écoles où l'on n'enseigne pendant cinq ou six ans de suite que les langues anciennes, trois ou quatre élèves supérieurs éteignent toute émulation dans les autres.

Dans le cours de la journée studieuse, chacun des élèves déployant son aptitude naturelle, il n'y en aura aucun qui garde constamment la supériorité, et ils auront tous un motif de s'estimer réciproquement.

LE MENDIANT IRLANDAIS,

CONTE (1).

Au premier abord vous l'eussiez pris pour un Espagnol: il étoit grand; et, si c'eût été un gentilhomme, vous eussiez dit qu'il y avoit un air de

---

(1) Ce conte est tiré du même ouvrage qui nous a fourni celui du *Petit Dominique*, page 244 de ce volume.

dignité dans sa figure. Il paroissoit très-vieux; mais on voyoit que c'étoit plutôt l'effet des chagrins que du temps. Quand, appuyé sur un gros bâton de chêne, il ôtoit son chapeau pour demander l'aumône, ses cheveux blancs flottoient au gré du vent.

« Dieu vous donne de la santé et de longs jours! » disoit-il. « Donnez quelque chose à un vieillard pour l'aider à se faire enterrer. — Son travail est fini, et il ne peut long-temps encore être un embarras sur cette terre. »

Il nous présenta son chapeau d'une manière qui n'avoit rien d'importun, mais plutôt avec un air de confiance en nous, mêlé à sa résignation habituelle.
— « Le ciel vous bénisse! » dit-il, en nous remerciant; « qu'il vous accorde à vous et aux vôtres une longue vie remplie de bonheur! et puissiez-vous n'être jamais comme moi, sans un ami! »

Il prononça ces derniers mots à voix basse, mit sa main sur son cœur en nous saluant, et s'éloigna lentement. Nous le rappelâmes, et en réponse à quelques questions, il nous raconta ainsi son histoire :

« Je suis né....... — Mais le lieu où est né un être comme moi n'est pas plus important à connoître que celui où je mourrai et où je serai enterré. Moi qui n'ai au monde ni fils, ni fille, ni parent, ni ami pour pleurer sur mon tombeau quand j'y serai descendu, ce qui sera bientôt. — Ah! quand il plaira à Dieu de me prendre à lui, il ne restera pas seulement un chien qui s'aperçoive que je lui manque. — Et à qui manquerois-je ? n'ayant jamais fait de bien à personne ; mais un mal, — dont le repentir a rempli tant de longs jours, tant de longues nuits, et les remplira tant que la raison et le sentiment me resteront. Dans ma jeunesse, Dieu m'avoit bien traité : j'avois une maison à moi, une petite ferme avec une habitation commode ; rien ne me manquoit, car j'étois fils unique ; j'en étois orgueilleux ; je ne me souciois de personne, fort peu des femmes. — Excepté une. Oh ! celle-là, j'y pensois beaucoup ; et elle le méritoit bien. La beauté, dit-on, est une affaire de goût ; mais il n'y a pas d'homme à qui cette fille-là n'eût dû plaire. Il n'y en eut jamais qui fût plus désirée. Elle étoit dans sa fleur, si animée, si vive ; et pourtant légère en rien dans sa conduite. — Toute modeste. — Toute obligeante. Elle valoit trop pour qu'elle fît attention à moi, sans doute : mais « jamais un foible cœur ne réussit près d'une belle. » J'eus donc la hardiesse de parler à Rose, c'étoit son nom ; et après un monde de peine, je commençois à être dans ses bonnes grâces ; mais tout ce que j'en pus obtenir, c'est qu'elle n'avoit jamais vu d'homme qui fût plus à sa fantaisie. C'étoit beaucoup pour elle, car elle étoit réservée et fière, comme elle avoit bien droit de l'être. D'ailleurs elle étoit jeune, aimoit assez le plaisir innocent, et il n'étoit pas aisé de l'amener à ce qu'elle ne vouloit pas. Je crois bien qu'elle ne m'auroit pas été contraire sans sa vieille tante. — Dieu veuille avoir son âme ! on ne doit pas mal parler des morts. — Mais elle ne vouloit pas de moi. Ce n'est pas qu'elle m'en voulût : c'étoit pour le bien de son enfant, comme elle l'appeloit; mais elle se trompoit en croyant qu'elle rendroit Rose heureuse par un plus grand mariage. Elle regardoit son inclination pour moi comme un enfantillage qui seroit bientôt oublié. Il y avoit en quartier dans notre ville une compagnie d'Anglais : un sergent qui avoit de l'argent et une jolie place, comme ils disent, fit la cour à Rose; la tante le favorisoit. Nous ne pouvions pas nous souffrir. C'étoit un bel homme, mais très-fier; il me regardoit comme la boue de ses souliers, parce que j'étois Irlandais; et à chaque mot que je disois : « Voilà encore une naïveté irlandaise! » ou « Entendez-vous le patois de Paddy? » : ce qui divertissoit beaucoup ses soldats anglais. J'aurois bien pris cela de tout autre, car je n'étois pas d'un mauvais caractère; mais je voyois bien qu'il m'en vouloit; et je ne pouvois, ni ne voulois souffrir de lui un mot contre moi ou mon pays, surtout quand Rose étoit là. Elle ne m'en aimoit pas moins pour n'être pas endurant. Elle ne pensoit guère où cela iroit. — Mais voilà que la tante s'avise de me reprocher que j'étois taquin, que j'aimois à boire; ce qui étoit bien faux et méchant : je vis bien que cela ne pouvoit venir que du sergent; ce qui me rendit furieux contre un homme qui me déchiroit en arrière. Je savois bien que, s'il ne buvoit pas d'eau-de-vie, il ne s'épargnoit pas la bière. Pourtant Rose prit cela à cœur, et dit sérieusement qu'elle ne penseroit jamais à un homme adonné à boire, et que le sergent étoit sobre et raisonnable, et qu'il y avoit plus d'apparence, comme disoit sa tante, qu'il feroit un bon mari. Ces mots et le regard de Rose me percèrent l'âme. Je ne dis rien, mais je sortis résolu de m'engager par serment, avant la fin du jour, à renoncer à toutes les liqueurs fortes, pour l'amour de Rose. Ce soir-là même, je rencontre quelques jeunes gens du voisinage qui veulent m'entraîner : je les refuse ; j'accepte seulement un verre de liqueur en les quittant, et m'en vais de suite faire mon vœu, en présence d'un prêtre, de renoncer pour deux ans à toute liqueur forte : puis je cours chez elle lui dire ce que j'avois fait, ne sentant pas que ce seul verre que j'avois bu m'avoit monté la tête. La première chose que j'aperçois, en entrant dans la chambre, c'est l'homme que je me souciois le moins d'y voir, surtout dans ce moment. Il étoit en grande conversation avec la tante ; Rose assise à côté de lui, paroissant bien avec lui, à ce que j'imaginai ; mais c'étoit pure imagination, et l'effet de la liqueur que j'avois bue qui me faisoit voir les choses de travers. Je m'avance, mets la tête entr'eux, et je demande à Rose si elle savoit ce que je venois de faire. « Oui. — Trop bien ! » dit-elle, se retirant de mon haleine. La nièce et la tante se regardèrent ; le sergent se boucha le nez, en disant qu'il n'avoit pas encore vécu assez long-temps en Irlande pour s'accoutumer à l'odeur du brandevin.

J'observai que sa remarque étoit malhonnête

dans la compagnie où nous étions, et j'ajoutai que je n'en avois pas pris une goutte de la soirée, excepté un seul verre. A quoi il sourit, et dit que c'étoit une bonne naïveté, mais qu'elle n'avoit rien d'étonnant de la part d'un Irlandais. Je pris ma défense et celle de mon pays. Nous nous dîmes quelques mots piquans, et quelques uns de ses soldats étant là, les rieurs furent contre moi. J'étois outré de voir que Rose supportoit si bien ce que je ne pouvois pas supporter moi-même. Les propos s'engagèrent, et des bévues et des naïvetés nous en vînmes, je ne saurois dire comment, à des matières plus sérieuses, de parti, de politique, de religion. J'étois catholique, lui protestant; j'avois encore là le désavantage. La compagnie voyant qu'on ne s'accorderoit pas, s'écoula, et nous restâmes, le sergent, la tante, Rose et moi. La tante me fit entendre qu'il falloit me retirer, mais je ne parus pas m'en apercevoir; car je ne pouvois supporter de m'en aller ayant le dessous, et battu par la faction anglaise, et au jugement de Rose. La tante fut appelée par quelqu'un qui vouloit qu'elle allât le lendemain à un convoi : l'Anglais laissa échapper quelque chose sur nos cérémonies funèbres, nous traitant de sauvages, ce que Rose elle-même trouva malhonnête, elle-même étant Irlandaise; ce qu'il avoit oublié, tout occupé de me plaisanter. Je le jetai à terre, disant que c'étoit lui qui étoit un sauvage de manquer ainsi à une femme. En se relevant, il dit que s'il y avoit une justice en Irlande, il m'y traduiroit.

« Une justice ! » dis-je, « et vous êtes militaire ? »

« Est-ce que vous voudriez me traiter de lâche ? » dit-il ; « c'est ce qu'un soldat anglais ne doit pas supporter. » Et sur cela, il se saisit de ses armes, qui étoient à côté de lui, me demandant encore si c'étoit mon intention d'appeler lâche un Anglais ?

« Dites-moi d'abord, » lui dis-je, « avez-vous intention de traiter nous autres Irlandais de sauvages ? »

« Ce n'est pas répondre à ma question, » dit-il, « ou bien ce n'est qu'une réponse irlandaise. »

« Elle n'en est pas plus mauvaise pour cela, » dis-je, très-froidement. Alors, plein de mépris pour cet homme, je pris un couteau qui étoit sur la table pour couper un bouton qui pendoit à ma poche. Comme j'ouvrois le couteau, il me demande si je voulois l'assassiner avec mon couteau irlandais ; et aussitôt il tire son sabre sur moi. Je m'empare d'un fusil avec sa baïonnette qu'un de ses soldats avoit laissé, en lui disant que je savois me servir du sabre aussi bien que lui ou tout autre Anglais, et mieux même ; car je ne l'aurois jamais tiré, comme lui, contre un homme sans armes.

« Vous aviez votre couteau, » dit-il, se retirant.

« Je l'avois sans penser aucunement à vous, » dis-je, en jetant le couteau. « Je suis armé comme vous à présent ; attaquez-moi donc, comme un homme et un soldat, si vous l'osez, » dis-je.

« Attaquez-moi, si vous l'osez, » dit-il.

Rose me dit de m'arrêter ; mais nous nous chargions déjà tous deux ; il me manqua. — Je le mis en joue. Rose courut entre nous pour m'aracher le fusil : il étoit chargé ; dans le débat il partit ; elle reçut la balle dans le corps. — Elle tomba ! Ce qui arriva ensuite, je ne puis le dire, car je perdis l'usage de la vue et de mes sens. Quand je revins à moi, la maison étoit pleine de monde allant et venant, les uns parlant bas, les autres criant ; enfin, j'entendis ces mots : — « Est-elle morte ? » Je ne pouvois comprendre où j'étois, ou ce qui étoit arrivé. — J'aurois voulu perdre encore la mémoire, mais je ne pouvois pas. La vérité tout entière me revint, et pourtant je ne pouvois pas répandre une larme ! Mais je perçai à travers la foule jusqu'à la seconde chambre, à côté du lit. Elle étoit étendue sans mouvement, les yeux fermés, les joues sans couleur ; elle en avoit le soir même de si belles ! Je pris une de ses mains qui pendoit à côté d'elle. Alors elle ouvre les yeux, me reconnoît, sourit et dit : — Ce n'est pas votre faute ; entendez bien, vous tous, qu'il n'y a pas eu de sa faute si je meurs ; mais à cause de lui, si je le peux, cela ne sera pas. » Voilà ce qu'elle dit. Pour moi, croyant d'après la force de sa voix, que sa blessure n'étoit pas mortelle, je m'agenouillai pour lui dire tout bas, que ce qui l'avoit choquée dans mon haleine étoit la suite d'un dernier verre que j'avois bu avant de jurer d'y renoncer pour l'amour d'elle, et qu'il n'y auroit rien que je ne fisse pour elle, si Dieu vouloit me la conserver. Elle pressa ma main pour me montrer qu'elle m'entendoit. Le prêtre entra ; on sépara nos mains, et on m'emporta hors de la chambre. Alors il se fit un grand cri, et je compris que tout étoit fini. »

Ici la voix manqua au vieillard, et il se détourna de nous. Quand il fut un peu remis, pour changer le cours de ses idées, nous lui demandâmes s'il avoit été poursuivi pour avoir attaqué le sergent anglais, et ce qu'il devint ?

« Oh! pour lui rendre justice, comme on la doit à tout le monde, » dit le vieillard, « il se conduisit très-bien envers moi quand je fus devant les juges; il dit toute la vérité; seulement il se donna plus de torts que je ne lui en aurois donné : il dit que tout venoit de sa faute, pour s'être moqué de moi et de ma nation plus qu'un homme ne pouvoit le souffrir dans ma situation. Je lui dus d'être acquitté. Nous nous prîmes la main; il espéroit que tout iroit bien pour moi, dit-il : mais il n'y eut plus jamais de bien pour moi depuis.

» Je ne pensai plus guères aux affaires de ce monde : tout mon bien dépérissoit. La main de Dieu étoit sur moi.—Je ne pouvois plus m'employer à rien; mon esprit ni mon corps n'étoient plus bons à rien. J'entendois dire parfois que j'avois le cerveau un peu dérangé : je ne puis dire ce qui en étoit. Mais à la fin je trouvai que je ferois aussi bien d'abandonner ce qui me restoit à mes amis, qui seroient plus en état d'en tirer parti que moi; et imaginant qu'une vie errante me conviendroit mieux, je quittai la place sans rien emporter, et je me résolus de courir le monde et de m'abandonner à la charité des bonnes gens, ou de mourir suivant qu'il plairoit à Dieu. Il n'y a que lui qui sache comment j'ai vécu si long-temps : sa volonté soit faite ! mais je ne serois pas fâché d'être enfin hors de peine, si cela se pouvoit. »

RÉFLEXIONS GÉNÉRALES

SUR L'ÉDUCATION ET SUR L'ESPRIT DANS LEQUEL CET OUVRAGE A ÉTÉ COMPOSÉ.

OBLIGÉS d'abandonner un ouvrage que nous sommes si loin d'avoir complété, nous nous flattons cependant qu'il pourra être utile malgré son insuffisance. Nous ne nous étions pas proposé d'offrir un système d'éducation tellement ordonné dans tous ses détails, que l'un fût nécessaire à l'autre, et que l'absence ou le changement d'une seule partie, rompît l'harmonie de l'ensemble ; nous n'avons jamais cru qu'aucun système détaillé d'éducation pût être utile et applicable, non-seulement dans tous les cas, mais même dans aucun cas particulier, car il n'en est point qu'on puisse prévoir et établir d'avance, il n'en est point qui ne soit continuellement modifié par les diverses combinaisons du caractère de l'élève et des circonstances au milieu desquelles il se trouve placé. Mais l'éducation peut être considérée sous un point de vue général, auquel se rapporteront nécessairement tous les détails et tous les incidens dont elle se compose. C'est en ne nous écartant jamais de ce point de vue que nous avons cru pouvoir offrir, par nos réflexions et nos observations, quelques secours à ceux qui pensent comme nous, que le premier soin de l'éducation doit être d'observer la nature; son unique travail de la seconder; son but, de mettre en valeur toutes les facultés qui ont été données à l'homme, pour rendre sa vie en ce monde aussi vertueuse, aussi utile, et ensuite aussi heureuse qu'il lui sera possible de l'être. Nous n'avons pas cru pouvoir assigner à ses efforts un but trop relevé : c'est en se plaçant au-dessus des passions communes et des intérêts particuliers qu'on trouvera moins d'obstacles et de concurrens dans une route qui ne sera pas à la portée de la multitude; c'est dans cette région supérieure que, libre et pur de toute influence dominatrice, l'homme se développe en tous sens, se rend propre à toutes les destinées comme à toutes les carrières, apprend à se suffire à lui-même si la fortune l'oublie, comme à suffire à tous les devoirs et à toutes les fonctions qu'elle pourra lui donner à remplir.

Il est propre à beaucoup de choses, l'homme déterminé à ne vouloir que le bien, et à le vouloir avec toute l'énergie que commande la nécessité; déterminé à n'attacher ni importance à ses intérêts, ni amour-propre à ses opinions; disposé à se juger soi-même avec tout le devoir de la justice, accoutumé à se rendre compte de ses impressions avec la scrupuleuse exactitude de l'ordre; enfin, accessible de toutes parts à la vérité, et toujours assez courageux pour obéir à la raison. La supériorité de son caractère, honorera son esprit dans la médiocrité; dans une situation inférieure, il sera au-dessus des préjugés de son état, parce qu'il n'en aura ni les passions ni les habitudes rétrécies; dans une situation élevée, il ne sera point au-dessous des grands intérêts dont il sera chargé, car le mérite des autres sera à sa disposition, puisqu'il saura l'accueillir et l'employer. On ne trompe pas aisément celui que son caractère n'intéresse pas à se tromper lui-même, et tout homme est capable de distinguer la vérité du mensonge, quand il a permis à la vérité d'arriver jusqu'à lui.

Mais combien encore la vérité lui deviendra plus facile à discerner, si la libéralité de sentimens qu'on aura su lui inspirer, a été secondée par une instruction libérale, propre à préserver son esprit de toute préoccupation trop excessive pour tel ou tel système d'idées? Si, au lieu de chercher à le plier, à le courber, pour ainsi dire, vers l'objet auquel on le destine, de manière à ce qu'il ne se puisse détourner ou relever vers aucun autre, on a tâché de lui donner la force et la souplesse nécessaires pour s'incliner sans fatigue, du côté où le portera sa destinée? Nulle forme étrangère à l'esprit qu'on veut diriger, ne lui peut être imposée sans gêner ou altérer quelques-unes de ses facultés naturelles; nul homme ne peut dire d'un autre: je lui donnerai telles idées; on ne donne point d'idées à un autre, car celles qu'on lui communique ne sont pas siennes s'il ne s'en rend maître, s'il ne les adopte dans une forme qui lui soit propre, qui les rende susceptibles d'être employées à son usage. S'il les prend comme on les lui offre, faites pour ainsi dire à la taille et à l'usage d'un autre, ce ne sont point ses idées, ce sont des idées mises dans son esprit pour empêcher les siennes de naître et de se développer; aucune vocation spéciale ne sera donc déterminée par l'éducation, si ce n'est aux dépens des facultés mêmes dont on pourroit tirer parti, pour s'y livrer avec avantage; car qui peut assigner d'avance aux diverses facultés de l'esprit, leur rang d'utilité, relativement aux diverses carrières? N'a-t-on pas vu paroître avec un égal honneur, dans des carrières semblables, des hommes dont le mérite se composoit d'élémens entièrement différens, on diroit même contraires, si le bon pouvoit jamais être le contraire du bon? Le talent et la force d'appliquer les facultés, quelles qu'elles soient, aux besoins ou aux convenances de sa situation, voilà ce qui fait l'homme habile, et non pas habile dans un métier qu'il a appris pour n'en jamais exercer d'autres, mais habile à faire servir à l'état quelconque qu'il aura choisi, tous les moyens que lui aura donnés la nature, et qu'aura perfectionnés l'éducation; plus ces moyens seront étendus, plus ils seront applicables, et nul doute que la perfection de l'instrument ne tourne au profit de chacune des opérations auxquelles on voudra l'employer.

Nous avons cru ces idées applicables même à l'éducation des femmes, quoiqu'en un grand nombre de points, essentiellement différente de celle des hommes; c'est en d'autres proportions, la même nature à former, bien que pour des usages différens; elle offre les mêmes élémens à combiner, les mêmes moyens à diriger et à employer. Quelque forme que doive prendre l'or dans les mains de l'ouvrier, il faudra toujours pour le travailler, se servir de procédés conformes à la nature de l'or. Nos observations ont donc principalement porté sur ces faits généraux qui se rencontrent dans toutes les éducations, quels que soient le sujet qui la reçoit et l'objet vers lequel on la dirige; lors même que des faits particuliers se sont présentés, tels que des traits de caractères individuels, nous avons cherché à montrer de quelle manière ils se rattachoient aux dispositions communes à l'enfance, et dans la méthode que nous avons indiquée pour ces cas particuliers, nous ne nous sommes point écartés, du moins à ce qu'il nous semble, des principes généraux, qu'il nous avoit paru nécessaire d'établir : de cette manière, nous avons pu atteindre, quoique dans une bien courte carrière, le but d'utilité que nous nous étions prescrit, et nous osons nous flatter que le peu que nous avons fait ne sera pas entièrement perdu.

Nous n'avons cependant pu donner toujours à nos principes, tout le développement dont ils étoient susceptibles. Les vertus que nous désirions inspirer, les idées libérales que nous aurions voulu faire prévaloir, se trouvoient souvent trop en contradiction avec l'ordre de choses établi dans le temps où nous écrivions, pour qu'il nous fût possible de les montrer dans toutes leurs conséquences, dans leur application aux grands intérêts de la société ; cette application est un pas immense qui reste encore à faire presque en entier.

La France n'a point encore eu d'éducation proprement nationale ; les méthodes suivies jusqu'à la révolution dans l'éducation publique, et imitées en grande partie dans l'éducation particulière, n'avoient point été calculées sur ses mœurs et ses habitudes. Les lumières transplantées en France dans des siècles encore barbares, y avoient apporté une couleur étrangère qui n'avoit jamais pu se fondre avec la couleur naturelle des idées nées du caractère et de la situation des peuples. Les savans, fiers de la possession exclusive de la science, et plus occupés à l'augmenter qu'à la répandre, formoient, au milieu de la France, comme un peuple séparé, qui, loin de chercher à se mêler au reste de la nation, sembloit dédaigner d'en être entendu. L'éducation, instituée et dirigée par eux, devint entre leurs mains un patrimoine qu'ils travaillèrent à exploiter plutôt à l'avantage de la science prise en elle-même, qu'en la considérant dans ses rapports avec la société : des connoissances, sans aucun rapport avec les besoins peu raffinés d'un siècle qu'ils méprisoient, furent celles qu'ils introduisirent de préférence, et une éducation toute littéraire fut l'éducation par excellence dans un pays et dans un temps où les lettres n'avoient aucun crédit.

On ne sauroit méconnoître cependant les services que rendit à la France cette éducation, bien que mal conçue et mal dirigée, relativement aux besoins de la société : quels que soient les alimens dont se nourrit un esprit sain et fort, ils développeront sa force, dans le sens que veut sa nature. Des hommes dont on n'avoit voulu faire que des savans, devinrent des hommes d'Etat ; la fortune mit la science en honneur ; et, si l'on n'apprit pas toujours ce qu'il convenoit d'apprendre, du moins commença-t-on généralement à vouloir apprendre quelque chose : l'esprit s'aiguisa par l'étude ; et, des soins donnés à une science souvent inutile ou fausse, naquit une science véritable et utile.

Mais à mesure que les lumières se répandoient dans la nation, le système d'éducation qui les y avoit introduites, devenoit moins propre à en suivre, à seconder les progrès : borné à un certain genre de connoissances, il ne suffisoit plus à des esprits qui commençoient à les embrasser, ou du moins à les entrevoir toutes ; trop littéraire pour la France du quinzième siècle, il ne l'étoit plus assez pour la France du dix-huitième, où la littérature comprenoit dans ses domaines tout ce qui est du ressort de l'esprit humain, et dont l'instruction classique ne composoit plus qu'une foible partie. Malgré les tardives améliorations que la force des choses arrache de temps en temps à la routine, cette instruction gênée par les méthodes qui avoient servi à bâtir la science, et ne servoient plus qu'à l'embarrasser, ne suffisoit plus à l'objet auquel on l'avoit exclusivement consacrée. Un savant, tel que tendoit à le former l'éducation publique, eût été un être absolument hors de place dans la société, et l'éducation publique, à moins d'être complétée par des études subséquentes, ne formoit pas même un savant, en sorte que nous ayions vu s'établir cette idée, qu'un homme qui vouloit être bon à quelque chose, n'avoit rien de mieux à faire, au sortir du collége, que d'oublier la moitié de ce qu'il avoit appris et de rapprendre le reste; et une érudition aussi dépourvue d'utilité que d'agrément, étoit celle qu'on désignoit sous le nom d'*érudition de collége*, comme s'il eût été convenu que les établissemens destinés à instruire la jeunesse, avoient pour but de lui rendre l'instruction inutile. L'éducation particulière, moins circonscrite, se laissoit cependant encore assujétir, à beaucoup d'égards, par des entraves qu'avoit consacrées l'habitude.

La révolution est venue substituer à l'idolâtrie des préjugés, le fanatisme de l'innovation; tout fut brisé, bouleversé, souvent sans autre but que de faire le contraire de ce qui avoit existé: cependant, de ce mouvement violent et confus, sortirent quelques idées utiles et heureuses; mais en même temps beaucoup d'idées utiles et même nécessaires, furent repoussées et proscrites; et au retour du calme, le premier besoin senti fut celui d'un plan d'éducation régulier et complet: on le composa des débris des institutions anciennes et des germes nouveaux produits par la révolution. On tâcha, et l'on tâche encore de lui donner une direction utile; mais il nous manquoit un but vers lequel pût tendre cette direction. L'éducation ne peut être utile qu'autant qu'elle trouve, dans ses rapports avec les mœurs et les habitudes, un point d'appui pour combattre ce qu'elles ont de mauvais, s'aider de ce qu'elles ont de bon, et nous n'avions plus de mœurs ni d'habitudes publiques. Notre esprit national dérouté par de longs troubles, écrasé ensuite par le despotisme, n'offroit plus ni forme ni ensemble; ou, pour mieux dire, il n'existoit plus en France d'esprit national: un seul caractère demeuroit entier, la valeur française. Le gouvernement s'en étoit emparé; et, sous le nom brillant de gloire et de puissance, on en avoit fait sortir un système d'envahissement et de domination, dans lequel venoient se précipiter toutes les activités. L'éducation, à peine renaissante, n'a pu opposer à ce torrent d'ambition, ni des principes assez reconnus, ni des sentimens assez respectés; il a été impossible d'exciter par l'utilité du savoir ou la beauté de la vertu, une génération constamment témoin du triomphe de la force. Les idées d'injustice sont entrées dans les plus jeunes têtes, les sentimens désintéressés ont été bannis des plus jeunes cœurs; et le torrent, roulant sans obstacle sur un terrain dévasté, y a détruit ce qui recommençoit à germer et à croître.

Ce torrent est arrêté: espérons que nos institutions et la force des choses l'obligeront désormais à se renfermer dans un cours utile et fécondant; espérons qu'une génération tout entière, détournée des routes naturelles de l'activité et du bonheur, y rentrera pour le bien de la France et pour le sien ; mais les espérances de l'éducation ne peuvent porter que sur la génération qui croit et s'élève.

Un bel avenir s'ouvre devant elle ; c'est à l'éducation à s'en emparer, à pénétrer ces jeunes plantes de son influence salutaire, en telle sorte qu'elle se fasse sentir dans tous les progrès de leur croissance, et jusque dans le jet de leurs derniers rameaux. Mais, pour y parvenir, pour que cette influence des principes se conserve au milieu de l'action des choses avec lesquelles ils auront à traiter, il faut que ces principes, les sentimens dont ils seront la base, aient pour objet les choses telles que les trouveront les élèves que vous voulez former pour la société. Ce n'est pas chez les anciens seulement qu'il faut qu'ils apprennent à connoître l'amour de la patrie, de la liberté et des lois ; ce ne sont ni les lois, ni la patrie, ni la liberté des anciens que nous avons à aimer, à défendre, à servir. Qu'ils s'animent à la pratique des grandes vertus par les exemples tirés de ces temps où de grandes vertus étoient nécessitées par de grands désordres, mais qu'ils apprennent aussi à quoi se doivent appliquer ces vertus dans nos temps plus heureux. Qu'ils n'arrivent pas dans la société, ne connoissant d'usage du patriotisme que celui qui s'en faisoit dans la république romaine, ce qui les disposeroit bientôt à penser que le patriotisme n'étoit bon que dans ces temps-là, puisqu'il ne peut servir dans ces temps-ci. On a beaucoup parlé de l'influence trop républicaine de notre ancienne éducation classique. Son défaut, c'étoit de n'avoir aucune influence sur ceux qui pouvoient en avoir dans le monde, d'avoir séparé l'éducation de la société, d'en avoir fait un monde à part, d'où l'élève étoit obligé de sortir quand il vouloit entrer dans l'autre. Ce ne sont pas les érudits qui ont fait la révolution, et les idées classiques étoient bien loin de ceux qui prenoient le nom de Scœvola et Brutus; mais les idées classiques, inutiles aux uns, parce que le monde les forçoit à y renoncer, aux autres, parce qu'elles les rendoient inhabiles aux affaires du monde, ont laissé sans véritable patriotisme des hommes auxquels elles n'avoient appris qu'un patriotisme dépourvu d'application et d'usage.

Un patriotisme actif et éclairé, fruit d'une éducation en rapport avec nos institutions, nos mœurs, l'état des lumières, voilà sur quoi doivent se fonder le bonheur et la gloire des générations que nous avons à former. Que nos jeunes élèves s'instruisent de bonne heure des différens devoirs que leur imposera la société au milieu de laquelle ils doivent vivre, afin que le sentiment de ces devoirs profondément enraciné en eux par l'éducation, se retrouve dans toutes les circonstances et résiste à toutes les occasions; qu'ils connoissent de bonne heure, autant que le permettra la foiblesse de leur âge, les choses sur lesquelles doit un jour s'exercer leur activité, afin que leur imagination s'accoutume à ne chercher que dans la réalité l'objet de ses spéculations et de ses espérances; et qu'en même temps leur courage se familiarise avec les obstacles qu'ils pourront rencontrer, les difficultés qu'ils pourront avoir à surmonter: ainsi ils éviteront et ce dangereux enthousiasme qui veut réaliser en un moment les idées d'une perfection que pourront à peine atteindre les siècles; et ce lâche découragement qui renonce au bien, parce que, pour l'avoir trouvé difficile, il veut le croire impossible. Ainsi se formera leur raison, car la raison dans l'esprit n'est que la connoissance des choses; la raison dans la conduite, n'est que l'application et l'emploi des choses à leur usage réel et légitime.

Mais la raison telle que doit la former et la fortifier l'éducation, n'est pas ce sens étroit, égoïste, habile seulement à soigner les intérêts matériels de l'existence, fier de mépriser ce qui est au-dessus de sa portée; sorte d'incapacité méthodique, qui croit avoir tout soumis à ses calculs, parce qu'elle ne soupçonne pas qu'il puisse rien exister au-delà des calculs de sa misérable prévoyance. La raison calcule aussi; mais ses calculs sont bien autrement certains, parce que les bases en sont bien plus étendues; sa prudence n'est jamais trompée; parce qu'elle se dirige sur des considérations qui ne trompent point; et tandis que l'homme qui s'est attaché aux circonstances, tombe avec elles, celui qui s'est tenu aux principes demeure avec eux debout et inébranlable. Une vue ferme et droite, un caractère capable de s'élever au véritable but de l'existence, placent non-seulement celui qui les possède, au-dessus de beaucoup de craintes, mais le mettent aussi à l'abri de beaucoup de dangers; et le père qui ne veut pas avoir à redouter pour son fils des revers de fortune irréparables, doit l'instruire à n'édifier sa fortune que sur des appuis qui ne manquent jamais. Que tel soit en France le but général de l'éducation, et quelque peu que nous ayons pu faire pour y concourir, nous jouirons avec une satisfaction profonde du souvenir de ce peu que nous aurons fait.

Cette satisfaction seroit bien plus grande si nos lecteurs avoient pu profiter plus long-temps des utiles et intéressantes leçons déposées dans notre recueil, par des amis qui vouloient bien s'intéresser assez aux succès de nos travaux pour y contribuer de la manière la plus efficace; mais les germes d'instruction qu'ils ont commencé à répandre, ne peuvent manquer de fructifier, et l'intérêt que, dans un si petit nombre de pages, ils ont su donner aux matières qu'ils ont traitées, est déjà un service rendu à la science, qu'on ne sert jamais si utilement qu'en la faisant aimer.

JOURNAL

ADRESSÉ PAR UNE FEMME À SON MARI, SUR L'ÉDUCATION DE SES DEUX FILLES.

Numéro XXXV, et dernier.

Vous jugez, mon ami, de la joie, du mouvement que produit ici l'attente de votre arrivée : nous ne parlons plus que de vous, ne rêvons qu'à vous, ne nous occupons de rien que par rapport à vous. Louise prétend vous mener tous les jours à sa promenade favorite, et ne doute pas que vous ne passiez entièrement votre temps à lui faire des dessins sur tout ce que vous aurez vu. Sophie qui se moque un peu des espérances de sa sœur ne veut plus aller qu'avec vous au Musée et au Jardin du Roi, moins encore, je pense, pour y profiter de vos connoissances, que pour se faire honneur près de vous de son goût pour les occupations raisonnables ; c'est vers vous que se dirige maintenant tout son amour-propre, comme c'est vous que Louise met de part dans tous ses projets d'amusement. Quant à moi, je compte en ce moment pour fort peu de chose, et ce n'est que par un *cela va sans dire*, que je suis admise dans les parties que l'on projette avec vous.

Il est des contre-temps qu'il faut qu'un sage essuie.

Je supporte patiemment cette éclipse de mon crédit, bien tranquille sur la part que vous m'en laisserez, quand un peu d'habitude aura remis les choses à leur place.

Je ne crois pas cependant, je ne désire même pas que cette habitude soit jamais assez complète pour détruire tout-à-fait l'espèce de coquetterie que vous leur inspirez. Comme il faudra bien qu'elles renoncent promptement à l'idée de vous occuper autant qu'elles se l'imaginent, la crainte de vous importuner se joindra au désir de vous plaire, et le rendra plus timide, plus attentif; et moi réduite quelquefois au rôle de simple confidente, j'entretiendrai l'attention, et même un peu la crainte, si vous le permettez, du moins celle de vous mécontenter : vous serez l'imposante idée qui me servira à fixer l'imagination de Louise, et à réprimer son étourderie, et Sophie avec vous ou devant vous n'oubliera point ces formes nécessaires de douceur et de respect qu'elle n'est pas encore accoutumée à observer bien exactement en s'adressant à moi. Mon ami, vous m'avez beaucoup manqué dans mon éducation; mais enfin vous venez reprendre vos fonctions, et peut-être dans le moment où elles acquièrent le plus d'importance.

Elles en auroient eu beaucoup sans doute dans tous les périodes de cette éducation. Dès que l'enfant commence à obéir, un degré de juridiction de plus devient une chose utile, et cette autorité supérieure, d'autant plus puissante, qu'on y a moins souvent recours, ne peut résider qu'entre les mains du père. Les soins, l'éducation de tous les momens, font tellement entrer la bonne et la mère, dans toutes les habitudes de la vie de l'enfant, qu'elles en deviennent pour ainsi dire une partie. Il ne se gêne pas, et ne peut pas se gêner davantage avec elles qu'avec lui-même, car si leur présence contraignoit ses mouvemens, il n'auroit pas un mouvement de libre ; elles sont même ordinairement les objets de ses petites passions, de ses colères, de ses mutineries, de ses entêtemens. Environné de leurs soins et de leur autorité, il ne reçoit guère que par leur intermédiaire les contrariétés qu'il lui faut subir : il faut donc nécessairement qu'il sache leur résister, s'il résiste à quelque chose ; il faut, s'il est capable de s'irriter, que ce soit contre elles qu'il s'irrite; et l'enfant que contiendroit habituellement la présence de sa bonne ou de sa mère, seroit un enfant écrasé par la crainte, ou un être aussi parfaitement vertueux que l'homme toujours contenu par la raison ou la justice. C'est donc seulement des progrès de sa raison qu'on peut attendre les progrès de son obéissance à une autorité presque toujours en lutte avec ses passions naturelles, et son imagination ne prête que bien peu de chose à cette autorité avec laquelle il s'est familiarisé par l'habitude.

La même familiarité n'existe point dans les rapports de l'enfant avec son père. Celui-ci, étranger aux soins physiques, et en général à toute l'éducation du premier âge, est souvent même forcé, pendant tout le cours de l'éducation, d'abandonner, soit à la mère, soit à des maîtres, tous les détails de cette éducation, dont ses occupations lui permettent seulement de surveiller l'ensemble. Les momens que le père et l'enfant passent ensemble sont donc assez ordinairement pour l'un et pour l'autre des momens de loisir dont même la mère a soin le plus qu'elle peut, que rien ne trouble la jouissance et la tranquillité. Ainsi l'enfant s'est accoutumé à se montrer *bien sage* aux yeux de son père; et comme il est rarement contrarié devant lui, il n'a pas l'occasion de manquer à cette habitude assez souvent pour la perdre.

Elle est utile pour le contenir tout naturellement et sans que le père ait eu besoin de faire craindre sa sévérité; l'enfant, pourvu qu'on ne le prenne pas dans un moment d'irritation trop violent, se taira si on lui dit: *Tais-toi, ton père arrive*. Il se taira, non parce qu'il a peur de son père, mais parce qu'il n'est pas accoutumé à crier devant lui ; parce que son père n'étant point chargé vis-à-vis de lui des fonctions qui lui déplaisent, détourne son imagination de la chose qui l'irrite, pour la porter sur des idées plus agréables; enfin, parce que toute diversion est bonne pour arrêter le caprice d'un enfant, et que le père n'étant pas toujours là, est plus propre que la mère à produire diversion. Cette puissance s'augmentera à mesure que l'imagination de l'enfant prenant plus de force et de vivacité, donnera plus d'empire à l'objet absent ; on l'effraiera plus aisément du mécontentement de son père qu'il n'est pas accoutumé à braver; et si cette idée n'a pas toujours empêché la faute, elle

DE L'ÉDUCATION.

l'animera du moins à la réparer avant que son père en puisse être instruit. Dès qu'il aura fait accepter son repentir, il verra tout ce qui l'entoure concourir à lui épargner une réprimande dont la crainte lui aura déjà servi de punition, et que l'on réservera pour les occasions indispensables où il est nécessaire de produire un grand effet. Dans ces occasions la sévérité paroîtra d'autant plus terrible, que l'on sera plus accoutumé à la bonté. Mon ami, si jusqu'à présent nous eussions travaillé ensemble, votre tâche eût été assez douce, elle va le devenir encore davantage.

Vos filles, surtout Sophie, arrivent à l'âge où la crainte des réprimandes, le désir des récompenses font place au besoin de l'estime. A mesure que les forces de l'enfant se proportionnent à quelques-uns des objets qui l'environnent, il borne moins ses communications avec eux, aux impressions qu'il en reçoit; dès qu'il a reconnu autour de lui des êtres capables de sentir, il a besoin de leur donner aussi des impressions, d'agir sur les autres comme ils agissent sur lui, il s'aperçoit déjà qu'il peut être quelque chose pour eux, et dès qu'il le peut, il le veut : son jeune orgueil prend la place qu'abandonnent successivement des passions plus enfantines. Il a commencé par jouir du bonheur que ses progrès donnent à la tendresse de ses parens; il en a joui d'autant mieux qu'il ne s'en expliquoit pas bien la source. Quand Louise savoit bien sa leçon, elle ne disoit pas : *Maman sera bien contente de moi*, mais simplement :

Maman sera bien contente; elle me supposoit là dedans un intérêt personnel, et ne doutoit pas que je ne lui susse gré de l'avantage qu'elle s'imaginoit me procurer. Quand elle s'est aperçue qu'elle ne pouvoit prétendre à ma reconnoissance, elle a voulu du moins mon estime, et m'a demandé mes éloges pour le talent avec lequel elle jouoit sur son piano *Malbrough* ou *Magdelon-Friquet*, et l'éloge ou le blâme ont augmenté la force des autres moyens que j'employois pour exciter le courage ou réprimer les fantaisies. Les fantaisies diminuent, Sophie n'en a presque plus, les moyens répressifs vont pour elle me devenir inutiles; mais les moyens excitatifs me manqueront bientôt. Mon estime s'use, et mes éloges ne suffisent plus : l'amour-propre vit d'émotions, et le tranquille suffrage d'un témoin assidu ne peut être accompagné de cette surprise qu'il aime à exciter comme preuve d'un succès peu ordinaire. Les succès de mes filles se sont préparés devant moi, avec moi; je puis, dans le courant du travail, encourager leurs efforts par mon approbation; mais ce qui augmente le prix de cette approbation, c'est l'espérance qu'elle leur donne de parvenir à un but plus capable de les animer; et quand Sophie redouble d'ardeur pour le dessin dont j'approuve chaque trait, c'est qu'elle est plus sûre de l'effet que produira l'ensemble sur d'autres yeux que les miens. Déjà son imagination commence à s'échapper au dehors pour y chercher l'aliment d'une activité à laquelle ne suffisent déjà plus ses occupations journalières ; déjà il faut lui permettre d'étendre le cercle de son ambition pour conserver le pouvoir de le borner. Resserrée dans des bornes trop étroites, cette activité les franchiroit, ou s'y éteindroit dans la langueur. Vous allez lui ouvrir la nouvelle carrière d'émulation dont elle a besoin.

Ce n'est pas seulement comme nouveau venu, que vous allez présenter à cette jeune imagination de nouveaux motifs d'ardeur, un but qui l'attache et l'intéresse. Étranger par vos occupations autant que par votre absence aux détails qui ont rempli sa vie, vous vous montrez à elle comme supérieur à ces détails dont elle m'a vue trop occupée pour ne pas les regarder comme ma principale affaire. Mes filles n'ont pu apercevoir de mon existence que ce qui se rapportoit à elles ; elles m'ont vue, pour ainsi dire, grandir avec elles ; je suis la société de leur enfance, et leur familiarité avec moi ne les élève point au-dessus d'un âge auquel je me suis toujours proportionnée ; leur familiarité avec vous va les introduire dans ce monde plus sérieux auquel vous tenez, et dans lequel elles commencent à vouloir occuper une place : Sophie, dans ses rapports avec moi, n'oubliera pas toujours qu'elle est un enfant, mais elle ne croira pouvoir traiter avec vous que comme *grande personne*. Cet état de grande personne qui commence à devenir l'objet de tous ses vœux, c'est auprès de vous qu'elle le cherchera ; votre affection, votre complaisance, l'habitude de vous voir, la facilité qu'elle aura de s'adresser à vous, en la rendant moins réservée avec vous qu'avec des étrangers, seront des motifs d'encouragement et non pas de relâchement, car elle y trouvera les moyens de s'élever jusqu'à vous, et non de vous faire descendre jusqu'à elle. Vous lui offrirez un objet d'ambition à sa portée, mais non pas tellement facile à obtenir, qu'elle y puisse parvenir sans soins et sans travail; et l'espérance continuelle d'attirer votre attention et d'ajouter quelque chose à votre estime, la tiendra continuellement en haleine pour les mériter.

Mon ami, c'est un beau et noble but que l'estime d'un père; toutes les vertus sont sur la route prescrite pour y arriver; et ce but peut long-temps suffire, du moins pour une jeune fille : heureuse de pouvoir se livrer avec confiance, et dans sa confiance si timide encore, où cherchera-t-elle ailleurs des regards bienveillans toujours prêts à l'accueillir, et devant lesquels elle puisse déployer, sans rougir ce qu'elle a de bon et de louable ? Où trouvera-t-elle cependant un témoin aussi respecté, dont le blâme soit plus à craindre pour elle, dont l'approbation, fruit de ce qu'elle a en elle de meilleur, puisse être à ses yeux d'un plus haut prix ? On se trompe si l'on croit qu'un succès d'amour-propre, obtenu dans le monde, puisse suffire à l'imagination d'une jeune fille : s'il la satisfait, ce n'est qu'en l'étourdissant; mais, laissée à sa propre nature, elle demande toujours quelque chose au-delà : l'éloge qui l'a flattée, n'est à ses yeux qu'une preuve de l'attention qui commence à se fixer sur elle, et lui fait espérer de nouveaux suffrages. Les applaudissemens dont elle a été le plus enivrée, ne lui laissent tant de joie, que parce qu'elle sent confusément que ceux de qui elle les a obtenus, s'attacheront à trouver en elle quelque autre chose encore que le talent qu'ils ont applaudi. Elle cherche des yeux celui à qui elle a plu pour lui plaire davantage; elle veut qu'il connoisse tout ce qu'elle a d'aimable, et bientôt peut-être ne voudra être aimable que pour qu'il le connoisse.

Cette impossibilité d'exister seule, cette disposition à ne jouir de soi-même que dans l'opinion d'un autre, bien plus touchante, bien plus naturelle à une femme que la vanité, peut devenir aussi dangereuse. Mon ami, retardons le moment où ces jeunes âmes chercheront dans de nouveaux liens cette vie d'estime et d'affection dont elles ont besoin, qui peut seule leur faire goûter toute la plénitude de leur existence; qu'attachées à vous plaire, fières d'être approuvées de vous, heureuses de vous respecter, elles reçoivent de vous le prix de tous leurs progrès vers le bien; que votre opinion soit pour elles la mesure de leur propre mérite, et qu'à leurs yeux rien ne se puisse comparer à l'honneur de votre estime : de là naîtra une volonté ferme parce qu'elle n'aura qu'un but, une juste appréciation des choses parce qu'elles en jugeront sur une règle certaine. Là, elles trouveront un asile où se consoler de l'oubli du monde, et se fortifier contre ses hommages; là, enfin, un point de comparaison qui garantira leur jugement des trop vives séductions de la jeunesse, et un point d'appui qui les aidera à en défendre leur cœur.

Et moi, mon ami, toujours occupée à diriger leurs pensées vers vous, moi qui leur enseignerai si naturellement à chercher dans votre approbation le prix de leur conduite et le but de leurs espérances, qu'aurai-je à leur demander quand elles viendront me dire, avec ce sentiment profond d'un bonheur qu'elles seront sûres de me faire partager : *Mon père est content de nous !*

P. M. G.

LETTRES D'UN PÈRE A SA FILLE,
SUR L'ÉTUDE DE L'HISTOIRE NATURELLE.

Onzième Lettre.

Les enfans se sont donc mis à chercher des œufs d'insectes, dans l'espérance de trouver de nos petits œufs cannelés pyramidaux. Ils ne sont pas bien communs, mais pourtant il pourra leur en tomber sous la main dans les haies qui entourent votre verger. Ils ont trouvé, me dites-vous, des œufs charmans portés chacun sur une tige très-fine d'environ un pouce de longueur; ces jolis œufs étoient plantés sur les feuilles d'un rosier; les petites tiges étoient très-fermes, très-élastiques, quoique plus fines que des cheveux. A ce signalement, j'ai reconnu tout de suite les œufs d'hémerobe (1), et très-probablement de

---

(1) Ce nom, comme celui des éphémères, vient du grec *emera* jour, à cause du peu de durée de leur vie. Celle des hémerobes est pourtant plus longue que celle des éphémères.

l'hémerobe perle, ou lion des pucerons. Ces petits œufs ont embarrassé long-temps les naturalistes qui vouloient absolument y voir une sorte de végétal de la nature des moisissures. On étoit d'autant plus porté à adopter cette opinion que souvent on trouve ces œufs vides et ouverts, ce qui leur donnoit alors toute l'apparence des urnes de mousses. Réaumur est le premier qui s'est assuré de la vérité; patient et infatigable observateur, il a enfin vu éclore quelques-uns de ces œufs, en a vu sortir les petites larves. Elles sont descendues sur les feuilles chargées de pucerons qui doivent servir à leur nourriture; dans ces troupeaux nombreux de pucerons presqu'immobiles, elles en trouvent de toute taille. Ce gibier facile est toujours abondant, ne cherche jamais à fuir, et pourtant ces larves voraces ne se rencontrent pas sans s'attaquer, et la plus foible devient la proie du vainqueur, et en est dévorée sur-le-champ. Avec une nourriture aussi succulente, elles prennent un prompt accroissement; au bout de quinze jours elles en ont atteint le terme, et vont dans le pli de quelque feuille travailler à leur métamorphose (1). Pour cela elles filent une coque ronde d'une soie très-fine et cependant assez forte; leur filière n'est point placée à la bouche comme celles des chenilles, mais au derrière comme celles des araignées. La larve est roulée en boule dans cette coque au moment même qu'elle la file, et on a peine à concevoir comment, dans cette attitude gênée, elle conserve tant d'adresse et d'agilité. Au bout de quinze jours ou trois semaines, en été, la nymphe sort de la coque; mais si la première métamor-

---

(1) Toutes les espèces de pucerons ne conviennent pas à toutes les espèces d'hémerobes, et celle qu'on placeroit près d'un gibier qui n'est pas le sien, y mourroit de faim au milieu de l'abondance.

phose a eu lieu en automne, la nymphe passe l'hiver dans sa coque, et ne paroît qu'au printemps sous la forme d'insecte parfait. C'est bien encore le cas de s'étonner que, d'une coque à peine grosse comme un pois, sorte une assez grande mouche à quatre ailes fort grandes relativement à son corps. Il est vrai qu'elles sont faites de gaze extrêmement fine et transparente, soutenue par un treillis de nervures qui, dans l'espèce commune, sont d'un très-beau vert de mer clair; les yeux qui ne sont pas très-grands sont saillans et fort brillans; ils sont d'un or vert plus éclatant que le métal le mieux poli: ce qui avoit fait donner à ces insectes le nom de *chrysops* (yeux d'or), mais cet éclat disparoît à la mort. Ce joli insecte ne satisfait pas également tous les sens; si on l'a tenu quelques momens entre les doigts, il y laisse une odeur abominable d'excrémens, de laquelle on se débarrasse difficilement.

Il y a des larves qui ont besoin d'être vêtues chacune à leur manière. Réaumur a observé les larves d'une espèce d'hémerobes qui se font très-adroitement une espèce de manteau ou de caparaçon avec les dépouilles des pucerons qu'elles ont sucés; elles ont l'art de les entasser sur leur dos, de les y comprimer avec leur tête qu'elles rejettent brusquement en arrière, et de les y retenir uniquement par leur entrelacement, et en les engageant dans les replis et les rides de leurs anneaux. Réaumur, en ayant dépouillé une, mit à sa portée de la râpure de papier dont elle s'accommoda également bien, et il eut le plaisir de lui voir ajuster très-promptement sa bizarre parure.

Nos enfans voudroient bien, je le vois, trouver toujours dans mes lettres quelque historiette qui se rattachât à l'histoire naturelle; la manœuvre des chaises à porteur de Versailles les a divertis. Je peux encore leur raconter aujourd'hui quelque chose de fort plaisant que je vis à Rome il y a une vingtaine d'années au moins. Pour que cette anecdote ait quelque chose de relatif à nos insectes, il faut se rappeler ce que je disois, je crois, dans ma dernière lettre, de ces vers ou larves aquatiques, qui, ayant passé la plus grande partie de leur vie dans un état fort obscur, sortent tout à coup de la vase où elles avoient vécu si long-temps, pour paroître pendant quelques semaines sous la forme d'élégantes demoiselles. Je me promenois donc un dimanche à Rome avec le chevalier ✱✱✱ que vous avez vu chez moi il y a quelques années, qui a passé une grande partie de sa vie en Italie, et qui en connoissoit à fond les mœurs et les usages. Parmi les voitures dont la promenade étoit couverte, il m'en fit remarquer une dans laquelle étoit une jeune femme d'assez bonne mine avec un jeune homme ; derrière étoit un domestique en livrée. Qui pensez-vous que peut être cette femme ? me dit-il, vous n'hésiterez pas à en faire au moins une marquise. Hé bien, sachez que cette beauté est une couturière ! c'est celle qui fait les robes de ma femme, je la reconnois parfaitement ; c'est d'ailleurs une femme fort honnête, et vous craindrez de la mal juger, quand vous saurez que l'homme qui est à côté d'elle est son frère ; et que celui qui paroît son laquais, est son mari. Comme le chevalier est un peu conteur, j'étois disposé à penser qu'il vouloit m'amuser. Je vous garantis l'exacte vérité de ce que je vous dis là, ajouta-t-il, et vous ne vous en étonneriez pas, si vous étiez comme moi au fait de ce pays-ci. Tout y est représentation ; paroître est la passion dominante. Ces magnifiques palais appartiennent à des princes qui passent leur vie dans un coin de leur superbe demeure, et ne se tiennent dans les grands appartemens que quatre ou cinq fois l'année lorsqu'ils y donnent des fêtes.

Vous verrez, un jour de gala chez une Eminence, les antichambres pleines de valets, tandis qu'il n'a peut-être pas six domestiques à lui, et sur sa table, une multitude de plats, dont les trois quarts au moins ne sont là que pour figurer, ne sont que des apparences de mets, dont on se gardera de vous offrir. Ailleurs, l'ouvrière que nous avons vue, après avoir bien travaillé toute la semaine, iroit avec sa famille se divertir à la guinguette. Ici où le plaisir de manger est compté pour rien, elle préfère dépenser, à paroître, la plus grande partie de son gain de la semaine. Elle loue une voiture, y place à côté d'elle son frère, qui est aussi un ouvrier; et le mari qui met son bonheur à la satisfaire, va prendre dans les garde-robes de quelque prélat, chez lequel il figure dans l'occasion, une casaque de livrée, avec laquelle il donne à sa chère moitié l'apparence d'une femme de qualité. Ne voilà-t-il pas la larve ou la nymphe de notre demoiselle, qui barbotte pendant la plus grande partie de sa vie, et prend de brillantes ailes pour vivre avec éclat pendant quelques jours.

Revenons aux chenilles : indépendamment du nombre des pattes, qui établit entre elles de grandes différences, on en peut trouver encore dans la grandeur qui varie depuis une ou deux lignes jusqu'à trois ou quatre pouces, car il y a de petites teignes dont les chenilles n'ont pas deux lignes de longueur; et les chenilles des grandes phalènes, comme le grand paon de nuit, et des grands sphinx, comme le sphinx à tête de mort, ont souvent plus de trois pouces. Les couleurs de la peau, les poils, plus ou moins fournis, plus ou moins roides, fournissent aussi des distinctions. Toutes les chenilles des papillons et des sphinx ont seize pattes, et même beaucoup de chenilles des phalènes ou papillons de nuit en ont aussi seize, de sorte que le nombre de celles qui en ont moins est asez petit en comparaison des autres.

La forme de la tête n'est pas non plus la même pour toutes; la plupart l'ont ronde; mais les chenilles des sphinx l'ont triangulaire : elles ont été appelées sphinx, parce que souvent elles tiennent la partie antérieure du corps élevée, ce qui leur donne l'attitude de ces sphinx de la fable dont vous voyez des statues dans les jardins; de plus elles sont toujours rases, ordinairement chagrinées, et portent sur le onzième anneau une corne un peu mobile tournée en arrière, et dont l'usage est tout-à-fait inconnu.

Les chenilles des papillons sont, les unes rases, les autres velues, d'autres épineuses; quelquefois les épines sont rameuses. Une grande chenille verte avec des anneaux noirs, qui vit sur le fenouil ou les carottes, et donne ce grand beau porte-queue jaune, avec des nervures noires, et des bordures noires tachées de bleu, porte cachée une espèce de corne charnue, fourchue, couleur de chair, qu'elle fait sortir d'auprès de son cou en dessus quand on l'excite. Cependant cette corne en Y, d'une substance molle, ne paroît pas du tout une arme donnée à l'insecte pour sa défense. Seulement on peut remarquer qu'elle exhale une odeur assez forte de fenouil, ou de la plante aromatique dont la chenille se nourrit.

Toutes les chenilles filent du plus au moins; toutes ont la faculté de filer, mais elles ne sont pas toutes pourvues avec une égale abondance de la matière soyeuse : aussi les unes peuvent filer des coques très-fournies de soie, et même les réparer plusieurs fois s'il arrive quelqu'accident; tandis que d'autres n'ont tout juste de fil que ce qui leur faut pour lier ensemble les divers matériaux dont elles composent leur enveloppe, quand il s'agit de se préparer à la métamorphose. Lorsqu'une grosse chenille, rase comme le ver-à-soie, a pris tout son accroissement, on peut voir à travers la peau trans-

22*

parente qui la recouvre, les deux grands réservoirs de la matière liquide de la soie; on peut même, en sacrifiant quelques individus, extraire ces deux réservoirs, les étendre sur une plaque de verre, et en les y laissant sécher, ce qui ne sera pas long, on aura comme deux longs fuseaux d'une matière particulière, transparente, solide, et qui paroît tenir de la nature du vernis. Réaumur remarque à cette occasion que les Mexicains ont l'art de tirer de beaux vernis de certains vers qu'ils font bouillir dans l'eau; ce vernis surnage, et on le recueille alors facilement. Ces vers sont probablement des chenilles, et ce vernis la matière de leur soie. Réaumur s'étonne avec raison qu'on n'ait pas tenté en Europe quelque chose de semblable; et, se livrant, à son ordinaire, avec complaisance, aux conséquences de son idée, il imagine que le vernis que l'on obtiendroit ainsi auroit toute la souplesse et la flexibilité de la soie, qu'on pourroit avoir des lames très-étendues de cette matière, en la laissant prendre consistance sur des glaces, et qu'on obtiendroit ainsi des vêtemens de soie qui ne seroient pas tissus.

Une chose fort singulière et fort difficile à expliquer relativement à la matière de la soie, c'est la manière dont les fils ont de l'adhérence entre eux. Ils ne sont point tissus, ils ne sont que juxta-posés, passés l'un sur l'autre, mais ils sont collés ensemble. Pour les dévider, on est obligé de tenir les cocons dans l'eau bouillante; l'eau a donc la faculté de les décoller. On ne peut pas croire qu'ils sont collés par leur propre substance qui est encore un peu fluide au moment que le fil s'applique, car la substance de la soie est insoluble dans l'eau. Il faut donc imaginer, pour expliquer ce fait d'une manière quelconque, que la matière de la soie, dans les réservoirs qui la renferment, est mêlée avec une matière gommeuse qui s'en sépare pour envelopper le fil au moment de sa sortie de la filière, et servir à le coller où besoin est.

La filière est un instrument assez compliqué vu au microscope, les observateurs prétendent qu'il est garni de muscles qui lui donnent la faculté de se dilater et de se contracter; ce qui explique l'inégalité de grosseur des fils, et leur forme diverse. On remarque aussi que le fil paroît ordinairement aplati et comme formé de deux cylindres accollés, ce qui porte à croire que les deux réservoirs ont chacun leur issue particulière dans la filière, qu'elle reçoit ainsi deux fils qui s'unissent dans son intérieur, et n'en font plus qu'un à la sortie. L'eau dans laquelle ont trempé les cocons pendant qu'on les dévidoit, demeure chargée de cette substance gommeuse qui leur donnoit de la consistance (1).

L'art avec lequel les chenilles font usage de leur soie est très-varié; l'instinct qui les conduit n'est point du tout aveugle: il sait leur faire changer de manœuvre suivant la diversité des circonstances, et je pourrois vous en citer quelques traits vraiment admirables. Mais je veux maintenant vous parler d'une observation charmante, faite par M. Huber le fils, qui répand quelques lumières sur la nature de l'instinct des insectes. Il paroît, d'après cette observation qu'il leur faut exécuter leurs travaux en entier, qu'on ne peut les aider ou les dispenser de quelque partie. M. Huber, l'auteur de l'excellent ouvrage *sur les mœurs des fourmis indigènes*, trouva la facilité d'observer à son gré les manœuvres d'une très-petite chenille de l'espèce de celles qu'on a appelées *mineuses*,

---

(1) De la même filière, du moins en apparence, l'araignée tire les fils de sa toile et ceux beaucoup plus forts dont elle enveloppe ses œufs; ces derniers fils sont une vraie soie.

parce qu'elles vivent entre les deux surfaces d'une feuille, en y creusant des galeries et subsistant du parenchyme qu'elles enlèvent. Cette petite chenille opère sa première métamorphose, et passe le temps où elle est nymphe, dans un petit fourreau qu'elle suspend à des fils attachés des deux côtés d'une feuille courbe. C'est ce qui l'a fait appeler par M. Huber *chenilles à hamac;* cinq heures lui suffisent pour cette opération assez compliquée qu'il faut suivre la loupe à la main, car les fils simples d'une petite chenille qui n'a pas deux lignes de long ne sont pas sensibles à l'œil. M. Huber, ayant beaucoup de ces chenilles à sa portée, et pouvant les observer en même temps, à des époques plus ou moins avancées de leur travail, s'avisa d'une idée extrêmement philosophique. Il voulut éprouver si une chenille qui n'étoit encore qu'au quart de sa tâche voudroit profiter de celui d'une autre à qui il n'en restoit plus qu'un quart à faire. Il changea donc ces deux chenilles de place; la plus avancée se remit à l'ouvrage et profita du quart déjà fait; mais la moins avancée parut ne pas reconnoître des travaux auxquels elle ne s'étoit point exercée: elle détruisit le travail qu'on lui offroit tout fait pour recommencer entièrement, ou alla se placer ailleurs. Cette expérience répétée beaucoup de fois, a toujours donné le même résultat. Cette observation est d'autant plus remarquable que la petite chenille commence par des travaux préparatoires qu'elle détruit à mesure, et qui ne subsistent plus quand les grands cordons de suspension sont achevés. On a voulu épargner à plusieurs qui se mettoient à l'ouvrage la peine de ces premiers travaux, en les plaçant sur les câbles déjà tout faits, câbles composés de beaucoup de fils simples accollés, et cependant n'égalant pas en grosseur le fil le plus fin; jamais on n'a pu obtenir qu'elles ne commençassent pas par la première opération : elles ne veulent ni ne peuvent se servir de ce qu'une autre a fait, que lorsqu'elles l'ont fait également.

La peau des chenilles est susceptible d'une certaine extension, et elle se prête un peu à leur accroissement rapide, mais foiblement; et, comme leur volume augmente fort vite, leur peau ne peut bientôt plus les contenir : alors il faut en changer. C'est ce qui arrive à toutes les larves; mais celles des lépidoptères ayant été le plus observées, c'est sur elles qu'on a le plus de particularités. Ce changement de peau qu'on appelle *mue*, et qui a lieu au moins trois ou quatre fois, et, pour quelques unes, huit ou neuf fois dans le cours de leur vie, est une véritable crise à laquelle elles se disposent par une sorte de régime. Elles cessent de manger deux jours avant celui où elles doivent se dépouiller de leur vieille peau; elles se tiennent à l'écart, immobiles, mais faisant de temps en temps, sans changer de place, des mouvemens divers qui facilitent l'opération. Il paroît qu'elle est fort pénible, car les chenilles d'un tempérament foible n'y résistent pas; d'autres en restent plus ou moins long-temps malades. Enfin la peau se déchire en dessus vers le milieu du second ou du troisième anneau, et l'animal en se gonflant augmente l'ouverture qui devient bientôt assez grande pour laisser sortir d'abord la partie antérieure du corps, puis la partie postérieure, ce qui dure en tout moins d'une minute.

Si on observe à la loupe cette dépouille fort chiffonnée, on y peut cependant reconnoître toutes les parties de l'insecte, ses pattes, ses dents, et jusqu'aux plus petits crochets des pattes membraneuses. Imaginez quelle doit être la ténuité de ces parties dans de très petites chenilles; hé bien, ces parties sont donc des étuis qui en contiennent d'autres, ainsi de suite par emboîtemens. Quelle prodigieuse délicatesse de travail! Et que de merveilles, le moindre des êtres organisés nous présente! La dépouille d'une chenille velue est couverte de tous ses poils; sont-ce des tuyaux creux qui renfermoient les poils dont la chenille est maintenant couverte? On auroit pu le penser; mais, pour s'en assurer, on a coupé les poils d'une chenille velue sur une grande partie de son corps: la chenille n'est pas moins sortie de sa dépouille revêtue d'autant de poils, et encore plus longs. Les nouveaux poils étoient donc couchés entre les deux enveloppes.

LE PRÉSENT DU JOUR DE NAISSANCE.

CONTE (1).

« Maman, » dit Rosamonde, après un long silence, « savez-vous à quoi j'ai pensé tout ce temps? »

« Non, ma chère. — A quoi? »

« A quoi, maman; au jour de naissance de ma cousine Bell (2); savez-vous quel jour c'est? »

« Non, je ne m'en souviens pas. »

« Ma chère maman! vous ne vous souvenez pas que c'est le 22 décembre; que c'est après-demain

---

(1) Ce conte est tiré d'un recueil de contes pour les enfans, publié par Miss Edgeworth, sous ce titre: *The Parent's Assistant*. Plusieurs ont été insérés dans la Bibliothèque Britannique. Nous ne croyons pas que celui-ci ait été jamais traduit.

(2) Abrégé d'Arabelle.

son jour de naissance ? — Vous rappelez-vous à présent ? mais jamais vous ne vous souvenez des jours de naissance, maman : c'est à quoi je pensois justement, que vous ne vous souvenez jamais du jour de naissance de ma sœur Laure, ni — ni — ni du mien, maman ? »

« Que voulez-vous dire, ma chère ? Je me souviens parfaitement bien de votre jour de naissance. »

« Certainement ! mais pourtant vous ne le fêtez pas. »

« Qu'entendez-vous par fêter votre jour de naissance ? »

« Oh, maman, vous savez très-bien comme le jour de naissance de Bell est fêté. — Premièrement il y a un grand dîner. »

« Eh ! Bell peut-elle manger plus le jour de sa naissance qu'un autre jour ? »

« Non ; et je ne penserois pas au dîner, si ce n'étoit les petits pâtés. Bell a quantité de jolies choses ; je ne veux pas parler des friandises, mais des jolis joujoux nouveaux qu'on lui donne toujours à son jour de naissance ; et chacun boit à sa santé, et elle est si heureuse ! »

« Mais, voyez, Rosamonde, comme vous confondez les choses ! qui la rend si heureuse ? est-ce de ce que chacun boit à sa santé ; ou sont-ce les joujoux nouveaux, ou les bons petits pâtés ? Je peux croire aisément qu'elle est heureuse quand elle mange un petit pâté, ou quand elle joue ; mais comment peut-elle être heureuse de ce que chacun boit à sa santé ? »

Rosamonde s'arrêta, puis elle dit qu'elle ne savoit pas; « mais, » ajouta-t-elle, « les jolis joujoux nouveaux, maman ! »

« Mais pourquoi les jolis joujoux nouveaux? les aimez-vous seulement parce qu'ils sont nouveaux?»

« Non pas seulement pour cela. — Je n'aime pas les joujoux seulement, parce qu'ils sont nouveaux, mais Bell les aime pour cela, je crois, — car cela me fait penser. — Vous savez, maman, qu'elle avoit un grand tiroir plein de vieux joujoux dont elle ne s'est jamais servie, et elle disoit qu'ils n'étoient bons à rien, parce qu'ils étoient vieux; mais je pensois qu'il y en avoit plusieurs qui valoient beaucoup mieux que des neufs. — Vous allez en juger, maman; je vais vous dire tout ce qu'il y avoit dans le tiroir. »

« Rosamonde, je vous remercie: pas à présent; je n'ai pas le temps de vous écouter. »

« Hé bien, maman, après-demain je puis vous montrer le tiroir: je veux que vous en soyez juge, parce que je suis sûre que j'avois raison. — Et, maman, » ajouta Rosamonde, l'arrêtant comme elle sortoit de la chambre, « me direz-vous, — pas à présent, mais quand vous aurez le temps, me direz-vous pourquoi vous ne fêtez jamais mon jour de naissance, — pourquoi vous ne mettez pas de différence entre ce jour-là et un autre jour? »

« Et vous, Rosamonde, me direz-vous, — pas à présent, mais quand vous aurez le temps d'y penser, — me direz-vous pourquoi je mettrois quelque différence entre votre jour de naissance et un autre jour ? »

Rosamonde y pensa ; — mais elle ne put trouver de raison : d'ailleurs elle se rappela tout à coup qu'elle n'avoit pas le temps de penser plus long-temps, car elle avoit à finir un certain panier à ouvrage qu'elle faisoit pour sa cousine Bell, et dont elle lui vouloit faire présent à son jour de naissance. L'ouvrage étoit arrêté faute de quelque papier en filigrane ; et comme sa mère alloit sortir, elle lui demanda de la prendre avec elle, afin qu'elle pût en acheter ; sa sœur Laure fut de la partie.

« Ma sœur, » dit Rosamonde, chemin faisant, « qu'avez-vous fait de votre demi-guinée ? »

« Je l'ai dans ma poche. »

« Ma chère ! vous la voulez toujours garder dans votre poche : vous savez que ma marraine, quand elle vous la donna, dit que vous la garderiez plus long-temps que je ne garderois la mienne ; et je sais ce qu'elle pensoit d'après son regard dans ce moment-là. Je l'ai entendue dire quelque chose à maman. »

« Oui, » dit Laure, en souriant, « elle le dit si bas, que je ne pus pas m'empêcher de l'entendre aussi : elle dit que j'étois une petite avare. »

« Mais ne l'avez-vous pas entendue dire que j'étois très-*généreuse ?* et elle verra qu'elle ne se trompoit pas. J'espère qu'elle y sera quand je donnerai mon panier à Bell : — ne sera-t-il pas beau ? — Il doit y avoir une guirlande de myrte autour de l'anse, vous savez, et un fond glacé ; et puis les médaillons. — »

« Arrêtez-vous, » interrompit sa sœur; car Rosamonde, anticipant sur la gloire de son panier, parloit et marchoit si vite, qu'elle avoit passé, sans l'apercevoir, la boutique où devoit s'acheter le papier de filigrane. Elles retournèrent. La boutique par hasard faisoit le coin d'une rue, et une des fenêtres donnoit sur une ruelle étroite. Une voiture pleine de dames s'arrêta à la porte justement avant qu'elles entrassent, de sorte que personne n'eut le temps d'abord de penser à Rosamonde et à son papier filigrane, et elle alla à la fenêtre où elle vit sa sœur Laure occupée à regarder attentivement quelque chose qui se passoit dans la ruelle.

Vis-à-vis la fenêtre, à la porte d'une maison de pauvre apparence, étoit assise une petite fille qui faisoit de la dentelle. Ses fuseaux se mouvoient avec la rapidité de l'éclair, elle ne levoit pas une fois les yeux de dessus de son ouvrage.

« N'est-elle pas bien industrieuse? » dit Laure; « et bien honnête, » ajouta-t-elle une minute après; car justement alors passoit un boulanger avec un panier de petits pains sur sa tête, et par hasard un des petits pains tomba près de la petite fille : elle le ramassa promptement, elle le regarda comme si elle avoit bien faim, puis elle mit de côté son ouvrage, et courut après le boulanger pour le lui rendre.

Tandis qu'elle étoit partie, un laquais couvert d'une livrée galonnée d'argent, appartenant à la voiture qui étoit arrêtée à la porte de la boutique, s'amusoit avec un de ses camarades; il aperçut le métier de dentelles qu'elle avoit laissé sur une pierre devant la porte. Pour se divertir (car souvent les fainéans font le mal pour se divertir), il prit ce métier, et brouilla tous les fuseaux. La petite fille revint hors d'haleine à son ouvrage ; mais quelle fut sa surprise et son chagrin de le trouver gâté! Elle tordoit et détordoit, plaçoit et déplaçoit les fuseaux, tandis que le laquais rioit de sa peine. Elle se leva doucement, et alloit rentrer dans la maison, quand le laquais galonné d'argent l'arrêta, en lui disant insolemment : « Ne bouge pas de là, morveuse. »

« Il faut que j'aille trouver ma mère, monsieur, » dit l'enfant; d'ailleurs, vous avez gâté toute ma dentelle, — je ne puis rester. »

« Ah! tu ne peux, » dit le brutal domestique, lui arrachant encore son métier. « Je t'apprendrai à te plaindre de moi ; » et il cassa l'un après l'autre tous les fuseaux, les mit dans sa poche, roula le métier dans la boue, puis il sauta derrière la voiture de sa maîtresse, et disparut dans un instant.

« Pauvre fille! » dit Rosamonde, ne pouvant contenir plus long-temps son indignation à la vue de cette injustice : « pauvre petite fille! »

A cet instant-là, la mère de Rosamonde lui dit : — « Allons, ma chère, maintenant si vous voulez de ce papier filigrane, achetez-le. »

« Oui, maman, » dit Rosamonde; et l'idée de ce que sa marraine et sa cousine Bell penseroient de sa générosité, revint à son imagination. Tous ses sentimens de pitié furent aussitôt étouffés : elle se contenta d'une dernière exclamation sur la *pauvre petite fille*, et alla dépenser sa demi-guinée pour son panier en filigrane. Pendant ce temps-là, celle qui avoit été appelée « la *petite avare*, » fit signe à la pauvre fille, et ouvrant la fenêtre, dit, en montrant le métier, « est-il entièrement perdu ? »

« Tout-à-fait ! tout-à-fait ! je ne peux pas, ni ma mère non plus, en acheter un autre ; et je ne peux pas faire autre chose pour gagner mon pain. » — En disant cela elle laissa échapper quelques larmes.

« Combien un autre métier coûteroit-il ? » dit Laure.

« Oh, beaucoup, — beaucoup. »

« Plus que cela ? » dit Laure, montrant sa demi-guinée.

« Oh, non. »

« Hé bien donc, vous pouvez en acheter un autre avec cela, » dit Laure laissant tomber la demi-guinée dans sa main, et elle ferma la fenêtre avant que l'enfant eût pu trouver des paroles pour la remercier, mais non pas avant qu'elle eût vu dans ses regards la joie et la reconnoissance ; ce qui fit probablement plus de plaisir à Laure que toutes les louanges qu'on auroit pu accorder à sa générosité.

Rosamonde finit son panier assez tard dans la matinée du jour de naissance de sa cousine. La voiture étoit à la porte. — Laure accourut pour l'appeler ; la voix de son père se fit entendre au même instant, de sorte qu'elle fut obligée de descendre avec son panier seulement à demi-enveloppé dans du papier argenté, circonstance qui la déconcerta beaucoup : car le plaisir de surprendre Bell seroit entièrement perdu si la moindre partie du filigrane étoit aperçue avant qu'il fût temps. Pendant le chemin Rosamonde tiroit son papier d'un côté et de l'autre, et par chacun des quatre coins.

« Cela n'ira jamais, ma chère, » dit son père qui épioit ses opérations ; « j'ai peur que vous ne veniez jamais à bout de couvrir avec une feuille de papier une boîte deux fois aussi grande qu'elle. »

« Ce n'est pas une boîte, papa, » dit Rosamonde, avec un peu d'aigreur ; « c'est un panier. »

« Voyons ce panier, » dit-il, le tirant de ses mains malgré sa résistance ; car elle connoissoit toute la fragilité des matériaux dont il étoit fait, et elle trembloit de le voir en pièces dans les mains de son père.

Il saisit l'anse un peu rudement, alors se levant de son siége, elle s'écria : —

« Oh, papa ! mon papa ! vous l'abîmerez certainement ! » dit-elle avec une véhémence croissante, quand elle vit qu'après avoir mis de côté l'enveloppe de papier argenté, il prenoit à pleine main cette anse garnie d'une guirlande de myrte.

« Vraiment, mon papa, vous abîmerez la pauvre anse. »

« Mais à quoi donc peut servir *la pauvre anse*, »

dit le père, « si nous ne pouvons pas la manier ? Est-ce là, je vous prie, » continua-t-il, en faisant tourner le panier autour de son doigt d'une manière assez peu respectueuse, « est-ce là ce qui vous a tant occupée toute la semaine ? Je vous ai vue toute la semaine dans la colle et les chiffons ; je ne pouvois imaginer ce que vous faisiez. — C'est donc cela ? »

« Mais oui, papa, — vous pensez donc que j'ai perdu mon temps, parce que ce panier ne peut pas servir ; mais il me sert à faire un présent à ma cousine Bell. »

« Votre cousine Bell vous aura bien de l'obligation d'un présent qui n'est de nul usage ; vous eussiez aussi bien fait de lui donner le vase violet (1). »

« Ah, mon papa ! je pensois que vous aviez oublié cela. — Il y a deux ans de cela ; je ne suis pas si sotte aujourd'hui ; mais je sais bien que Bell aimera ce panier, quoiqu'il ne puisse pas servir. »

« Vous pensez donc que Bell est plus sotte aujourd'hui que vous ne l'étiez il y a deux ans ? — Hé bien, cela peut être vrai : mais comment se fait-il, Rosamonde, qu'aujourd'hui que vous êtes si sage, vous soyez amie d'une personne aussi sotte ? »

« Moi, mon papa ? » dit Rosamonde, en hési-

---

(1) Allusion à un autre conte.

tant ; « je ne pense pas que je sois beaucoup son amie. »

« Je n'ai pas dit beaucoup. »

« Bien, mais je ne pense pas que je sois du tout son amie. »

« Mais vous avez employé une semaine entière à faire cette chose pour elle. »

« Oui, et ma demi-guinée en outre. »

« Pourtant vous pensez que c'est une sotte, et vous n'êtes pas du tout son amie; et vous dites que vous savez bien que cette chose-là ne lui sera d'aucun usage. »

« Mais, papa, c'est son jour de naissance; et je suis sûre qu'elle *attendra* quelque chose, et que chacun lui donnera quelque chose. »

« Ainsi donc, votre raison pour lui donner quelque chose, est qu'elle attend que vous lui donnerez quelque chose ; et pouvez-vous, voulez-vous, ou devez-vous toujours donner uniquement parce que d'autres *attendent*, ou parce que quelqu'un donne ? »

« Toujours ! — non, pas toujours. »

« Ah, oui, seulement les jours de naissance ! » Rosamonde riant : « maintenant je vois bien que vous vous moquez de moi ; mais je pensois que vous aimiez qu'on fût généreux ; ma marraine dit qu'elle l'aime. »

« Et moi aussi, tout autant que votre marraine ; mais nous n'avons pas encore entièrement décidé ce que c'est qu'être généreux. »

« Quoi, n'est-il pas généreux de faire des présens ? » dit Rosamonde.

« C'est une question qui demanderoit beaucoup de temps pour y répondre. Mais, par exemple, faire présent d'une chose que vous savez ne pouvoir servir à rien, à une personne pour laquelle vous n'avez ni amitié ni estime, parce que c'est son jour de naissance, parce que chacun lui donne quelque chose, et qu'elle attend quelque chose, et parce que votre marraine dit qu'elle aime qu'on soit généreux, me semble à moi, ma chère Rosamonde, puisqu'il faut que je le dise, tenir plutôt de la folie que de la générosité. »

Rosamonde baissa les yeux sur le panier, et se tut.

« Je suis donc une folle ? » dit-elle, levant enfin les yeux.

« Parce que vous vous êtes trompée *une fois ?* Non. Si vous avez assez de bon sens pour voir vos erreurs, et si vous pouvez après les éviter, vous ne serez jamais une folle. »

Ici la voiture s'arrêta, et Rosamonde se rappela que le panier étoit découvert.

Maintenant nous devons observer que le père de Rosamonde n'avoit pas été trop sévère quand il avoit appelé Bell une petite sotte. Dès son *enfance* on avoit flatté ses caprices; et à huit ans elle avoit le malheur d'être un *enfant* gâté : elle étoit fainéante, colère, égoïste, tellement que rien ne pouvoit la rendre heureuse. Elle s'attendoit pourtant à être parfaitement *contente* le jour de sa naissance. Chacun dans la maison cherchoit à lui plaire, et on avoit si bien réussi, qu'entre le déjeuner et le dîner elle n'avoit crié que six fois. De ces six fois il y en avoit cinq dont personne n'avoit pu découvrir la cause ; mais la dernière et la plus terrible avoit été occasionnée par une robe de mousseline brodée. A l'heure de la toilette sa femme de chambre la lui apporta, en criant : — « Voyez, Miss ! ce que votre maman vous a envoyé pour votre jour de naissance. Voilà un fourreau qui conviendroit à une reine, s'il y avoit seulement de la dentelle au bout des manches. »

« Et pourquoi n'y a-t-il pas de dentelle au bout des manches ? Maman a dit qu'il devoit y en avoir. »

Oui, mais on a manqué de parole à madame, quant à la dentelle ; elle n'est pas arrivée. »

« Pas arrivée ! comment ! ne savoient-ils pas que c'étoit mon jour de naissance ? mais à présent je dis que je ne veux pas la porter sans dentelle. — Je ne peux pas la porter sans dentelle. — Je ne la porterai pas. »

Cependant, comme on ne pouvoit pas avoir la dentelle ; à la fin Bell se résigna à mettre la robe. « Allons, miss Bell, essuyez vos yeux, » dit la femme qui l'avoit élevée ; « essuyez vos yeux, et je vous dirai quelque chose qui vous fera plaisir. »

« Eh bien, quoi ? » dit-elle en faisant la moue et sanglottant.

« Mais, il ne faut pas que vous disiez que je vous l'ai dit. »

« Non ; — mais si on me le demande ? »

« Si on vous le demande, il faut bien que vous disiez la vérité. — Ainsi je retiens ma langue, Miss. »

« Dites, dites; je ne le dirai pas, — si on me le demande. »

« Eh bien donc, » dit la femme de chambre, « votre cousine Rosamonde est venue, et vous a apporté la *plus belle* chose que vous ayez jamais vue de votre vie; mais il ne faut pas que vous le sachiez jusqu'après dîner, parce qu'elle veut vous surprendre; et Madame l'a mise dans son armoire jusqu'après dîner. »

« Jusqu'après dîner, » répéta Bell avec impatience; « je ne peux pas attendre jusques-là, il faut que je la voie tout à l'heure. »

La femme de chambre refusa plusieurs fois, jusqu'à ce que, Bell ayant recommencé ses cris et ses pleurs, cette fille craignant que sa maîtresse ne se fâchât contre elle, si Bell paroissoit à dîner avec les yeux rouges, consentit à lui montrer le panier.

« Qu'il est joli! — mais laissez-moi le tenir, » dit Bell à la fille qui tenoit le panier hors de sa portée.

« Oh! non, il ne faut pas que vous y touchiez; car si vous le gâtiez, qu'est-ce que je deviendrois? »

« Ce que vous deviendriez! » s'écria l'enfant gâté qui ne considéroit jamais que sa satisfaction du moment. — « Ce que vous deviendriez! qu'est-ce que cela signifie, — je ne le gâterai pas, et je veux l'avoir dans mes mains. — Si vous ne me le donnez pas tout de suite, je dirai que vous me l'avez montré. »

« Vous ne l'arracherez pas? »

DE L'EDUCATION. 357

« Non, non, » dit Bell ; mais elle avoit appris de sa femme de chambre à n'avoir aucun égard pour la vérité. Elle saisit brusquement le panier aussitôt qu'il fut à sa portée : dans le débat l'anse et le bord furent arrachés, et un des médaillons enfoncés, avant que la petite furie eût repris son sang-froid. Calmée à cette vue, sa première question fut comment cacher le mal qu'elle avoit fait ; avec bien de la peine on replaça l'anse et le bord, et le panier fut remis exactement à la même place où il étoit auparavant, et la femme de chambre recommanda à la petite fille « *de paroître comme s'il ne fût rien arrivé.* »

Nous espérons que les enfans et les parens s'arrêteront ici un moment pour faire cette réflexion : les habitudes de tyrannie, de bassesse et de fausseté que les enfans contractent en vivant avec des domestiques vicieux, sont rarement détruites en entier dans tout le cours de leur vie.

Après avoir enfermé le panier, elles quittèrent la chambre, et trouvèrent dans le corridor une pauvre petite fille qui attendoit avec un petit paquet dans sa main.

« Qu'est-ce vous demandez ? » dit la femme de chambre.

« Madame, j'ai apporté la dentelle qu'on a commandée pour la jeune demoiselle. »

« Ah ! vous l'avez ! vous l'avez donc à la fin ? » dit Bell.

« Pourquoi, je vous prie, ne l'avez-vous pas apportée plus tôt ? »

Elle alloit répondre, mais la femme de chambre l'interrompit en disant : — « Allons, allons, point d'excuses ; vous êtes une petite paresseuse qui n'êtes bonne à rien. Désappointer miss Bell à son jour de naissance ! — mais puisque vous l'avez apportée, voyons-la ? » — La petite fille donna la dentelle sans répliquer, et la femme de chambre lui dit d'aller à ses affaires, et de ne pas attendre qu'on la payât, car sa maîtresse ne pouvoit voir personne, parce qu'elle avoit beaucoup de monde chez elle.

« Puis-je revenir cette après-midi ? » dit la petite fille timidement.

« Dieu me bénisse ! » repliqua la femme de chambre : « Comment y a-t-il des gens si pauvres, je m'en étonne ? Je voudrois que Madame achetât sa dentelle dans un magasin, comme je lui ai dit, et non pas à ces gens-là. — Revenir ! oui sûrement — je crois que vous viendriez bien vingt fois pour deux sous. »

Quelque maussadement que la permission de revenir lui eût été donnée, l'enfant la reçut avec reconnoissance, et s'en alla gaîment. Bell tourmenta sa femme de chambre jusqu'à ce qu'elle en eût obtenu que la dentelle si long-temps attendue fût cousue à ses manches.

Malheureuse Bell ! — tout le temps du dîner se passa, et tous les convives étoient si affamés, si occupés, ou si stupides, qu'il n'y en eut pas un qui donnât un regard à cette pièce favorite de sa toilette, jusqu'à ce qu'enfin, ne pouvant cacher plus long-temps son impatience, elle se tourna du côté de Laure qui se trouvoit près d'elle, et lui dit :—« Vous n'avez pas de dentelle à vos manches ; voyez comme la mienne est belle ! — n'est-ce pas ? ne voudriez-vous pas bien que votre maman vous en donnât de pareille ? — mais vous ne pourriez pas en avoir quand elle le voudroit, car celle-ci a été faite exprès pour moi, pour mon jour de naissance ; et, pour tout au monde, on ne pourroit en avoir un morceau de plus. »

« Mais la personne qui l'a faite, » dit Laure, « ne peut-elle plus en faire de semblable ? »

« Non, non, non ! » cria Bell ; car elle avoit déjà appris de la femme de chambre de sa mère cet orgueil bas qui apprécie les choses, non pas d'après leur agrément ou leur utilité réelle, mais parce que personne ne peut se les procurer.

« Personne ne peut en avoir comme cela, je vous dis, » répéta Bell ; « il n'y a qu'une personne à Londres qui puisse en faire, et je suis sûre que cette personne n'en voudra pas faire un morceau pour toute autre que pour moi. — Maman ne lui en laissera pas faire, si je ne le lui demande pas. »

« Très-bien, » dit Laure froidement : « je n'en ai pas besoin ; il n'est pas nécessaire de vous emporter ainsi : je vous assure que je n'en ai nul besoin. »

« Ah ! oui : vous voudriez pourtant bien en avoir, » dit Bell avec beaucoup de colère.

« Non, certainement, » dit Laure, en souriant.

« Oh que si, vous en avez bien envie, dans le fond de votre cœur; mais vous dites que non pour me faire enrager, je le sais bien, » cria Bell, qu'étouffoit sa vanité désappointée. — « Elle est bien jolie, toujours, et coûte beaucoup d'argent aussi, et personne n'en aura un morceau de pareille pour les yeux de sa tête. »

Laure reçut cette sentence. — Rosamonde sourit; et, à son sourire, la rage, mal contenue de l'enfant gâté, éclata en cris les plus forts qu'elle eût encore fait entendre à son jour de naissance. C'étoit sa septième attaque.

« Qu'y a-t-il donc, mon chat? » cria sa mère; « venez me dire ce que c'est. »

Bell courut à sa mère en hurlant; mais elle n'expliqua la cause de son chagrin qu'en déchirant la jolie dentelle avec des mouvemens frénétiques, et en jetant les lambeaux dans le sein de sa mère.

« Oh la dentelle! Etes-vous folle, mon enfant? » dit la mère, s'emparant de ses deux mains. « Votre belle dentelle, mon cœur! — Savez-vous ce qu'elle coûte? »

« Je ne me soucie pas de ce qu'elle coûte; — elle n'est pas belle, et je n'en veux point, » répliqua Bell en sanglottant; « car elle n'est pas belle. »

« Elle est très-belle, » reprit sa mère; « j'ai choisi le modèle moi-même. Qui vous a mis dans la tête de ne pas en vouloir, mon enfant? Est-ce Nancy? »

« Non, ce n'est pas Nancy; c'est *elles*, maman, » dit Bell en montrant Laure et Rosamonde.

« Oh! fi! ne montrez pas comme cela au doigt, » dit sa mère, en abaissant sa main; « et ne dites pas *elles* comme Nancy; je suis sûre que vous avez mal entendu. — Miss Laure, j'en suis sûre, n'a voulu rien dire de pareil. »

« Non, Madame, je ne me rappelle pas avoir rien dit de pareil, » dit Laure doucement.

« Oh! non, certainement, » dit Rosamonde, prenant vivement la défense de sa sœur. Mais il n'y avoit ni explication, ni défense qui pût se faire entendre; car chacun entouroit Bell, pour sécher ses larmes, et la consoler du dégât qu'elle avoit fait elle-même.

On réussit assez bien pour qu'un quart-d'heure après, les yeux gonflés de la jeune lady fussent revenus dans leur état naturel; et l'affaire ainsi apaisée, la mère, comme pour récompenser sa fille de sa bonne humeur, pria Rosamonde de vouloir bien offrir son « charmant présent. »

Rosamonde, suivie de toute la compagnie, parmi laquelle, à sa grande satisfaction, se trouvoit sa marraine, s'achemina vers le cabinet de toilette.

« Je suis sûre, » pensoit-elle, « que Bell sera bien surprise, et ma marraine verra qu'elle avoit raison de me croire généreuse. »

Les portes de l'armoire furent ouvertes avec toute la cérémonie convenable, et le panier de filigrane parut dans toute sa gloire.

« Voilà un charmant cadeau, certainement! » dit la marraine; « ma Rosamonde s'entend à faire des présens. » En disant cela, elle prit le panier pour l'offrir à l'admiration de l'assemblée. Hélas! à peine y avoit-elle touché, que la guirlande de myrte et les médaillons se détachèrent; le panier tomba à terre, et l'anse seule lui resta dans la main.

Ce désastre attira tous les regards. Des exclamations douloureuses se firent entendre sur différens tons; pour Rosamonde, tout ce qu'elle put dire, fut : « Qui peut avoir fait cela? » Bell gardoit un morne silence, dans lequel elle s'obstina au milieu des questions qui furent faites sur le malheureux événement. A la fin, on fit venir les domestiques, et, parmi eux, Nancy, femme de chambre et gouvernante de miss Bell. Elle affecta beaucoup de surprise quand elle vit ce qui étoit arrivé au panier, et déclara qu'elle ne savoit pas ce que c'étoit; mais qu'elle avoit vu, le matin, sa maîtresse le placer dans l'armoire bien intact, et que, quant à elle, elle n'y avoit pas touché, et n'en avoit pas même eu l'idée. — « Ni miss Bell non plus, Madame ; je peux répondre pour elle, car elle ne savoit pas qu'il étoit là, car je ne lui ai pas même dit qu'il y eût quelque chose comme cela dans la maison, parce que je savois que miss Rosamonde vouloit la surprendre. Ainsi, je ne lui en ai pas dit le moindre mot. — Vous en ai-je parlé, miss Bell? »

Bell, avec ce regard trompeur qu'elle avoit appris de sa femme de chambre, répondit hardiment, *non*; mais elle avoit saisi la main de Rosamonde; et, à l'instant qu'elle prononça ce mensonge, elle la serra furieusement.

« Pourquoi me serrez-vous la main si fort ? » dit Rosamonde tout bas; « de quoi avez-vous peur ? »

« Peur ! » cria Bell, se tournant tout en colère; « je n'ai peur de rien ; — je n'ai rien à craindre. »

« Je ne dis pas que vous ayez à craindre, » dit tout bas Rosamonde; « mais seulement, — si par hasard, — vous m'entendez, — je ne m'en fâcherois pas ; — seulement dites-le. »

« Je dis que ce n'est pas moi ! » s'écria Bell en fureur. « Maman ! — maman ! — Nancy ! ma cousine Rosamonde ne veut pas me croire ! C'est bien dur ! — c'est bien malhonnête ! je ne le souffrirai pas ! — je ne le veux pas ! »

« Ne vous mettez pas en colère, mon cœur, » dit la femme de chambre.

« Personne ne vous soupçonne, cher amour ! » dit sa mère. — « Mais elle a trop de sensibilité. — Ne criez pas, mon cœur, personne ne vous soupçonne. »

« Mais vous savez bien, » continua-t-elle, se tournant vers la femme de chambre, « vous savez bien qu'il faut que ce soit quelqu'un qui ait fait cela, et je veux savoir qui c'est : le charmant présent de miss Rosamonde ne peut pas avoir été maltraité ainsi dans ma maison sans que j'y fasse attention comme je le dois. — Je vous assure, Rosamonde, que je suis très-fâchée de cela. »

Rosamonde n'étoit nullement satisfaite ; elle fut

prête à trahir sa pensée, en disant tout haut : — « J'ai été bien bête ! — » Elle commença et s'arrêta.

« Madame ! » s'écria la femme de chambre tout à coup, « j'ose dire que je sais qui c'est. »

« Qui donc ? » dit chacun avec empressement.

« Qui ? » dit Bell, tremblante.

« Ne vous rappelez-vous pas, Miss, cette petite fille avec la dentelle, que nous vîmes nous observer dans le passage ? Je suis sûre que c'est elle qui a fait le coup, car elle est restée là seule plus d'une demi-heure, et aucun autre n'est entré dans le cabinet de toilette de ma maîtresse, à ma connoissance, depuis ce matin. Ces sortes de gens sont si curieux ! je suis sûre qu'il faut qu'elle y ait mis la main, » ajouta la femme de chambre.

« Oh ! oui, c'est cela, » dit la maîtresse décidément. — « Pour votre satisfaction, miss Rosamonde, elle ne remettra plus les pieds chez moi. »

« Cela ne me satisferoit pas du tout, » dit Rosamonde ; « d'ailleurs, nous ne sommes pas sûres que ce soit elle ; et si... — » On entendit frapper un seul coup à la porte ; c'étoit la petite fille, qui venoit pour être payée de sa dentelle.

« Faites-la entrer, » dit la maîtresse de la maison ; voyons-la tout de suite. » La femme de chambre, qui craignoit que l'innocence de la petite fille ne se montrât, si on l'entendoit, hésita ; mais, sa maîtresse ayant répété son ordre, elle fut forcée d'obéir.

L'enfant entra avec un air de simplicité ; mais,

quand elle vit la chambre pleine de monde, elle fut un peu intimidée. Rosamonde et Laure la regardèrent, et se regardèrent l'une l'autre avec surprise ; car c'étoit la même petite fille qu'elles avoient vue faisant de la dentelle.

« N'est-ce pas elle ? » dit tout bas Rosamonde à sa sœur.

« Oui ; mais chut ! » dit Laure, « elle ne nous reconnoît pas. — Ne disons rien, écoutons ce qu'elle va dire. »

Laure se glissa derrière le reste de la compagnie pendant qu'elle parloit, de sorte que la petite fille ne pouvoit pas la voir.

« Très-bien ! » dit la mère de Bell ; « je suis curieuse de voir combien de temps vous aurez l'assurance de conserver ce regard innocent : avez-vous jamais vu ce panier ? »

« Oui, Madame, » dit l'enfant.

« *Oui*, Madame, » s'écria la femme de chambre : « et qu'avez-vous de plus à dire ? — Vous ferez mieux d'avouer tout de suite, et peut-être ma maîtresse n'en parlera plus. »

« Oui, avouez tout, » ajouta Bell avec empressement.

« Avouer quoi, Madame ? » dit la petite fille ; « je n'ai jamais touché à ce panier, Madame. »

« Vous n'y avez jamais *touché* ; mais vous avouez, » interrompit la mère de Bell, « que vous l'aviez vu auparavant ; — et comment, je vous prie, se fait-il que vous l'ayez vu ? il faut que vous ayez ouvert mon armoire. »

« Non, Madame, certainement, » dit la petite fille; « mais j'attendois dans le passage, Madame, et cette porte étoit en partie ouverte; et (regardant la femme de chambre), vous savez que je ne pouvois pas m'empêcher de le voir. »

« Quoi! vous pouviez le voir au travers des portes de mon armoire? » reprit la dame.

La femme de chambre effrayée tira la petite fille par la manche.

« Répondez-moi, » dit la dame : « où avez-vous vu ce panier? »

Elle la tire encore plus fort.

« Madame, je l'ai vu dans ses mains, » regardant la femme de chambre; « et — »

« Bien, et qu'est-il arrivé après? »

« Madame, » hésitant, « Miss l'a tiré, et par malheur, — je crois que j'ai vu, Madame; — Miss, vous savez bien ce que j'ai vu. »

« Je ne sais pas; — je ne sais pas : et quand cela seroit, vous n'aviez que faire là; — et maman ne vous croira pas, j'en suis sûre. »

Mais tout le monde le crut; et tous les yeux se fixèrent sur Bell d'une manière qui la remplit de confusion.

« Pourquoi me regardez-vous tous comme cela? — pourquoi donc cela?.... doit-on me faire honte le jour de ma naissance, » s'écria-t-elle dans un accès de colère, « et tout cela pour cette vilenie! » ajouta-t-elle en jetant les restes du panier, et regardant Rosamonde avec dépit.

« Bell! Bell! oh fi! fi! j'en suis honteuse pour

vous. — Cela est bien malhonnête pour votre cousine, » dit la mère, qui étoit plus choquée du manque de politesse de sa fille que de sa fausseté. « Emmenez-la, Nancy, jusqu'à ce qu'elle ait fini de crier, » ajouta-t-elle à sa femme de chambre qui, en conséquence, emmena son élève.

Pendant cette scène, particulièrement quand elle vit son présent rejeté avec un tel dédain, Rosamonde avoit fait des réflexions sur la nature de la vraie générosité. Un sourire de son père, qui étoit à côté d'elle, spectateur muet de la catastrophe du panier de filagrane, avoit fait naître ces réflexions : elles n'avoient pas été entièrement dissipées par les complimens de condoléance du reste de la compagnie, ni même par les louanges de sa marraine qui, pour la consoler, dit : — « Bien, ma chère Rosamonde, j'admire votre naturel généreux. Vous savez que j'avois prédit que votre demi-guinée seroit partie la première, — n'est-il pas vrai, Laure ? » dit-elle, avec l'accent de l'ironie, se tournant du côté où elle pensoit qu'étoit Laure. — « Où est Laure ? je ne la vois pas. »

Laure s'avança.

« Vous êtes trop *prudente* pour dissiper votre argent comme votre sœur ; votre demi-guinée, j'en répondrois, est bien entière dans votre poche, n'est-ce pas ? »

« Non, Madame, » répondit-elle tout bas; mais pas assez pour qu'elle ne fût pas été entendue de la pauvre petite ouvrière en dentelle, qui, fixant ses yeux pour la première fois sur Laure, reconnut sa bienfaitrice.

« Oh, c'est cette jeune lady ! » s'écria-t-elle d'un ton qui exprimoit sa joie et sa reconnoissance ; — « la bonne ! la bonne jeune lady, qui m'a donné la demi-guinée, et n'a pas voulu attendre que je la remerciasse ; mais je *la* remercierai à présent. »

« La demi-guinée, Laure ! » dit sa marraine ; — « qu'est-ce que c'est que tout ceci ? »

« Je vous le dirai, Madame, si vous voulez, » dit la petite fille.

Ce n'étoit pas dans l'espérance d'en être louée, que Laure avoit été généreuse : en conséquence chacun fut réellement touché de l'histoire du métier de dentelle ; il se méloit à leurs louanges une sorte de respect qu'on n'éprouve pas toujours en donnant des éloges ; et le mot *respect* n'est point impropre, même appliqué à un enfant de l'âge de Laure ; car celui-là commande le respect qui le mérite, quel que soit son âge ou sa situation.

« Ah, Madame ! » dit Rosamonde à sa marraine, « vous voyez à présent, — vous le voyez, qu'elle n'est pas une petite avare : je suis bien sûre que ceci vaut mieux que d'avoir dépensé sa demi-guinée pour un panier de filigrane ; — n'est-il pas vrai, Madame ? » dit-elle avec une énergie, qui montroit que le sentiment de ses infortunes cédoit à son admiration pour sa sœur. — « N'est-ce pas, mon père, que c'est là être *réellement généreux ?* »

« Oui, Rosamonde, » dit son père en l'embrassant. — « C'est être réellement généreux : ce n'est pas seulement en prodiguant notre argent que nous pouvons nous montrer généreux, c'est en donnant aux autres ce que nous aimons nous-mêmes. Il est donc réellement généreux de votre part, » ajouta-t-il en souriant, « de donner à votre sœur la chose que vous aimez le mieux. »

« La chose que j'aime le mieux, papa, » dit Rosamonde à moitié contente, à moitié vexée ; « je ne me doute pas de ce que ce peut être ; — est-ce la *louange* dont vous voulez parler ? »

« C'est à vous à décider cela, Rosamonde. »

« C'étoit peut-être autrefois, » dit-elle ingénument, « la chose que j'aimois le mieux ; mais le plaisir que je viens d'éprouver me fait aimer quelque chose davantage. »

FIN DU TOME SIXIÈME ET DERNIER.

TABLE DES MATIÈRES

CONTENUES DANS LE TOME SIXIÈME.

De l'Enseignement de la Philosophie, et d'un ouvrage nouveau intitulé : *Leçons élémentaires de Philosophie*, etc. ; par J. S. Flotte, etc. (F. G.) Pag. 3, 65.

Journal adressé par une Femme à son Mari, sur l'Education de ses deux Filles. (P. M. G.) Numéros XXX, XXXI, XXXII, XXXIII, XXXIV et XXXV. 21, 75, 142, 211, 264, 325.

Education physique. — De la Dentition. 32.

La Voiture versée, conte. [Conclusion.] (P. M. G.) 48.

Méthode graduée pour prononcer et comprendre la langue italienne ; par L. Gaultier. Seconde édition, etc. (P. M. G.) 89.

Plan d'une Université ou d'une Education publique dans toutes les sciences ; par Didérot. 96, 234, 276.

L'Education, conte. (P. M. G.) 110, 164.

Langage. — Du mot *Conséquent*. (P. M. G.) 127.

De l'Etat de l'Education vers la fin du IVe siècle de l'ère chrétienne. 129, 193.

Lettres au Rédacteur, sur la Physique et la Chimie. VIIe et VIIIe Lettres. (C.) 153, 224.

Le Petit Dominique, conte traduit de l'anglais. 244.

De la Seconde Education de la Jeunesse. 258.

Le Mendiant Irlandais, conte traduit de l'anglais. 303.

Réflexions générales sur l'Education, et sur l'esprit dans lequel cet ouvrage a été composé. 412.

Lettres d'un Père à sa Fille, sur l'Etude de l'Histoire naturelle. XIe Lettre. (A.) 334.

Le Présent d'un Jour de Naissance, conte traduit de l'anglais. 344.

FIN DE LA TABLE DU TOME SIXIÈME.

TABLE ALPHABÉTIQUE

DES MATIÈRES

CONTENUES DANS LES SIX VOLUMES

DES ANNALES DE L'ÉDUCATION.

A

ABÉCÉDAIRES (des). V, 129.
Affection fraternelle, sentiment qu'il faut soigner. I, 27.
Affections exclusives, leur danger. I, 281.
Affinité, en chimie. VI, 225.
Agir (l'homme est né pour). III, 72.
Ah ! si j'étois fée ! conte. III, 183.
Air (pression de l'). IV, 112.
Alambic. III, 236.
Alimens, leur différente influence. I, 342. II, 23.
Allaitement artificiel. I, 43.
Allemands, examen de leurs travaux sur la partie morale de l'éducation. IV, 205.
Amour, sa définition pour l'enfance. IV, 81, 83.
Amour-propre, puissant mobile. II, 4. Ne gâte rien. III, 18.
Anatifère, conque. IV, 46.
Animaux (volonté des). II, 360.
Animaux, leur classification. V, 109.
Anjou (le duc d'). Sa mort. III, 310.
Annales de l'Éducation, leur objet. I, 17. Leur marche. V, 1.
Antennes des insectes. V, 237.
Application (d'), est le pouvoir de la volonté sur l'attention. I, 201.
Aptères. V, 239.
Arbre (l') et la Forêt, conte. III, 117.
Asile (droit d'). IV, 245.
Association (l') des idées est un des élémens les plus actifs de l'esprit humain. I, 203, 296. Naturelles, 299.

Attention, moyen de la nourrir, de la diriger, de la fortifier, de manière à la rendre exigeante, patiente, soutenue. I, 138, 193.
Autorité des mères. I, 83, 149. Des parens. IV, 258.
Aveugle-né, chimiste et musicien. I, 91.

B

Bains tièdes, bains froids, pour les enfans, dans quels cas ? I, 38.
Ballons aréostatiques. VI, 229.
Bals d'enfans. II, 140.
Barillerie (rue de la). II, 176.
Baromètre. IV, 116, 294.
Bédegar. IV, 362.
Besoin d'agir, sa puissance. I, 324.
Bibliothèque des Pères de famille. Extrait. II, 101.
Bernache, espèce de canard. IV, 47.
Bernard l'hermite. IV, 46.
Bonne d'enfant, lettres à ce sujet. I, 332.
Botaniste (le Jeune). Extrait. IV, 13.
Bougeant. II, 242, 367.
Bourbon (rue du Petit-). V, 244.
Branchies. V, 115.
But (le) manqué, conte. IV, 179.

C

Cabinet du Jeune Naturaliste, traduit de l'anglais de Smith. Extrait. I, 60.
Camerines. IV, 51.
Cartes à jouer, leur origine. III, 303.
Cause (notions de). VI, 10.
Cerises, données aux enfans de chœur. III, 314.
Chaleur, sensible, latente. III, 241.
Chapeau (le), conte. IV, 368.
Charles IX. V, 244.
Charles et Robert. VI, 230.
Chatel (Jean). II, 180.
Châtelet (Grand-). I, 370. (Petit-). I, 371.
Chenilles (arrêt contre les). III, 314.
Chenilles, la gelée ne les tue pas. IV, 358. Leur voracité. V, 235. Leur structure. V, 364. Leurs mues. VI, 343.
Cheveux. II, 225. Cheveux roux (la petite fille aux). V, 268.
Chimie (Conversations sur la). Extrait. II, 382.
Christophe (Saint-). II, 164.

Chronologie historique (Elémens de). Extrait. IV, 4.
Chrysalide. IV, 168.
Cigale écumeuse. IV, 365.
Coccinelle. IV, 362.
Colburn (Zerah), enfant extraordinaire. II, 188.
Coléoptères. V, 239.
Collége (Un Premier Jour de), conte. II, 51.
Combustion. VI, 154.
Complaisance (le Défaut de), conte. I, 115. Rousseau semble interdire tout acte marqué de complaisance. IV, 25.
Conscience (fausse), source de mal la plus féconde. III, 208.
Conscience (la Bonne), conte. V, 57.
Conséquent (du mot). VI, 127.
Contes à ma Fille, par M. Bouilly. Extrait. I, 283.
Corruption, n'engendre rien. III, 300.
Coulomb, Mémoire sur l'Emploi des Forces. III, 155.
Courage. III, 24.
Courant du golfe. III, 377.
Cours d'Orthographe et de Ponctuation, par M. Boinvilliers. Extrait. I, 175.
Cours complet de Rhétorique, par M. Amar. Extrait. I, 232.
Craon (Pierre de), assassin de Clisson. III, 309.
Cristallisation. V, 55.
Croix de Saint-Lo. IV, 252.
Crustacées. V, 116.
Cynips. IV, 361.

D

Dangers, par rapport aux enfans. III, 140.
Danse, exercice. III, 219.
Décence. IV, 264.
Dentition (travail de la). I, 170. VI, 40.
Dents. II, 219. VI, 32.
Descartes. II, 365.
Dessessarts (Pierre et Antoine). II, 187.
Dessin (principes de). II, 172.
Devoir (sentiment du). II, 130.
Devoir (le) difficile, question de morale. V, 305.
Devoirs (les) des enfans doivent insensiblement prendre la place de ceux des mères. I, 282.
Dieu et l'immortalité. VI, 18.
Dilatation. III, 112. V, 51.
Dionée, plante. II, 355.

Diplolèpe. IV, 361.
Diptères. V, 239.
Distillation. III, 236.
Dispositions physiques particulières à chaque individu ; importance de les reconnoître dès l'enfance ; moyens d'y parvenir ; leurs caractères généraux. I, 158.
Domestiques, bornes de leurs devoirs. III, 381.
Dominique (le Petit), conte. VI, 244.
Dragonneau, ver. IV, 359.
Draperie (rue de la Vieille-). II, 180.
Drebbel, inventeur du thermomètre. III, 245.

E

Eau, sa composition. VI, 225.
Echelle des êtres. II, 235.
Ecole libre d'industrie pour les Juifs. V, 252.
Ecoles d'industrie. I, 128, 383.
Ecoles chrétiennes. II, 123.
Education (de l') en général, et des difficultés qu'elle présente aujourd'hui. I, 3. Des modifications qu'y doit apporter la variété des caractères. I, 66. Son pouvoir pour régler le développement de l'esprit. I, 134.
Education (vues générales sur l'). I, 218.
Education physique, ses principes pour la première époque de la vie. I, 33.
Education, *instruction*, mots considérés comme synonymes. I, 285.
Education, lettres sur ses principes élémentaires. Extrait. I, 292 ; 356. II, 291.
Education, son état en Allemagne. II, 38, 88.
Education moderne (Essais de Mᵐᵉ More sur l'). II, 140.
Education (sur l'), par Emm. Kant. Extrait. IV, 65.
Education et instruction des femmes, par Mᵐᵉ Betty Gleim. IV, 204.
Education (de l') qu'on se donne à soi-même. II, 193, 257.
Education dans les Etats-Unis d'Amérique. III, 158, 222, 286 ; 356. IV, 36, 98, 158, 228, 283, 348. V, 35, 96.
Education (l'), conte. VI, 110, 164.
Education (état de l') vers la fin du IVᵉ siècle de l'ère chrétienne, traduit de Muller. VI, 129, 193.
Education (de la seconde) de la jeunesse. VI, 257.
Education (réflexions générales sur l'). VI, 312.

Emotions, besoin que nous en avons. II, 78. Il faut prémunir contre lui la sensibilité. II, 82.
Emulation, moyens. I, 321. II, 1, 65, 129.
Enfans (les) du Vieux Château. Extrait. I, 97.
Enfans (les), à sept ans, peuvent être surveillés sans un soin continuel. I, 279.
Enfans (les), contes. Extrait. IV, 175.
Entêtement; ce que c'est chez les enfans. II, 213.
Equilibre à maintenir entre la réflexion et l'imagination. I, 137.
Esprit étendu, ce que c'est. IV, 213.
Etude, son avantage pour les femmes. III, 86.
Eudoxe. Extrait. II, 193, 257.
Excuse (faire, demander). II, 105.
Exercice de la parole. IV, 217, 275, 358. V, 27, 87.
Exercices du corps. III, 96.

F

Facultés, leur inégalité, ses inconvéniens, et des moyens de les prévenir. I, 129, 193, 257.
Fantaisies des Enfans. IV, 250.
Farenheit. III, 245.
Fellenberg, ses établissemens d'éducation. III, 63.
Femme, dame, etc. Langage. I, 379.
Féronnerie (rue de la). V, 249.
Feu, agent le plus puissant. III, 109.
Filaria, ver. IV, 359.
Flamel (N.) IV, 60.
Flores latinæ locutionis. Extrait. III, 106.
Force prodigieuse. III, 97.
Forces (comparaison des). III, 153.
Fossiles. IV, 51.
Frères des écoles chrétiennes, Frères ignorantins. II, 123.
Froids, plus grands vers le pôle Austral. III, 377.
Fucus gigantesque. III, 175.

G

Galle (ciron de la). III, 297.
Galles (noix de). IV, 360.
Gencives. II, 222.
Généreux (il faut être juste avant d'être). IV, 254.
Générosité (la), conte. II, 110.
Générosité, vertu. III, 212.

Géographie de Malte-Brun. Extrait. V, 71.
Gleim (Mme Betty), son ouvrage sur l'éducation et l'instruction des femmes. IV, 204.
Gobe-Mouche, plante. III, 293.
Gordius, ver. IV, 359.
Goût, sa culture très-utile. IV, 213.
Grammaire latine. Extrait. III, 104.
Gramme, unité de poids. V, 53.
Grande (la) Allée des Tuileries, conte. V, 167.
Grandeur d'âme. III, 15.

H

Habitudes (mauvaises), comment les empêcher. I, 208.
Hirondelles. II, 363.
Histoire, son incertitude. II, 265.
Histoire-Sainte, lecture. II, 297.
Histoires de la Bible. Extrait. IV, 242.
Honte (sentiment de la). II, 185.
Hôpital de Christ. II, 255.
Hôpitaux d'Italie, de Hollande. II, 312.
Hôtel-Dieu. II, 308.
Humeur, combattue. I, 208.
Hydrogène (gaz). VI, 162.
Hygrométrie. II, 357.
Hyménoptères. V, 238.

I

Ichneumon, mouche. IV, 44, 357.
Idéalistes, réfutés. VI, 8.
Idées, leur définition. VI, 12.
Ile Saint-Louis. II, 316.
Impatience, il faut s'en garder avec les enfans. I, 150.
Importance attachée, en Angleterre, à l'étude du latin et du grec. III, 39.
Imprévoyance (l'), conte. I, 308.
Influence du climat du sol.... sur les enfans. II, 152, 217, 282. De l'éducation morale. V, 153.
Injustice, apprendre à la supporter. IV, 142.
Insectes. II, 240. V, 117, 322.
Instruction religieuse. I, 361.
Instruction première. V, 129.
Intérêt, facile abus de ce mobile. I, 327.

J

Jacques-la-Boucherie (Saint-). IV, 60.
Journal adressé par une femme à son mari, sur l'éducation de ses deux Filles. I, 20, 78, 144, 208, 278, 330. II, 14, 76, 140, 208, 272, 338. III, 15, 78, 140, 204, 268, 333. IV, 14, 80, 140, 264, 330. V, 8, 73, 142, 193, 265, 335. VI, 21, 75, 142, 211, 264, 325.
Juif voleur par générosité. IV, 312.
Julien, Méthode de Pestalozzi. V, 10.
Justice. II, 86.
Juvenalis Satiræ, édition d'Achaintre. Extrait. V, 66.

K

Kaims (lord). IV, 257.
Kant (Emmanuel), sur l'Education. IV, 65.
Kersling, aveugle. I, 93.

L

Lacédémonienne apprenant la mort de ses trois fils. III, 22.
Langue française, ses difficultés résolues. Extrait. III, 247.
Leçons élémentaires de Philosophie. Extrait. VI, 3.
Leçons latines de Littérature et de Morale. Extrait. II, 348.
Lépidoptères. V, 237.
Le Tellier, chancelier. IV, 55.
Lettres d'un Mari à sa Femme, sur l'ouvrage de Mme Betty Gleim. IV, 204.
Lettres d'un père de famille... à un jeune homme. V, 257. Réponse. V, 321.
Lettres sur la Physique et la Chimie. III, 108, 233, 367. IV, 109, 294. V, 47. VI, 153, 224.
Lettres sur l'Histoire naturelle. II, 232, 354. III, 172, 292. IV, 43, 163, 357. V, 106, 230, 356. VI, 334.
Lion des pucerons. IV, 362.
Lire (Méthode pour apprendre à), d'après Campe. I, 105.
Livre (le) des Mères et des Nourrices, par M. Salmade. Extrait. I, 227.
Louis XI, avoit grand'peur de mourir. IV, 252.
Lithophytes. III, 177.

M

Mâcon (le comte de), son histoire fabuleuse. II, 380.
Maintien du corps. III, 27, 91, 150, 215.

Maison (la) Joyeuse. V, 335.
Malheur, comment envisagé par l'enfance. II, 16.
Mante religieuse, insecte. IV, 45.
Manuel des Amateurs de la Langue française. Extrait. V, 68.
Marmouzets (rue des). II, 183.
Médecin turc, ses quatre fioles. I, 218.
Médicis (Catherine de). V, 245.
Mémoire (la), moyens de l'exercer. I, 258. Sa tenacité dépend de l'application. I, 262. De l'ordre. I, 268. Mémoire artificielle. I, 274. Technique, *id.*
Mendiant (le) Irlandais, conte. VI, 303.
Mercure, métal. III, 235.
Mers, leur voisinage rend la température égale. III, 376.
Métamorphoses des insectes. V, 356.
Méthode catéchétique. II, 88.
Méthode pour exercer les jeunes gens à la composition française. Extrait. II, 48.
Méthode pour prononcer et comprendre la langue italienne, par L. Gauthier. Extrait. VI, 89.
Méthode syncronistique. I, 271.
Métrodore, peintre envoyé à Paul-Emile par les Athéniens, pour peindre son triomphe, et élever ses enfans. I, 15.
Meules, comment on les sépare. II, 357.
Mitchell (Jacques), aveugle, sourd-muet de naissance. V, 118.
Modération. II, 210.
Mollusques. V, 116.
Montaigne, ses idées en fait d'éducation. III, 65, 130, 193, 257.
Montgolfier, invente les aérostats. VI, 229.
Montlhéry (tour de). II, 371.
Montholon, garde-des-sceaux, sa maison. III, 307.
Mouffet. IV, 45.
Moralité de l'enfant. III, 272.
Mystères ; pour l'âge où tout est mystère, il n'y a pas de mystères proprement dits. I, 360.
Mystères joués. II, 318.

N

Nature corrompue. II, 140.
Neiges perpétuelles. III, 373.
Névroptères. V, 328.
Noé (arche de). IV, 230.
Notre-Dame. II, 184.

Nourrices. I, 42.
Nuit (la) du Jour de l'An. IV, 318.

O

Obéissance (l') est, pour les enfans, la première condition de la raison. I, 79.
Observation (l') est nécessaire pour l'expérience de l'enfant. I, 194.
Odorat, ses exercices. III, 349.
Œsthétique, sens de ce mot. IV, 212.
Œufs de papillon. V, 361.
On ne fait ni tout ce qu'on veut, ni tout ce qu'on peut. IV, 321.
Original, sens de ce mot. II, 381.
Orthoptères. V, 239.
Ouïe, exercice de ce sens. I, 305. IV, 149.
Oxides. VI, 161.
Oxygène (gaz). VI, 161.

P

Palais-de-Justice. I, 375.
Pantagruel, son éducation. II, 325.
Papillons. II, 233.
Parole (exercice de la). IV, 217.
Passer. Langage. IV, 190.
Passions (les), comme le reste, ne s'apprennent que par le commencement. IV, 87.
Peau (soin de la). II, 168.
Pédanterie, ce que c'est. III, 88.
Pedarète. II, 13.
Penchans de l'homme, font sa nature. IV, 207.
Pepin-le-Bref. II, 185.
Pestalozzi. V, 8, 73, 142, 193.
Pet-au-Diable (rue du). III, 313.
Petite (la) Fille pressée, conte. IV, 118.
Peur, ses causes. III, 142.
Philosophie (de l'enseignement de la). VI, 3, 66.
Phrases graduées, extraites de Cicéron, César, etc. ; par L. Gaultier. Extrait. I, 51.
Pistolets, origine de ce mot. IV, 58.
Plaire (qu'est-ce que c'est que) ? IV, 273.
Plaisir (dans le bonheur tout devient). IV, 334.
Plaisirs (les) que les enfans peuvent recevoir des mères, mis par celles-ci au nombre de leurs devoirs. I, 282.

Plan d'une Université, par Diderot. VI, 96, 234, 278.
Planche-Mibrai (rue). V, 248.
Plaques carrées portées par les Anglaises. III, 34.
Poids des enfans naissans, tableau. I, 35.
Politesse. V, 268.
Poussin, comment sort de l'œuf. IV, 48.
Prêle, plante. II, 356.
Présent (le) d'un Jour de Naissance, conte. VI, 344.
Pression de l'air. IV, 112.
Prière du matin pour les colléges. IV, 99.
Princesse (la), conte. II, 244.
Principe général. II, 210.
Pudeur. IV, 269.
Punition des enfans, doit être aussi peu que possible le résultat direct de notre autorité sur eux. I, 150.

Q

Questions de morale. IV, 306.

R

Rabelais, ses idées en fait d'éducation. II, 321. III, 1.
Raison de l'enfant, sa marche. I, 83. Comment donner aux enfans une raison qui soit à eux. I, 87. Progrès de leur raison. III, 204.
Raisonnable (enfant), raisonneur, leur différence. I, 78.
Rapport des dispositions de l'âme avec le corps. V, 153, 219, 275, 345.
Ravaillac. V, 250.
Réaumur, les jeux de son imagination. III, 295.
Refuge (villes de). IV, 246.
Régulus. III, 24.
Réparation d'une faute; il n'en faut pas laisser le mode au choix de l'enfant. I, 154.
Respect réfléchi. IV, 19. Naturel. 21.
Respiration, son mécanisme. V, 111. VI, 157.
Richard (consultation du bonhomme). III, 322.
Ridicule (le), ce que c'est. II, 338.
Robe (la) de toile, conte. I, 243.
Rousseau (J. J.), énonce ses principes d'un ton absolu. I, 17. Proscrit l'autorité des mères. I, 83. Erreur reprise. III, 179.
Rudimens de la traduction. Extrait. II, 95.
Rumfort, expériences sur la chaleur. II, 230.

S

Sang, sa chaleur. III, 380.
Saunderson. I, 91.
Scarron, sa femme. III, 312.
Sens, moyen de les exercer et de les perfectionner, traduit de l'allemand de Salzmann. I, 89, 301. Exercices des sens. III, 276, 343. IV, 28, 89, 149.
Sentimens du devoir, de la honte. II, 129.
Serment (le Double), conte. III, 56.
Sévérité (la) n'est indispensable que là où n'est pas la complaisance. I, 156. Sévérité raisonnable. IV, 17.
Sevrage (du). I, 342. II, 23.
Soin et surveillance, principaux moyens d'éducation. I, 217.
Soumission des enfans, examinée. IV, 15.
Spectacle, son effet sur Louise et Sophie. IV, 332.
Stanz, établissement de Pestalozzi. V, 21; 84.
Stigmate. V, 117.
Suger. II, 372.
Sympathie, son pouvoir. I, 224.

T

Tableau des Peuples de l'Europe. Extrait. IV, 7.
Tasse (dialogue du). IV, 129, 193.
Température, ce que c'est. III, 241. Température constante. 371. D'autant plus froide, que le thermomètre descend à une plus grande profondeur des mers. III, 378.
Templiers. I, 272.
Testacés. V, 116.
Théodicée (la) ne peut être une science. VI, 69.
Thermomètre. III, 233. Ses applications. III, 368. V, 47.
Timidité. III, 240.
Torricelli. IV, 110.
Toucher, perfectionné. I, 94, 302.
Trachées. V, 117.
Traits caractéristiques d'une mauvaise éducation. Extrait. III, 50.

V

Vaccine (sur la). V, 286.
Vallisneria. III, 173.
Vanité (la) des femmes. II, 146.
Vérole (petite-). II, 286.
Vers. V, 117.

Vertus. III, 15.

Vertus désintéressées, on ne les comprend que quand on les possède. III, 210.

Vêtemens de la première enfance. I, 40. II, 152, 227.

Vide. IV, 109.

Voiture (la) versée, conte. V, 367. VI, 48.

Volonté, nécessaire au naturel. III, 337.

Voyages d'Adolphe. I, 366. II, 176, 308, 368. III, 302. IV, 53, 245. V, 241.

Vue, exercice de ce sens. I, 303. IV, 28, 89.

W

Witte (Ch.), enfant extraordinaire. IV, 63.

Y

Yverdun (Institut d'). V, 76, 142.

Z

Zoophytes. III, 177. V, 118.

TABLE DES MATIÈRES

CONTENUES DANS LE TOME CINQUIÈME.

Du But et de la Marche des Annales de l'Education. (F. G.) Pag. 5.

Journal adressé par une Femme à son Mari sur l'Education de ses deux Filles. (P. M. G.) Numéros XXIV, XXV, XXVI, XXVII, XXVIII et XXIX. 8, 27, 142, 193, 265 et 335.

VIIe Lettre au Rédacteur. De l'Exercice de la parole. (Friedlander.) 27, 87.

VIIIe Lettre au Rédacteur. Des Rapports des dispositions de l'âme et des facultés intellectuelles avec le corps, et de l'influence de l'éducation morale sur l'éducation physique. 135, 219, 275, 345.

Suite de l'Essai sur l'Education nationale dans les Etats-Unis, etc. (D. P. de N.) 35, 96.

VIe Lettre au Rédacteur, sur la Physique et la Chimie. (C.) 47.

La Bonne Conscience, conte. (P. M. G.) 56.

Revue de quelques Ouvrages nouveaux relatifs à l'Education. (F. G.) 65.

Lettres d'un Père à sa Fille, sur l'Etude de l'Histoire naturelle. (A.) VIIIe, IXe et Xe Lettres. 106, 230, 356.

Jacques Mitchell, aveugle sourd-muet de naissance. 118.

De la première Instruction et des Abécédaires. (F. G.) 129.

La Grande Allée des Tuileries, conte. (P. M. G.) 167.

Voyages d'Adolphe. (P. M. G.) 240.

Nouvelles concernant l'Education. 252.

De la Vaccine. 286.

Langage.— De l'expression *Rien moins*. (P. M. G.) 301.

TABLE DES MATIÈRES.

Le Devoir difficile, question de morale, (P. M. G.) 305
Lettre d'un Père de Famille, riche et homme du monde, à un Jeune Homme qu'il désiroit donner pour précepteur à ses enfans. 257.
Réponse du jeune Précepteur au Père de Famille. 321.
La Voiture versée, conte. (P. M. G.) 367.

FIN DE LA TABLE DU TOME CINQUIÈME.

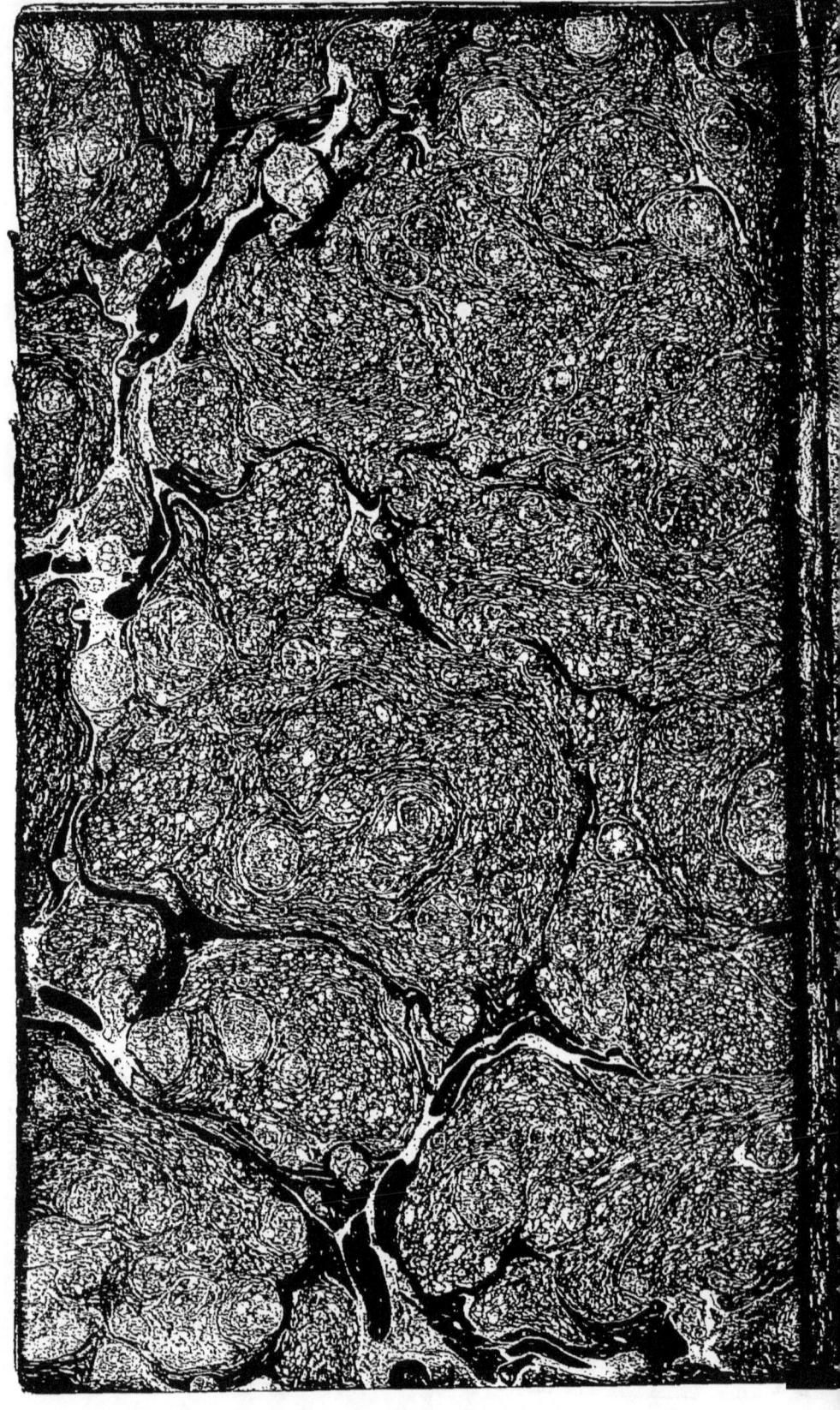

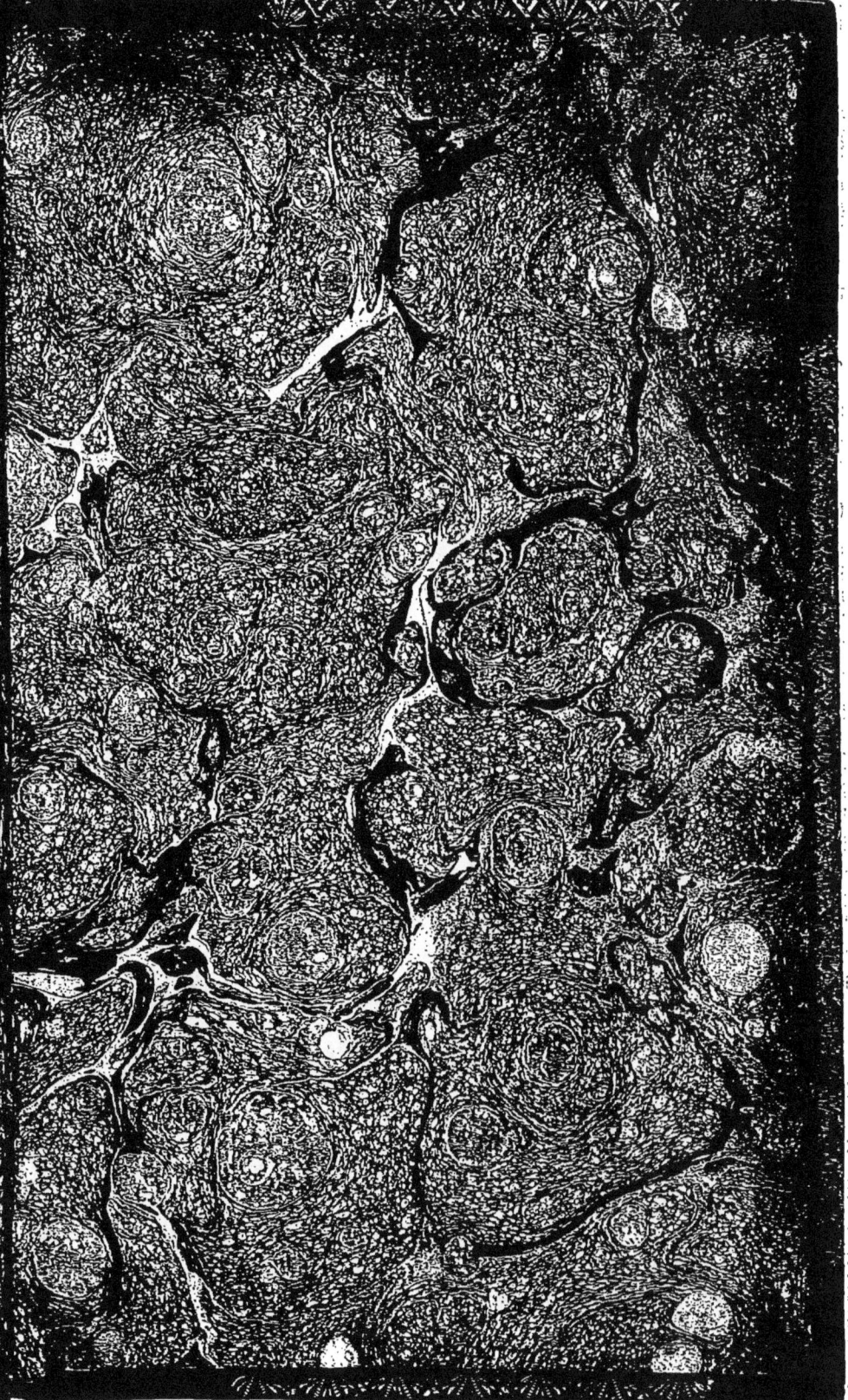

www.ingramcontent.com/pod-product-compliance
Lightning Source LLC
Chambersburg PA
CBHW050432170426
43201CB00008B/640